ANJA KUMMEROW

MADELEINE SCHICKEDANZ

ANJA KUMMEROW

Madeleine Schickedanz

VOM UNTERGANG EINER
DEUTSCHEN FAMILIE UND DES
QUELLE-IMPERIUMS

Bibliografische Information der Deutschen Nationalbibliothek
Die Deutsche Nationalbibliothek verzeichnet diese Publikation in der Deutschen Nationalbibliografie.Detaillierte bibliografische Daten sind im Internet über http://dnb.d-nb.de abrufbar.

Für Fragen und Anregungen:
anja.kummerow@mvg-verlag.de

1.Auflage 2010

© 2010 by mvg Verlag, ein Imprint der FinanzBuch Verlag GmbH, München, Nymphenburger Straße 86
D-80636 München
Tel.: 089 651285-0
Fax: 089 652096

Alle Rechte, insbesondere das Recht der Vervielfältigung und Verbreitung sowie der Übersetzung, vorbehalten. Kein Teil des Werkes darf in irgendeiner Form (durch Fotokopie, Mikrofilm oder ein anderes Verfahren) ohne schriftliche Genehmigung des Verlages reproduziert oder unter Verwendung elektronischer Systeme gespeichert, verarbeitet, vervielfältigt oder verbreitet werden.

Redaktion: Mareike Fallwickl, Rif bei Hallein
Umschlaggestaltung: Moritz Röder, München
Satz: Wahl Media GmbH, München
Druck: GGP Media GmbH, Pößneck
Printed in Germany

ISBN 978-3-86882-170-3

Weitere Infos zum Thema:
www.mvg-verlag.de
Gerne übersenden wir Ihnen unser aktuelles Verlagsprogramm.

INHALT

1. Das Ende vom Anfang 7
2. Das Leben der Madeleine S. 13
3. Die gefühlte Armut 47
4. Der Reichtum und das Glück 56
5. Die kleine Madeleine 79
6. Die jungen Jahre 89
7. Die Männer 106
8. Die Kinder 128
9. Die Stifterin 136
10. Die Honorarkonsulin 147
11. Der Vater: Gustav Schickedanz 164
12. Die Mutter: Grete Schickedanz 195
13. Die Unternehmerin wider Willen 217
14. Der Quelle-Katalog 250
15. Literaturverzeichnis 283
16. Danksagung 297

DAS ENDE VOM ANFANG

Es ist 21.41 Uhr. Manfred Gawlas drückt auf Enter. Die Nachricht wird gesendet. In aller Eile hat der Pressesprecher der Firma Quelle die Mitteilung verfasst, die an diesem Abend unbedingt noch die Medien, vor allem die Fernseh- und Radiosender, erreichen soll.

»Guten Abend, meine Damen und Herren«, eröffnet Nachrichtensprecher Tom Buhrow um 22.15 Uhr die »Tagesthemen«. »In einer Woche beginnt die größte Massenimpfung in der Geschichte der Bundesrepublik, doch noch sind nicht alle Themen geklärt«, so hätte der erste Beitrag ursprünglich anmoderiert werden sollen. Der bessere Impfstoff gegen Schweinegrippe, der den Mitgliedern des Deutschen Bundestages vorbehalten ist, erhitzt in diesen Tagen die Gemüter.

Stattdessen heißt es: »Das Aus für Quelle ist besiegelt. Für das Traditionsunternehmen gibt es keine Rettung mehr.« In dem schnell zusammengestellten Beitrag und der anschließenden Liveschaltung nach Franken vernehmen viele Quelle-Mitarbeiter, dass es für »ihr« Unternehmen keine Alternative mehr zur Abwicklung gibt. Was das bedeutet, ist den meisten von ihnen sofort klar: Sie werden ihre Arbeit verlieren.

Wer es nicht schon am Abend über das Fernsehen erfahren hat, liest es am nächsten Morgen in den Zeitungen, die so spät noch darauf reagieren konnten: »Endgültiges Aus für Quelle« und »Der Schock: Quelle wird abgewickelt – 7000 Jobs gefährdet« ist auf vielen Titelblättern an Kiosken und in Zeitungsboxen unübersehbar zu lesen.

Dieser »nächste Morgen« schickt sich an, ein traumhaft schöner Herbsttag zu werden. Die Sonne strahlt vor einem blauen Himmel, den kein einziges Wölkchen trübt. Die Luft ist kühl, aber nicht kalt. Es ist Dienstag. Es ist der 20. Oktober 2009. Es ist der Geburtstag von Madeleine Schickedanz. An diesem Tag wird die Tochter von Gustav Schickedanz 66 Jahre alt – die Tochter des Mannes, der fast auf den Tag genau 82 Jahre zuvor ins Handelsregister eintragen ließ: »Versandhaus Quelle, Gesellschaft mit beschränkter Haftung, Sitz Fürth«.

Doch es ist nicht nur der Geburtstag der Quelle-Erbin. Auch ihre Mutter, Grete Schickedanz, die das Unternehmen entscheidend prägte, hätte an diesem Tag ihren Geburtstag gefeiert. Sie wäre 98 Jahre alt geworden. An jenem 20. Oktober erfährt ganz Deutschland, dass es das Unternehmen, das sie einst mitaufgebaut hat, nicht mehr gibt.

In den Tagen zuvor klammerten sich alle an die Hoffnung, dass die Quelle es schaffen, dass sie die Krise überleben würde. Ein Drama in mehreren Akten. Keiner wollte glauben, dass ein Traditionsunternehmen wie die Quelle einfach aufhören könnte zu existieren. Die meisten Menschen, vor allem jene, die bei der Quelle arbeiteten, hofften, dass sich ein rettender Investor für das Unternehmen finden würde. Alles vergebens: Für die Quelle gibt es keine Rettung mehr.

»Der Insolvenzverwalter der Unternehmen der Arcandor-Gruppe, Dr. Klaus Hubert Görg, hat den Gläubigerausschuss darüber informiert, dass die Verkaufsanstrengungen für Quelle Deutschland erfolglos waren«, wird am 19. Oktober 2009 in trockenen Worten mitgeteilt.

Von da an sind die Tage des einst bedeutendsten Versandhauses Europas gezählt. Keine zwei Wochen später, am 1. November, beginnt der größte Ausverkauf in der Geschichte Deutschlands. 18 Millionen Artikel aus Quelle-Lagern werden vor allem über das Internet, aber auch über die noch verbliebenen Quelle-Kaufhäuser mit Rabatten von bis zu 80 Prozent verramscht. Am Ende des gleichen Monats, am 30. November, wird Schlag Mitternacht der Ausverkauf beendet.

Viele Menschen äußern sich in diesen Tagen und Wochen zum Untergang der Quelle. Nur von einer Person ist nichts zu hören oder zu sehen: Madeleine Schickedanz.

Dabei hoffen viele, vor allem die Mitarbeiter der Quelle, auf ein persönliches Wort von ihr, auf einen Ausdruck des Bedauerns, auf eine Erklärung. »Warum«, fragen sich viele. »Warum konnte die Quelle nicht gerettet werden?« Sie wollen von Madeleine Schickedanz erfahren, wie es dazu kommen konnte. Sie warten bis heute.

»Ich bin niemand für die Öffentlichkeit«, hat Madeleine Schickedanz einmal über sich gesagt. Doch in den Monaten und Wochen vor dem endgültigen Aus der Quelle wurde so viel über sie geschrieben und geredet wie noch nie zuvor in ihrem ganzen Leben.

SCHULD UND SCHULDEN

Gut vier Monate vor diesem schwarzen Tag im Oktober, am 9. Juni 2009, wurde für den Arcandor-Konzern, unter dessen Dach vor allem die Kaufhauskette Karstadt, das Versandhaus Quelle und der Reisekonzern Thomas Cook vereint waren, ein Insolvenzantrag gestellt. »Heute ist Deutschlands größtes Insolvenzverfahren eingeleitet worden«, gab Arcandor-Vorstandschef Karl-Gerhard Eick an diesem Tag vor der Presse bekannt. »Das bedeutet für alle Beteiligten innerhalb und außerhalb des Unternehmens eine sehr hohe soziale Verantwortung.«

Was letztlich folgt, ist ein würdeloses Gerangel um Unternehmensteile des Konzerns, das sich bis zum Sommer 2010 hinzieht. Vor allem die Genehmigung eines sogenannten Massekredits über 50 Millionen Euro, der den Druck des Herbst/Winter-Katalogs 2009/2010 der Quelle sichern soll, wird zum Desaster. Auf Betreiben des bayerischen Ministerpräsidenten Horst Seehofer gibt schließlich der Bund 25 Millionen Euro frei, die beiden Bundesländer Bayern und Sachsen 20,5 und 4,5 Millionen Euro. Nach zahlreichen Verhandlungen kann der Quelle-Katalog – einst das Symbol des Unternehmens – gedruckt werden. Es wird der letzte sein.

Eine nicht unerhebliche Mitschuld an der Misere des Handelskonzerns und damit der Quelle wird Madeleine Schickedanz zugeschrieben, die einmal die Mehrheit am Arcandor-Konzern hielt und zum Zeitpunkt des Insolvenzantrags noch 26,7 Prozent besitzt. Ende Juli 2009 entschließt sie sich – nachdem sich zahlreiche namhafte Zeitungen und Zeitschriften vergeblich um ein Interview mit der Konzernerbin bemühten – zur Flucht nach vorn. Der »Bild am Sonntag« steht sie Rede und Antwort.

Auf die Frage: »Ist Ihr Heim durch den Arcandor-Crash in Gefahr?«, sagt sie: »Das kann man so sagen. Ich hafte mit meinem gesamten Vermögen und meinen Immobilien, mit allem, was auf meinen Namen eingetragen ist.« Weiter sagt sie: »In der Öffentlichkeit gelte ich leider als Milliardärin. Aber das ist falsch, ich bin eine Mittelständlerin, die wie viele Unternehmer privates Geld und Vermögen in die Firma investiert hat.«

Wie viel sie verloren habe, fragt die »Bild am Sonntag« noch: »Wahnsinnig viel!«, erklärt Madeleine Schickedanz. »Mein Karstadt/Quelle-Aktienpaket war in der Spitze drei Milliarden Euro wert. Heute sind es gerade noch 27 Millionen Euro. Auf dem Papier haben wir somit drei Milliarden verloren. Hinzu kommen 170 Millionen Euro Verlust aus meinem Privatvermögen für eine Kapitalerhöhung bei Arcandor im Jahr 2004 und noch zusätzlich ein dreistelliger Millionenbetrag, um das Unternehmen danach zu stabilisieren.«

Wahrscheinlich um den Aktienkurs des bereits 2008 in Schieflage geratenen Arcandor-Konzerns zu stützen, kaufte Madeleine Schickedanz weitere Aktienanteile des Unternehmens. Dafür nahm sie bei der Privatbank Sal. Oppenheim einen Kredit auf, den das Magazin »Stern« mit 215 Millionen Euro beziffert. Die Aktie mit ihrem stetig fallenden Kurs war keine adäquate Sicherheit mehr. Deshalb musste Madeleine Schickedanz zahlreiche Immobilien aus ihrem privaten Besitz verpfänden.

Damit folgte Madeleine dem Beispiel ihrer Mutter. Grete Schickedanz hat einmal erklärt: »Ich stehe als persönlich haftender Gesellschafter in der vollen Verantwortung und Haftung. Mit meinem Haus bei Tarragona oder dem Anwesen in Dambach: Ich hafte mit allem, was ich besitze. Ich kann Ihnen versichern, dass dies noch mehr Leistungsdruck auslöst als ein Börsenkurs.«

Was den Menschen in ganz Deutschland aus dem Gespräch mit »Bild am Sonntag« jedoch in Erinnerung bleibt, sind diese Antworten von Madeleine Schickedanz: »Wir leben von 500 bis 600 Euro im Monat. Wir kaufen auch beim Discounter. Gemüse, Obst und Kräuter haben wir im Garten.« Und: »Ich bekäme mit meinen 65 Jahren noch nicht einmal Rente.«

Ein Aufheulen geht durch die Bundesrepublik. Madeleine Schickedanz wird mit Spott und Häme überschüttet, Weinerlichkeit und Selbstmitleid werden ihr vorgeworfen. In ihrer Heimatstadt Fürth machen Witze die Runde: »Bei Lidl ist ein schwer bewachter Rolls-Royce gesichtet worden: Frau Schickedanz beim Einkaufen.« Nur drei Tage nach dem Interview hängen wütende Quelle-Mitarbeiter im Bürogebäude eine Spendenbox auf mit der Aufschrift: »Mitarbeiter sammeln für ihre Chefin.«

Daraufhin tritt Madeleine Schickedanz noch einmal die Flucht an: in die Unsichtbarkeit.

DAS LEBEN DER MADELEINE S.

Eine Frau geht langsam über die Karlsbrücke in der Nürnberger Innenstadt, vorbei an den jungen Menschen, die an den Mauern der Brücke lehnen oder darauf sitzen und einen Latte Macchiato oder eine Orangina trinken. Für den obligatorischen Aperol-Spritz ist es an diesem Nachmittag noch zu früh. Die Frau passiert das Café di Simo, ein kleines Szenecafé, in dem auch hin und wieder Nürnberger TV-Prominenz gesichtet wird, der ehemalige Herzblatt-Moderator Pierre Geisensetter etwa oder Diana Herold. Deren stumme Auftritte in der Comedy-Sendung »Bully-Parade« haben ihr Gesicht bekannt gemacht, eine »Playboy«-Titelstory den Rest.

Auch das Café selbst trug kurzzeitig einen bekannten Namen: Im September 2008, in der heißen Phase des Wahlkampfes, hatte es die CSU angemietet, um von zentraler Position aus um Stimmen zu werben. Vier Wochen lang hieß das Café wie ein guter Bekannter der Frau auf der Brücke: Beckstein. Ohne Günter.

An der Ecke, bevor die Frau zum Trödelmarkt abbiegt, schaut sie sich an diesem Frühsommertag 2010 noch einmal vorsichtig um, so, als sei sie erstaunt darüber, von all den Menschen nicht bemerkt zu werden. Die Frau ist Madeleine Schickedanz.

Sie wirkt wie eine der vielen wohlhabenden Frauen, die hier vorbeiflanieren – Unternehmergattinnen, Zahnarztfrauen, selbstständige Immobilienmaklerinnen. Dass sie auf den ersten Blick nicht auffällt, mag an der großen, dunklen Sonnenbrille liegen, die das schmale Gesicht großflächig bedeckt. Oder an ihrem überaus schlichten Kleidungsstil. Erst auf den zweiten

Blick offenbart sich ihre Eleganz, ihre Klasse. Alles an ihr ist edel und teuer, von Protz dabei keine Spur. Sie trägt eine schmale schwarze Hose, die ihre zierliche Figur gut zur Geltung bringt. Dazu schwarze Ballerinas, eine weiße Bluse und einen schwarzen Kurzmantel. Weder eine Knitterfalte noch der störende Hinweis auf die Marke eines ihrer Kleidungsstücke sind auszumachen.

Abgerundet wird das Gesamtbild durch die Tasche. Deren unverwechselbarer Stil verrät den Designer sofort: Über Madeleines Schulter hängt eine Bottega Veneta, »der Bentley unter den Taschen«, wie das Schmuckstück aus dem gleichnamigen Haus einmal genannt wurde. Sie trägt ein schlichtes Modell in Hellbraun.

Die Milliardenerbin hat eine Schwäche für edle und schöne Handtaschen. Auch die Marke Tod's hat es ihr angetan. Wie Bottega Veneta hat die Firma Tod's ihren Ursprung in Italien und ist neben ihren klassischen, handgefertigten Taschen vor allem bekannt für die Mokassins mit 133 Noppen auf der Sohle. Um eine Tod's-Handtasche zu ergattern, müssen sich Kundinnen in Wartelisten eintragen. Bottega Veneta ist zu erkennen am »Intrecciato«-Muster, einem gewebten Flechtmuster, das in den vergangenen Jahren vor allem asiatische Raubkopierer zu deutlich preisgünstigeren Nachahmungen inspirierte. Bei dem in aufwendiger Handarbeit gefertigten Original kann schon eine schlichte Geldbörse um die 600 Euro kosten. Eine günstigere Bottega Veneta-Tasche ist für etwa 2000 Euro zu haben. Wer das Besondere des Besonderen sucht, kann auch für 15.000 Euro fündig werden. Die Marke passt perfekt zu Madeleine Schickedanz, steht sie doch für zurückhaltenden, zeitlosen Luxus.

Bottega Veneta wird Mitte der 60er-Jahre im italienischen Vicenza nahe der Lagunenstadt Venedig gegründet. Mit seinen Accessoires aus feinstem Leder wird das Unternehmen innerhalb kürzester Zeit zu einer der führenden Marken bei Schuhen, Gürteln und Taschen, es galt in den 70er-Jahren als exklusive Marke des Jetsets. Doch in den 90er-Jahren ließ die Nachfrage nach italienischer Designermode nach, was auch Bottega Veneta zu spüren bekam. Im Jahr 2001 schließlich kaufte der französische Milliardär François-Henri Pinault die Marke und reihte sie in seine bereits beachtliche Sammlung von Luxusgüterherstellern ein. Unter dem Dach seines Konzerns PPR – Pinault-Printemps-Redoute – sind heute viele bekannte und edle Modemarken zu finden: Gucci, Balenciaga, Yves Saint Laurent, Stella McCartney, Sergio Rossi und Bottega Veneta. Auch in Franken ging PPR auf Einkaufstour: 2007 erwarben die Franzosen mehrheitlich den Sportartikelkonzern mit dem Raubkatzenlogo – Puma. Dass der überaus charmante François-Henri Pinault das Schöne zu schätzen weiß, zeigt er auch privat. Nach einigem Hin und Her heiratete der PPR-Chef 2009 die Mutter seiner kleinen Tochter Valentina: die Hollywood-Schauspielerin Salma Hayek.

Dass Bottega Veneta in der Modewelt wieder für Furore sorgt, ist vor allem einem Deutschen zu verdanken: Tomas Maier, der auf dem Weg zu internationalem Erfolg das »h« in Thomas abgelegt hat, ist seit 2001 Chefdesigner des Labels. Mittlerweile gilt die Marke als eines der Aushängeschilder des Konzerns und als zweitstärkster Umsatzbringer. Einer Umfrage des New Yorker »Luxury Institutes« von 2008 zufolge ist Bottega Veneta in den USA die prestigeträchtigste Luxus-Modemarke – noch vor Armani, Chanel, Hermès, Fendi und Gucci.

Einige dieser Marken sind auch in der Kaiserstraße zu finden, aus der Madeleine Schickedanz an diesem Tag in die Straße einbiegt, die über die Karlsbrücke führt. Die Kaiserstraße gilt als Nürnbergs Nobeleinkaufsmeile – auch wenn sie die für eine Meile erforderlichen knapp 1,6 Kilometer kaum aufweisen kann.

Ihr Weg führt die einstige Milliardenerbin, bei der jedes Haar ihrer blonden, schulterlangen Frisur perfekt sitzt, direkt zu ihrem Friseur am Trödelmarkt. Früher war sie bis zu drei Mal in der Woche hier, will ein Insider wissen. Damals noch mit Fahrer und Bodyguard. Besitzer und Verkäufer der umliegenden Geschäfte erinnern sich an den großen stattlichen Mann im Anzug, der sich die Wartezeit mit einem Schaufensterbummel vertrieb und dabei selbst das ein oder andere Stück für seine Ehefrau erwarb.

EINE SEHR GUTE KUNDIN

War sie ohne Personenschutz unterwegs, soll es häufig ihr Chauffeur gewesen sein, der diverse Aufgaben übernahm, wie sich einige Menschen erinnern. Oft wurde Madeleine Schickedanz in der Kosmetikabteilung des Karstadt-Kaufhauses an der Nürnberger Lorenzkirche gesichtet, die letzten Male jedoch »gehetzt, nervös, angespannt«. Auch hier sind ihre Besuche seltener geworden. Nach wie vor ist sie eine hoch angesehene Frau, über die zu reden sich sogar den Karstadt-Verkäuferinnen verbietet. »Ja, Frau Schickedanz ist eine sehr gute Kundin bei uns«, heißt es.

Zwischen den Verkaufsbereichen von Shiseido, Dior und Chanel flaniert Madeleine, schaut, probiert, wählt aus. Für Crèmes gegen Leuchtkraftmangel kann man in der Karstadt-Kosmetikabteilung schon einmal 70 Euro loswerden, Lippenstifte kosten selten unter 25 Euro. Madeleine Schickedanz soll es besonders zu den Ständen der amerikanischen Kosmetikfirmen Estée Lauder und Clinique ziehen. Auch die Feinschmeckerabteilung von Karstadt hat es ihr angetan. Das verriet sie der »Berliner Morgenpost« 2006, als sie mit ihrem Gatten extra aus Nürnberg in die Bundeshauptstadt gereist war, um dem großen Fest zum 125-jährigen Karstadt-Jubiläum im KaDeWe beizuwohnen. Sie selbst – in einem Hosenanzug von Armani gekleidet – habe sie »bescheiden Lebensmittelabteilung« genannt, schrieb das Blatt. Nach dem Kaufhaus des Westens verfügt das Nürnberger Haus über die zweitgrößte Karstadt-Feinschmeckerabteilung Deutschlands.

Wenn man die Konzernerbin in früheren Jahren bei Karstadt antraf, dann so gut wie nie mit Einkaufstüten in der zierlichen Hand, deren Druck beim Händeschütteln kaum spürbar ist. Eine zarte, vorsichtige Geste, die beim Gegenüber Beschützerinstinkte weckt.

Nachdem Madeleine ihre Auswahl getroffen hatte, pflegte ihr Fahrer die Einkäufe regelmäßig abzuholen. Im alten Hersbrucker Quelle-Kaufhaus soll der Fahrer die Einkäufe sogar zur Gänze erledigt haben, während Madeleine Schickedanz draußen im Fond des Wagens wartete. In München, wo Tochter Daniela mit ihrer Familie lebt, soll Madeleine Schickedanz bis 2008 – bis bei der KarstadtQuelle-Mutter Arcandor die Probleme offenkundig wurden – des Öfteren Ausflüge in die Maximilianstraße unternommen haben. In den Nobelboutiquen der Münchner Edelmeile war man begeistert von der prominenten Kundin – und von dem sie umgebenden Service. »Einmal in der Woche war sie hier, mit Fahrer und Personenschutz. Sogar die Sicherheitsleute der Geschäfte haben geschwärmt, wie das Kommando die Sache im Griff hatte«, weiß der Insider zu berichten. Heute tauche sie nur noch gelegentlich auf – und wenn, dann allein. Zu Mod's Hair am Trödelmarkt schlendert sie, ohne dass in ihrer Nähe ein Personenschützer auszumachen ist. Beim Nürnberger »Promi«-Friseur wird die gute Kundin bereits erwartet – die Tür wird aufgerissen, sie von Weitem begrüßt.

Die sonst sehr pressefreundliche Inhaberin des Geschäftes wird ebenfalls schweigsam, wenn es um ihre inzwischen allseits bekannte Kundschaft geht. »Frau Schickedanz ist eine ganz liebe Person, eine sehr nette Frau«, sagt die Chefin. Angenehm sei sie, sehr ruhig und zurückhaltend. »Aber ich rede nicht über meine Klienten«, bescheidet sie. Anders als sonst beim Friseur üblich, erzähle Frau Schickedanz nichts. Aber man frage auch nicht.

»Liebenswürdig« ist eine jener Eigenschaften, die Madeleine Schickedanz viele der Menschen zuschreiben, die mit ihr zu tun haben oder hatten. »Launenhaft« ist eine weitere.

ENTSPANNT, BEFREIT, GELÖST

Als Madeleine Schickedanz an diesem lauen Frühsommertag durch die Innenstadt bummelt, fast ein Dreivierteljahr nach dem Zusammenbruch der Quelle, wirkt sie entspannt und befreit. Mit den Bildern, die in der Presse nach dem 9. Juni 2009 kursierten – dem Tag, an dem der Dachkonzern Arcandor Insolvenz anmelden musste –, hat diese Frau nicht mehr viel gemein. Sie sieht nicht verhärmt aus oder gar krank. Ganz im Gegenteil. Erholt, gelöst und keineswegs ihrem Alter entsprechend wirkt die 66-Jährige.

Freunde und Familie hatten sich in den Wochen nach der Misere große Sorgen um sie gemacht. Erst ihr Zusammenbruch, der sie noch in der Schweiz ereilte, mit anschließendem Krankenhausaufenthalt. Als bekannt geworden sei, dass eine Insolvenz nicht mehr zu vermeiden gewesen sei, habe sie Herzrhythmusstörungen bekommen, erzählt sie der »Bild am Sonntag«.

»Ich bin zusammengebrochen, bekam keine Luft mehr und konnte nur noch auf allen vieren über den Boden krabbeln. In diesem Moment dachte ich: Ich muss sterben.«

Dem Interview folgte die große Häme. Dabei hatte sie schon in diesem Gespräch gesagt: »Ich traue mich nicht mehr unter Menschen. Ich habe den Eindruck, dass alle auf mich starren und hinter meinem Rücken tuscheln und sagen: ›Guck mal, da ist die Schickedanz. Die hat alles verloren.‹ Das kann ich nur schwer ertragen.« Bei einem Besuch der Salzburger Festspiele, als die Arcandor-Krise gerade begann, sei sie in der »Zauberflöte« gesessen. »Ich habe die Blicke der anderen Besucher wie ein Messer im Rücken empfunden.«

Eine, die dieses Gefühl kennt, ist Susanne Klatten, geborene Quandt. Das Leben der Erbin von großen Aktienpaketen an BMW und dem Chemiekonzern Altana, die jahrelang auf größtmögliche Diskretion bedacht war, wurde über Nacht öffentlich. Aus einer Affäre war ein schmutziges Geschäft geworden, Klatten wurde von ihrem Liebhaber erpresst. Sie tat etwas, womit der professionelle Gigolo Helg Scarbi nicht gerechnet hatte: Sie wehrte sich und zeigte ihn an. Zwischen Scarbis Verhaftung und dem Bekanntwerden der Erpressung lagen ein paar Wochen. Klatten hatte geglaubt, sich auf das mediale Ereignis vorbereiten zu können, wie sie später der FTD – der »Financial Times Deutschland« – erzählt. »Eine Illusion«, musste sie feststellen. Auch Madeleine Schickedanz dürfte mit derartigen Reaktionen auf ihre Worte kaum gerechnet haben. Was Susanne Klatten über sich sagte, gilt auch für Madeleine Schickedanz: Die Leute sehen in ihr nicht den Menschen. Sie sehen zuerst einmal die Milliardärin. Das Geld. »Es verletzt mich«, sagte Klatten der FTD, »wenn ich immer nur im Maß des Geldes gemessen werde. Geld bewertet nicht, was oder wer ich bin.«

In der Zeit nach dem »Bild am Sonntag«-Interview wurde Madeleine kaum noch gesichtet. Nach dem Aus für die Quelle schien sie wie vom Erdboden verschluckt, unerreichbar für die meisten. In Deutschland wurde sie in einer ihren Villen in St. Moritz vermutet oder in ihrem spanischen Anwesen in Tarragona. Andere dachten, sie sei im französischen Schloss der Familie in der Nähe von Orleans. Oder vielleicht doch in ihrem Feriendomizil am Tegernsee? Nur wenige Freunde und Vertraute wussten, dass sie sich für einen längeren Zeitraum nach Chile abgesetzt hatte.

FLUCHT NACH CHILE

Vor mehr als fünf Jahrzehnten erworben Gustav und Grete Schickedanz dort ein riesiges Anwesen: das Gut »La Poza«. In der Boomzeit des Wirtschaftswunders galt es unter den Großindustriellen als schick, sich der Landwirtschaft zu widmen. Konkurrent Neckermann etwa besaß auf der spanischen Insel Mallorca ein Landgut von rund 180 Hektar Größe.

Hans Dedi ist der Ehemann von Louise, Gustav Schickedanz' Tochter aus erster Ehe. Im Auftrag seiner Schwiegereltern kaufte er 1962 den etwa 850 Hektar großen landwirtschaftlichen Betrieb, rund 30 Kilometer entfernt von der Stadt Osorno im Süden Chiles. »Es ist alles so schön dort, die Natur und auch die Menschen sind so ganz anders. Auch ein schönes Häuschen wurde für uns gebaut. Falls Deutschland einmal unter kommunistische Vorherrschaft fallen sollte, möchten wir in Chile wohnen«, hatte Grete Schickedanz gesagt, wie der ehemalige Verwalter des Landgutes in seinem Tagebuch festhielt. Der

Schwiegersohn war schon einige Male zur Jagd nach Chile eingeladen worden und hatte die Region dabei schätzen gelernt. Dedi sei es schließlich auch gewesen, der der Familie Schickedanz Land und Leute auf einer Geschäftsreise nach Lateinamerika näherbrachte. Die Versandhausinhaber hätten sich sofort in Chile verliebt, heißt es. So kauften sie das Gut bei Osorno. Eigens dafür gründete die Familie zuvor eine Gesellschaft, die auch als Eigentümer im Grundbuchamt auftauchte: »La Poza S. A.« Fünf Jahre später wurde das Gut auf die beiden Schwestern überschrieben, Madeleine Mangold und Louise Dedi, beide geborene Schickedanz. Nur das Vorwerk blieb im Besitz von Grete Schickedanz.

So ganz fremd musste sich die Familie Schickedanz in Chile nicht fühlen. Das Klima ist europäisch gemäßigt, vor allem aber spricht man Deutsch: Um 1845 begannen Deutsche, Österreicher und Deutsch-Schweizer, sich auf dem Indio-Land niederzulassen. Allein nach Osorno übersiedelten 6000 deutsche Familien.

Das südamerikanische Land blieb von der deutschen Geschichte nicht verschont. 1931 wurde in Chile die NSDAP/AO gegründet, der sich im Laufe des Jahrzehnts mehr als 1000 Deutschstämmige anschlossen. Gleichzeitig fanden viele politische Flüchtlinge und deutsche Juden, die ihre Heimat wegen des NS-Regimes verlassen mussten, in Chile eine neue Heimat. In der Zeit von 1933 und 1941 emigrierten rund 15.000 Juden aus Deutschland nach Chile.

Als aus den Häschern nach dem Ende des Zweiten Weltkriegs Verfolgte wurden, waren sie es, die nach Südamerika flüchteten. Aber auch viele Heimatvertriebene aus den Ostgebieten verließen Deutschland in den 1940er- und 50er-Jahren gen Chile. Bis heute existiert in Osorno die einzige in sich geschlossene Sprachsiedlung

Chiles. Deutsch ist für 20.000 bis 35.000 Menschen des Landes nach wie vor die Muttersprache.

In den mehr als 160 Jahren hinterließen die Deutschen, zu denen hier auch die einst ausgewanderten Deutsch-Schweizer und Österreicher zählen, deutliche Spuren in Chile. Beispielsweise in der Architektur oder in der Küche. Es gibt das Wort »Strudelhaus«, und auch ein typisch deutscher Begriff hat sich einen festen Platz im Wortschatz der Chilenen erobert. Wer nach einer kulinarischen Begleitung zum Nachmittagskaffee sucht, muss nur nach einem Schild Ausschau halten, auf dem – das »J« gesprochen wie ein »CH« – »Kujen« zu lesen ist. Oder im Plural »Los Kujenes«.

Seit 1938 wird die deutsche Wochenzeitung »Cóndor« gedruckt, und es gibt die deutsche Schule »Instituto Alemán de Osorno« mit über 150-jähriger Geschichte. Insgesamt existieren in Chile rund 20 deutsche Schulen. Es gibt Gartenzwerge, die in Chile mitunter eher den Namen Gartenriesen verdient hätten.

Bis mit dem Landgut in Chile Geld zu verdienen war, zogen allerdings noch einige Jahre ins Land. Gustav und Grete Schickedanz scheuten weder Aufwand noch Mühe, um seinerzeit den Chile-Kenner Rainer Schirmer als Verwalter für das Anwesen zu gewinnen. Wie er in seinen Tagebucherinnerungen schreibt, gelang es ihm Anfang der 70er-Jahre, den bis dahin defizitären Betrieb auf Vordermann zu bringen. Mehr als 120 Milchkühe und etwa 500 Mastbullen gab es zu dieser Zeit auf »La Poza«.

Das Ehepaar Schickedanz überzeugte sich auch persönlich von den Fortschritten. Im Februar 1969 reisten sie – in Begleitung von Hans Dedi – für zwei Wochen nach Chile. Für Komfort wussten sie schon damals auch auf ihrem weit entfernten Landgut zu sorgen. Es gab ein stattliches Herrenhaus mit schönen Zimmern, alle mit dazugehörigem Bad ausgestattet, Zentralheizung und für lauschige Abende einen offenen Kamin im Wohnraum. Haushälterin, Hausgehilfin und Hausbursche sorgten für das leibliche Wohl.»Die Haushälterin, Frau Herta H., kochte, als wären wir in einem Fünf-Sterne-Hotel. Das Hausmädchen musste uns servieren«, notierte Schirmer.

Madeleine ging in dieser Zeit in ihrer Rolle als junge Ehefrau auf. Im gleichen Jahr wurde sie mit Sohn Matthias schwanger. Die werdende Großmutter genoss unterdessen die Freiheit, die das weite Land Chiles ihr bot.»Nachmittags wurden die Pferde gesattelt und ich erkannte die energische Dame und Versandhausbesitzerin kaum wieder. Wie glücklich war sie auf dem Rücken eines Pferdes. Frau Schickedanz konnte hier mal ‚sie selber sein'.«

ERINNERUNGEN

Auch die Gespräche mit Grete Schickedanz blieben dem Verwalter unvergessen:»Die Ausritte wiederholten sich täglich und in den Ruhepausen erzählte sie mir Ausschnitte ihres Lebens: ‚Mein Vater war Fabrikarbeiter und Kleinbesitzer von zwei Kühen. Meine Mutter arbeitete öfter als Tagelöhnerin, um die Familieneinnahmen zu verbessern. Ich musste daher oft per Hand die zwei Kühe melken, von deren Milch Käse zum Eigenverbrauch und Verkauf produziert wurde.'« Mit Tränen in den Augen habe Grete Schickedanz gesagt:»Sehen'S, Herr Schirmer, jetzt können Sie mich vielleicht besser verstehen, warum ich so an dem landwirtschaftlichen Besitz hier in Chile hänge, den einfachen Menschen hier in diesem Lande, den Tieren, den gewaltigen Kordilleren mit den Vulkanen im Hintergrund und der lieblichen Natur, gepaart mit der Einsamkeit. Dies war immer mein Wunschtraum, als junges Mädchen genauso wie heute als wohlhabende Frau.«

Schon im Jahr darauf änderte sich alles in Chile: Im September 1970 wurde das linke Wahlbündnis Unidad Popular die stärkste Kraft und Salvador Allende im vierten Anlauf Präsident. Eine Situation, die viele der in Chile lebenden Deutschen seit Langem fürchteten: das Gespenst des Sozialismus. Der Regierungswechsel stieß in den USA auf starke Ablehnung, und Allende hatte bei seinem Amtsantritt mit Sanktionen und Gegenmaßnahmen der USA zu rechnen. Schon als der Sieg der Linken absehbar war, soll der aus Fürth stammende US-Außenminister Henry Kissinger geäußert haben: »Ich sehe nicht ein, weshalb wir zulassen sollen, dass ein Land marxistisch wird, nur weil die Bevölkerung unzurechnungsfähig ist.«

Der anschließende Boykott der USA und auch einiger Länder Westeuropas destabilisierte die Regierung schließlich. Drei Jahre später, im September 1973, gelang ein Militärputsch, der General Augusto Pinochet an die Macht brachte. Bereits am Tag des Putsches kamen Hunderte von Anhängern Allendes ums Leben, Tausende wurden inhaftiert.

Das Jahr 1989 wurde nicht nur für Deutschland zum Wendejahr, sondern auch für Chile. Nach 15 Jahren Militärdiktatur fanden die ersten freien Wahlen statt, die der Christdemokrat Patricio Aylwin für sich entschied. Trotz zweimaliger Anklage starb Pinochet im Dezember 2006 in Santiago de Chile, ohne sich jemals für seine Verbrechen verantworten zu müssen. Unter seiner Diktatur wurden in Chile Zehntausende von Menschen inhaftiert und gefoltert, geschätzte 3100 Menschen ermordet.

Etwa 2500 seiner Opfer blieben verschwunden. Es dauert lange, bis das Land dieses Trauma überwinden kann.

Heute gehört Chile zu den führenden Wirtschaftsnationen Lateinamerikas. Das Land ist dank seiner Rohstoffvorkommen reich. So verfügt Chile allein über 40 Prozent der weltweit bekannten Kupfervorkommen, die den wichtigsten Exportartikel des Landes hervorbringen. Das Metall wird für die Herstellung von Stromkabeln und Rohrleitungen benötigt, für Schmuck und Besteck ebenso wie für Kunstgegenstände oder Musikinstrumente. Vor allem aber für Münzen: Das europäische 50-Cent-Stück besteht zu 89 Prozent aus Kupfer.

Noch immer gibt es zahlreiche Deutsche, die Euro und Cent nur allzu gerne gegen den chilenischen Peso eintauschen und in Chile eine neue Heimat suchen. »Man wird als Deutscher nicht geliebt, aber man genießt hohes Ansehen. Es wird einem großer Respekt entgegengebracht. Als Deutscher erfährt man immer eine Art Vorzugsbehandlung«, beschreibt ein Auswanderer die Situation.

Das Land lockt mit einer atemberaubenden Landschaft. Allein die Gegend um die Stadt Osorno, die zur Region X der insgesamt 15 Regionen des Landes gehört, lockt mit Natur pur: Der gleichnamige Vulkan Osorno mit seinem schneebedeckten Gipfel dominiert die Szenerie. Unweit vom Gut »La Poza« befindet sich der Nationalpark Puyehue mit seinem riesigen Gletschersee Lago Puyehue. Nicht umsonst wird die Region X auch »Región de los Lagos« – Seenregion – genannt.

Auch ihren Lieblingsbeschäftigungen kann Madeleine Schickedanz hier nachgehen: Keine Autostunde von Osorno entfernt sind Skigebiete mit Höhenunterschieden von 1000 Metern zu finden, und es dauert eine knappe halbe Stunde bis zu den Stränden des Pazifischen Ozeans. Um Osorno herum gibt es ausreichend Gelegenheit, Golf zu spielen. Die an der Panamericana gelegene 150.000-Einwohner-Stadt verfügt über eine weitere Besonderheit: Der deutsche Armin Schmidt braut hier nicht nur Bier wie in deutschen Landen, sondern bietet dazu auch deutsche Speisen an, unter anderem Nürnberger Rostbratwürstchen mit Sauerkraut.

WEIT WEG VON ALLEN PROBLEMEN

Für Madeleine Schickedanz bedeutet Chile, weit weg zu sein von allen Problemen. Vor allem aber, aus dem Blickpunkt der Öffentlichkeit verschwinden zu können – ohne ganz auf gesellschaftliches Leben verzichten zu müssen. Einige Reiche Deutschlands und der Schweiz haben hier – ähnlich wie sie – alte Besitztümer, manche haben ihre Häuser auch neu erworben. Das Landgut der Familie Schickedanz soll die wechselhaften Zeiten gut überstanden haben. Inzwischen sei der landwirtschaftliche Betrieb, wie es heißt, in den Händen von Pächtern.

Als das Magazin »Stern« im Januar 2010 die Immobilien auflistete, die Madeleine Schickedanz an Sal. Oppenheim verpfändete und zu verlieren drohte, war »La Poza« nicht dabei. Die Übersicht umfasste nicht weniger als 14 Immobilien – darunter einige an den schönsten Orten dieser Welt. Um weitere Anteile des damals schon dem Untergang geweihten Arcandor-Konzerns erwerben zu können, hatte die Quelle-Erbin bei der Privatbank Sal. Oppenheim 2008 einen Kredit über 215 Millionen Euro aufgenommen. Sal. Oppenheim ließ sich diese Summe als

Grundschulden in die Grundbücher der Schickedanz-Anwesen eintragen. Das berechtigte die Privatbank dazu, die verpfändeten Immobilien und Grundstücke per Zwangsvollstreckung einzuziehen und zu verkaufen, sollte Schickedanz die Kredite nicht zurückzahlen können. Nach der Quelle-Pleite wollte das Geldhaus – selbst in den Abwärtssog der Finanzkrise geraten – seine Millionen zurück. Schnell.

Zu den Immobilien auf der Liste gehörten zahlreiche Geschäftshäuser – in Hamburg, in Frankfurt und in Bonn. Aber auch einige private Immobilien, darunter eine Eigentumswohnung und ein herrschaftlicher Luxusaltbau in München, ein Wohnhaus in Zirndorf bei Fürth – wohl das, in dem sie in mit ihrem zweiten Ehemann Wolfgang Bühler und den beiden Kindern Matthias und Caroline lange Jahre lebte. Auch das schöne Haus am Tegernsee, ein Anwesen im oberbayrisch-folkloristischen Stil, das über einen eigenen Bootsanleger verfügt. Früher war es ein Pferdestall.

Nicht aufgelistet war die Villa im spanischen Tarragona, nicht weit von Barcelona entfernt. Die Familie hatte das Anwesen – wie einige ihrer Ferienhäuser – in den 60er-Jahren erworben. Doch auch hier gab es nicht nur Erholung pur. Eine professionelle Kakteenzucht mit 80 Mitarbeitern wollte betreut sein. »Wenn ich mir hier schon ein Haus leiste, müsste ich sehen, wie ich die Kosten irgendwo anders wieder hineinspiele«, hatte Quelle-Gründer Gustav Schickedanz gesagt. Es war dann vor allem Grete Schickedanz, die sich bei den Besuchen in Spanien um die Gärtnerei kümmerte.

Bekannt wurde der idyllische Ort aber vor allem durch einen furchtbaren Unfall, der sich Ende der 70er-Jahre hier ereignete. Der Tank eines mit 23 Tonnen Propen überladenen Lastzuges

– 19 Tonnen waren nur erlaubt – explodierte in Höhe des Campingplatzes »Los Alfaques«. Das austretende Gas entzündete sich an den Gaskochern auf dem Zeltplatz. In dem Inferno wurden mehr als 300 Menschen verletzt, 217 starben – darunter viele Deutsche. Unter dem Titel »Tarragona – ein Paradies in Flammen« verfilmte der Privatsender RTL 2007 die Tragödie.

NOCH MEHR FLUCHTORTE

Auch die Erinnerungen der Familie Schickedanz an ihr Feriendomizil sind nicht ausnahmslos schön: 1991 überfielen vier maskierte und schwer bewaffnete Einbrecher das Anwesen, brachen die Tür zu Grete Schickedanz' Schlafzimmer auf und zerrten die damals 80-Jährige aus dem Bett. Im Nachbarzimmer fand sie ihre Begleitung auf dem Boden liegend vor, einer der Einbrecher hielt ihrem Mitarbeiter ein Gewehr an den Kopf. Die Haushälterin gab schließlich den Schlüssel zum Safe heraus, in dem die Gangster Bargeld und wertvollen Schmuck fanden. Das stellte sie zufrieden und sie verschwanden.

Zu den Immobilien, die der Familie Schickedanz sicher sind, gehört die riesige Villa in Fürth, die auf dem 70.000 Quadratmeter großen Grund steht. Diese überschrieb Madeleine laut Medienberichten bereits 2005 ihrem Sohn Matthias Bühler und sicherte sich selbst ein lebenslanges Wohnrecht.

Platz ist auf dem Anwesen mehr als genug. Selbst im Gästehaus gibt es mehrere Wohnungen mit Bad und Küche. Doch auch das Haupthaus – wie alle Gebäude auf dem Grundstück gelb – sollte genug Platz bieten. Eine rote, steinerne Treppe führt von zwei

Seiten zum Haupteingang des Gebäudes. Schon von der Garderobe könne man sich »in den angrenzenden Toiletten oder Bädern verlaufen« erklärte einmal ein Gast. Doch mit ein wenig Hilfe findet man durch einige Salons mit Chippendale-Interieur auf die Ballustraden-Terrasse.

Vieles in dem Haus wurde so belassen, wie es war, als Grete Schickedanz 1994 in den Armen ihrer Tochter starb. Knapp zehn Jahre danach ließ Madeleine auch die beiden Büros ihrer Eltern räumen und das Mobiliar in die Fürther Villa bringen. Korrespondenz zwischen Gustav und Grete war hier archiviert ebenso wie Dokumente des Unternehmens.

Die Villa wurde nicht nur privat genutzt. Es war durchaus üblich, dass Gustav und Grete Schickedanz Mitarbeiter zu sich nach Hause einluden. Natürlich nicht jeden und natürlich nicht einfach so. Geladen wurden Mitarbeiter in gehobener Position. Jedes Jahr zur Weihnachtszeit stand die Familie in Reih und Glied, um ihnen, die jeweils in kleinen Grüppchen vorgelassen wurden, nach einem festen Händedruck persönlich das Kuvert mit der Weihnachtsgratifikation zu überreichen.

Nach dem Tod von Gustav Schickedanz setzte seine Frau diese Tradition fort – gemeinsam mit den Schwiegersöhnen Hans Dedi und Wolfgang Bühler. »Übergeben wurde uns die Gratifikation in Zimmer Nummer fünf, in dessen Mitte ein großer Verhandlungstisch stand«, erinnert sich ein ehemaliger Mitarbeiter. »Alles in der Villa war sehr gediegen, die Wände größtenteils holzvertäfelt. Überall gab es viele Bücher, vor allem alte Bücher mit Ledereinbänden.«

Wenn Madeleine Schickedanz zu Gesellschaften einlud, dann wählte sie in der Regel nicht ihr Hersbrucker Heim dafür.

Gäste empfängt sie stets in den unteren Räumen der repräsentativen Villa in Fürth. Wie ihre Eltern war es ihr ein Anliegen, eine gute Gastgeberin zu sein: So wurde bislang eigens zu solchen Anlässen ein Sternekoch engagiert, um die Gäste kulinarisch zu verwöhnen, unterstützt von einer »Super-Haushälterin«, wie einer sagt. Geschultes Personal sorgte für den perfekten Service.

In einem Flügel der Villa ist heute ein Teil der Madeleine Schickedanz Vermögensverwaltung GmbH & Co. KG untergebracht, der andere Teil wie auch die Madeleine Schickedanz KinderKrebs-Stiftung residieren in einem Neubau, der sich gegenüber dem Haupteingang der Villa befindet. Schlicht ist dieser, mit einem gläsernen Treppenaufgang. Schickedanz Vermögensverwaltung GmbH steht an zwei Briefkästen. In einem von ihnen steckt ein Bündel mit Anzeigenblättern, die von den Sonderangeboten bei Aldi, Lidl und Rewe künden. Auch dieser Neubau gehört zu den an die Bank verpfändeten Anwesen.

Der Haupteingang der Villa, der geschützt und dezent in einer Kurve liegt, gibt nur einen Einblick auf die Toreinfahrt frei: ein gelbes Gebäude mit einem Türmchen in der Mitte, das für die Durchfahrt den angemessenen herrschaftlichen Rahmen liefert und gleichzeitig vor Blicken der ohnehin wenigen Nachbarn und einzelner Spaziergänger schützt. Eine Rüschengardine, die – exakt ausgerichtet – von einem ausgeprägten Ordnungssinn der Bewohner zeugt, ziert das Fenster des Türmchens. Links und rechts des Gebäudes befinden sich jeweils drei Garagen, die fest verschlossen sind, so verschlossen, wie das ganze Anwesen wirkt. Das Tor selbst, schwarz und schmiedeeisern, ist an einigen Stellen mit Moos bewachsen, an anderen hat sich der Rost seinen Platz erobert.

»Viel zu wenig Leute«, heißt es unter den Angestellten. »Früher waren viel mehr hier, um den Laden in Ordnung zu halten«, sagt ein Insider. »Heute verkommt alles.« Das Personal werde immer weniger: »Die schaffen das gar nicht mehr.«

EINE ANDERE WELT

Trotzdem wirkt das Anwesen sauber, fast antiseptisch. Eine andere Welt, die nur wirklich wird durch ein paar welke Blätter. Laub im Frühjahr. Laub, das die zwei schmalen Birken bereits im Herbst abgeschüttelt haben – in jenem Herbst, in dem Quelle aufhörte zu existieren. Es liegt unmittelbar vor den Garagen, die mit ihren grauen Türen und den weißen diagonalen Streifen ein wenig den Charme einer alten Garnisionskaserne verbreiten.

Sonst gibt das Grundstück nichts frei, kein Leben, kein Lachen – nichts dringt heraus. Hinter der Toreinfahrt schlängelt sich rechts ein Weg aus roten Steinplatten über das Anwesen, wächst sich zu einem Platz vor dem Haus aus, das im gleichen Baustil und im gleichen Gelbton gehalten ist wie das Gebäude am Haupteingang. Weiße Jalousien vor einigen der Fenster zeigen, dass das Haus derzeit nicht bewohnt ist. Wie eigentlich die meiste Zeit in den vergangenen Monaten. Vor den anderen Fenstern im Erdgeschoss ranken sich weiße Gitter wie Efeu an der Außenmauer. Sie sollen wohl Schutz bieten vor Eindringlingen, die es doch schaffen, an den Kameras und der Alarmanlage vorbei in das Haus zu gelangen.

Der eine oder andere Nachbar mag – durch die Bäume hindurch – von einem oberen Stockwerk aus Einblick in das Grundstück nehmen können, ein wenig zumindest. Direkte Nachbarn gibt es nicht. An das Grundstück grenzt ein Wasserschutzgebiet.

Eine rote, mit Efeu bewachsene Mauer, gerade hoch genug, um Neugierigen den Blick zu versperren, aber ohne trutzig zu wirken, rahmt das Grundstück, in dem Madeleine Schickedanz den zweiten Teil ihrer Kindheit verbrachte. Die Außenmauer schützt, gibt dem Areal einen würdigen Rahmen, macht aber auch deutlich, wie groß 70.000 Quadratmeter tatsächlich sein können. Sehr groß. Riesig. Ein Park für eine einzige Familie, mit Hasen und Rehen. Hier spielte Madeleine. Hier hakte Grete Schickedanz Geschäftspartner unter, um sie so lange spazieren zu führen, bis sie sie von ihrem Anliegen überzeugen konnte.

»Die Quelle-Erbin und ehemalige Milliardärin Madeleine Schickedanz muss um ihren umfangreichen Immobilienbesitz bangen«, schrieb der »Stern« im Januar 2010. »Pleite-Milliardärin verkauft Luxus-Villen!«, zogen die Boulevard-Blätter nach.

Den Anfang machten ihre Schweizer Besitztümer am noblen Suvretta-Hügel. Lange Zeit galt: Wer etwas auf sich hält, lässt sich hier nieder. Kein anderer Flecken Erde im Alpental wird so konsequent von der Sonne bestrahlt. 322 Tage im Jahr sollen es sein. Und was hätte für jene, die auch sonst auf der Sonnenseite des Lebens stehen, mehr Symbolcharakter?

»Ich sehe 100 Milliarden Dollar, wenn ich diesen Berg hier hochschaue«, wurde Ex-Bundesbank-Präsident Karl Otto Pöhl zitiert, nachdem er seinen Blick über den Suvretta-Hügel schweifen ließ. »100?«, soll daraufhin Roland Berger, Unternehmer und Besitzer eines Grundstücks am St. Moritzer See erwidert haben. »Da ist der Topf ja schon voll, wenn Bill Gates landet.« Natürlich gibt es auch einen kleinen, aber feinen Flughafen, auf dem die Privatjets und Hubschrauber landen. Allein um die Weihnachtszeit sollen alljährlich 30 Milliardäre ihren Fuß auf den Boden des Flughafens Samedan setzen.

Der Kurort St. Moritz mit seinen heilenden Quellen lockte bereits im 19. Jahrhundert vor allem englische Gäste. Hier wurde 1889 das erste Golfturnier in den Alpen ausgetragen. In den 30er-Jahren entdeckte Hollywood das kleine Bergdorf. Charlie Chaplin, Alfred Hitchcock, Greta Garbo wussten das Klima hier ebenso zu schätzen wie Industrielle, Henry Ford etwa, oder Intellektuelle. Auch Thomas Mann reiste mit seiner Familie zum Skifahren hierher.

In den 60er-Jahren kamen die Schönen und Reichen nicht mehr nur für ein paar Tage und Wochen – sie wollten bleiben, angelockt von günstigen Quadratmeterpreisen. Für fünf Schweizer Franken gab es 1955 einen Quadratmeter Grund und Boden. Heute dürften 5000 Franken kaum reichen. Über St. Moritz schrieb der »Spiegel«-Autor Peter Brügge in den 60er-Jahren: »Ein Ort, so hässlich, dass man ihn für Prospekte mit Vorliebe nachts fotografiert.«

Dem Jetset war dies herzlich egal. Schließlich wurde es in der Saison, die sich auf die Wintermonate konzentrierte, früh dunkel, und gefeiert wurde nun einmal vorwiegend nächtens. »Von Silvester bis Januarmitte und in der zweiten Februarhälfte kulminiert die Saison so sehr, dass nur starke Naturen noch zusätzlich Wintersport ertragen«, fasste Brügge die Problematik zusammen.

Wie man feierte, wussten sie alle: der Erbe der Sachs-Werke Gunter Sachs mit seiner schönen Ehefrau Brigitte Bardot, der Schah von Persien und seine Frau Soraya wie auch der italienische Fiat-Clan

Agnelli oder die griechischen Reeder Aristoteles Onassis und Stavros Niarchos. »Während Geldmänner wie der griechische Reeder Niarchos oder der amerikanische Versicherungskrösus Cornelius Starr in St. Moritz und St. Anton Bergbahnen finanzierten, um dann über diese hinweg doch mit dem Hubschrauber aufzufahren, sind die Kapitalisten aus Deutschland schon glücklich, wenn einer ihrer Angestellten oder Kunden sie am Skilift erkennt und vortreten lässt«, schrieb Brügge.

Für den deutschen Geldadel bedeutete St. Moritz in den 60er-Jahren, Anschluss an die internationale High Society zu finden, die sich ausgesprochen selten auf Gesellschaften nach München, Berlin oder Hamburg verirrte. Auch die Art zu feiern hatte hier eine andere Note. Als besonders beliebt galten die Mondlicht-Partys auf der Corviglia-Hütte, »deren geselliger Höhepunkt immer wieder darin besteht, dass die Oberschicht Europas sich einmal völlig entspannt gehen lässt, das billige Geschirr zertrümmert und sich gegenseitig Pfannkuchen an den Kopf schleudert«, wie im »Spiegel« in den 60er-Jahren zu lesen war.

GENUSS OHNE GRENZEN

Wer heute ohne Ski mit der Gondel auf den Berg Corviglia fährt, beabsichtigt meist, exklusiv zu speisen. In dem auf 2486 Metern Höhe gelegenen Bergrestaurant »La Marmite« macht der Starkoch Reto Mathis seine anspruchsvolle Klientel glücklich – mit einem Hummersüppchen für umgerechnet 18 Euro oder einem Kaviar-Burger für 120 Euro. Wenn es etwas mehr sein darf: Auch für über 300 Euro stehen Gerichte auf der Karte. Trüffel- und Kaviargerichte zählen zu den beliebtesten Speisen.

Nirgendwo in der Schweiz, so heißt es, werde mehr Trüffel serviert als hier. Allein im Kühlhaus des Bergrestaurants lagert ein Vermögen. Kein Wunder, da das Kilo Kaviar um die 2000 Euro kosten kann und Trüffel für Kilopreise zwischen 2500 Euro und 5000 Euro zu haben ist, weißer Trüffel sogar für 9000 Euro. Auch für Paparazzi ist das Restaurant ein gefundenes Fressen.

St. Moritz hat eine hohe Dichte an Gourmettempeln, viele davon mit Gault-Millau-Punkten gekrönt. Hoch dosiert sind hier aber auch die teuersten Modemarken dieser Welt. In der Via Serlas – die in St. Moritz das ist, was in Los Angeles der Rodeo Drive ist – sind sie fast alle zu finden: Chanel, Gucci, Roberto Cavalli, Ermenegildo Zegna oder Prada. Escada fehlt im Reigen der Nobelboutiquen ebenso wenig wie Louis Vuitton. Wer zeigen will, dass er es hat und kann, trägt eine der nicht zwingend schönen, aber auf den ersten Blick sofort erkennbaren Luxustaschen. Selbst wer es nicht hat, tut es: Louis Vuitton ist die am meisten gefälschte Taschenmarke der Welt.

Auch Madeleine Schickedanz flanierte mitunter gern in der Via Serlas. Dennoch gehörte sie auch hier zu jenen, die nur selten gesehen wurden. Selbst in einer geschützten Zone wie St. Moritz zog sie einen ruhigen Abend in der heimischen Villa den Szenetreffen vor.

In den vergangenen Jahren hat eine andere Art von Glamour in St. Moritz Einzug gehalten, auch wenn hier und da noch der Glanz vergangener Tage durchscheint. Seit 1979 wird hier ein Winter-Golfturnier ausgetragen, es gibt das »White Turf«-Pferderennen oder das berühmte Schnee-Polo, das auf dem zugefrorenen See stattfindet. Viele Gelegenheiten also, mit dem Zobel, Seeotter oder Chinchilla an die frische Luft zu gehen.

»Die neuen Pelze zu zeigen, die Hündchen auszuführen, das ist die Hälfte des Events«, beschrieb die Schweizer Millionärin Vera Dillier in einer ZDF-Reportage das Vergnügen.

Mit dem wachsenden Wohlstand und der gestiegenen Zahl an Reichen und Superreichen gilt eine Villa in St. Moritz längst nicht mehr als Insignie der Exklusivität. Reiche Osteuropäer zählen inzwischen zur Stammklientel in den Fünf-Sterne-Hotels von St. Moritz und sind jetzt auch immer öfter unter den Großgrundbesitzern zu finden. Ein Bettenwechsel scheint bei den Zweit-, Dritt- oder Viert-Domizilen am Suvretta-Hügel anzustehen. Manche Villa stand – auch aus finanzieller Not ihrer Besitzer – zum Verkauf. Doch anders als Madeleine Schickedanz verloren viele Reiche ihr Vermögen unbeachtet von der Öffentlichkeit.

Zu den Neuzugängen im Suvretta-Club gehört unter anderem der Russe Andrei Melnitschenko, der den Grundstein für sein Milliardenvermögen mit einer Kette von Valuta-Wechselstuben legte. Heute gehören ihm Chemiewerke, Kohlegruben, Stahlhütten. Auch ein großer Teil der russischen Energieversorgung ist in seinen Händen. Für sein neues Domizil soll er rund 14 Millionen Euro hingeblättert haben. Mindestens noch einmal so viel Geld will er investieren, um die Villa abreißen und eine neue hinstellen zu lassen, die unter anderem über drei unterirdische Stockwerke inklusive Schwimmbad mit Lounge verfügen soll.

Während die Villen am Millionärshügel immer einen Abnehmer finden, stehen unten im Ort nicht wenige der in den vergangenen Jahren zahlreich entstandenen Komplexe mit Eigentumswohnungen – als Zweitwohnsitz gedacht – leer. Bausünden in Graubünden.

Vielleicht war also der unfreiwillig festgelegte Zeitpunkt des Verkaufs nicht der schlechteste. Die von Madeleine Schickedanz so geliebte Villa »La Müstaila« in der Via Clavadatsch, in der sie bei ihren Aufenthalten in St. Moritz selbst Quartier bezog, wurde für 37 Millionen Euro verkauft – an Mirka Horvat, Chefin der Immobiliengesellschaft Horvista AG. Einen Tag vor Jahresende wurde der Verkauf des 4000 Quadratmeter großen Anwesens amtlich. Die Slowenin erwarb ein schlichtes Gebäude aus dunklem Holz mit weiß verputzten Wänden, Balkons und Terrassen nach drei Seiten. Von hier oben genoss das Ehepaar Schickedanz/Herl einen grandiosen Blick über St. Moritz, auf den Berg Corvatsch und die Oberengadiner Seen, ohne selbst gesehen zu werden.

Auch die zweite Villa »God Laret« liegt versteckt und ist – wie die meisten Häuser hier – so schlicht, dass man dahinter kaum derart großen Reichtum vermuten möchte. Sie wurde eine Woche zuvor von dem deutschen Banker Philip Mallinckrodt, Verwaltungsratspräsident der Schweizer Privatbank Schroder & Co., erworben. Auch »God Laret« liegt am schönen und begehrten Suvretta-Hang. Als »Knusperhäuschen« bezeichnete es eine Schweizer Zeitung. Allerdings eines, dessen Schlüssel nur für rund zehn Millionen Euro zu haben ist. Knapp sieben Millionen Euro mehr hätte das Grundstück gebracht, wenn der üppige Baumbestand hätte abgeholzt werden dürfen.

AM BERG STEIGEN DIE PREISE

Dennoch dürften die Villen für deutlich höhere Sümmchen verkauft als seinerzeit erworben worden sein. Allein in den vergangenen zehn Jahren haben sich die Immobilienpreise am Berg »vervielfacht«. Manch Einheimischer, der mit dem Verkauf seines Elternhauses nicht lange genug warten konnte und endlich Kasse machen wollte, wird heimlich eine Träne verdrückt haben. Der Verkauf der zwei Schickedanz-Villen gilt laut »Bild am Sonntag« als zweitgrößter Immobiliendeal aller Zeiten in der »teuersten Wohnlage der Schweiz«.

Für Madeleine Schickedanz bedeutet der Verkauf aber nicht nur, Besitztümer verscherbeln zu müssen. Schwerer wiegt für sie wohl, dass dies auch der Abschied von einem vertrauten und geliebten Ort ist. Hier verbrachte sie mit Ehemann Leo Herl einen Großteil des Jahres. Damit verbunden ist möglicherweise auch der Abschied von Kreisen, denen sie sich jahrelang zugehörig fühlen durfte.

Zu ihrer Nachbarschaft gehörten, wie es heißt, der ebenfalls aus Franken stammende Hersteller von edlen Schreibutensilien, Anton Graf von Faber-Castell, und Eliette von Karajan, Witwe des berühmten Dirigenten. Schöne und charmante Menschen. Konnte es für eine Liebhaberin exklusiver Dinge, die Briefe nur von Hand und mit Füller aufzusetzen pflegt, etwas Passenderes geben? Konnte es für Madeleine als große Verehrerin klassischer Musik etwas Naheliegenderes geben, als neben einem Anwesen zu leben, das Herbert von Karajan einst sogar selbst entworfen hatte?

Auch ihre Nichte Margarete Riedel, die Tochter ihrer verstorbenen Halbschwester Louise, hat sich hier niedergelassen. Erst 2008 erwarb sie mit ihrem Ehemann Ingo am Suvretta-Hang die »Villa Suvrettina«, die zuvor umfassend renoviert worden war. Das Chalet biete nicht nur der Familie Riedel Dach, sondern auch einer »mit 31,5 Millionen Franken üppig dotierten Holding, die praktischerweise gleich auch den Namen des Domizils als Firmierung trägt – Suvrettina AG«, wie das Schweizer Wirtschaftsmagazin »Bilanz« berichtete.

Für Madeleine Schickedanz muss St. Moritz das Paradies gewesen sein: Auf die Frage, wie sie ihre zierliche Kleidergröße 36 bei einer Größe von 1,65 Meter halte, antwortete sie einmal: »Im Winter laufe ich Ski, im Sommer spiele ich Golf.« Ihr Handicap soll bei 16 liegen. Um 18 Löcher eines Golfplatzes zu spielen, bedarf es in der Regel 72 Schläge. Das »Handicap« beschreibt die Anzahl der Schläge, die ein Golfer darüber hinaus benötigt. Der US-Profi Tiger Woods, dessen Sexaffären seinen Namen noch berühmter machten als sein ohnehin schon legendäres Golfspiel, hat ein Handicap von null.

Außer auf regelmäßige sportliche Betätigung achtet Madeleine auf gesunde Ernährung: »Ich esse viel Obst und Gemüse, weniger Fleisch«, sagte sie der »Bunten«. »Und wenn ich einmal richtig sündigen möchte, mopse ich mir von meiner Tochter etwas Schokolade.«

Nach der Insolvenz des Arcandor-Konzerns, deren Hauptanteilseignerin Madeleine Schickedanz war, sagte sie der »Bild am Sonntag«: »Ich spare, wo ich kann. Wir reduzieren unsere persönlichen Ausgaben – von den Lebensmitteln bis zu Kosmetik und Kleidung. Wenn mein Mann und ich ausgehen, was nur noch selten vorkommt, dann zum Italiener um die Ecke, wir essen eine Pizza, trinken ein Viertel Rotwein und ein alkoholfreies Bier. Das kostet dann keine 40 Euro.« Der »Italiener um die Ecke« in Hersbruck widersprach dem prompt in der Öffentlichkeit: Der Wirt verriet der »Bunten« nämlich: Frau Schickedanz möge gar keine Pizza. Sie bevorzuge Scampi.

Auf die Frage des »Bild am Sonntag«-Reporters: »Was geben Sie fürs tägliche Leben aus?«, gab Madeleine Schickedanz eine Antwort, die ihr zum Verhängnis werden sollte: »Wir leben von 500 bis 600 Euro im Monat. Wir kaufen auch beim Discounter. Gemüse, Obst und Kräuter haben wir im Garten.« Kaum eine Zeitung in Deutschland, die dieses Zitat nicht abdruckte.

MISSTRAUEN GEHÖRT ZUM REICHTUM

»Wahrscheinlich stimmt das sogar«, sagt ein Bekannter von ihr, »wahrscheinlich braucht sie tatsächlich nicht mehr als 500 bis 600 Euro – allerdings für Lebensmittel. So hat sie die Frage wohl auch verstanden und beantwortet.« Was sie dabei außer Acht gelassen habe, sei der Unterhalt für die zahlreichen Wohnsitze und das dafür benötigte Personal.

Nach dem Interview mied die ohnehin schon zurückgezogen lebende Konzernerbin die Öffentlichkeit zur Gänze. Nachbarn gegenüber hat sie erwähnt, sie habe dies so überhaupt nicht gesagt. Und: Sie werde nie wieder mit der Presse sprechen. Allerdings, so sagen andere, habe sie zuvor auch gute Ratschläge in den Wind geschlagen und den Interview-Parcours ohne professionelle Beratung absolviert. »Das hätte doch kein PR-Profi so durchgehen lassen«, wunderte man sich in Franken. »Manchmal ist sie so misstrauisch«, sagt einer, der Madeleine kennt, »und dann hat sie wiederum so gar keinen Argwohn.«

Misstrauen, das hat auch Susanne Klatten erfahren, wird einem als Kind sehr reicher Eltern zum Wesenszug, wie sie der FTD erzählte: »Ich habe häufig genug den Fehler gemacht, mich

Menschen zu öffnen, die dieses Vertrauen nicht verdient haben. Dann wird man zum Opfer.«

Das Tor, das Madeleine Schickedanz dem Reporterteam öffnete, gehört zu ihrer Villa in Hersbruck, einem rund 20.000 Quadratmeter großen Anwesen – jenem Anwesen, in dem ihre Familie in den Kriegstagen lebte und in dem sie ihre schönsten Kindertage verbracht hat. Den Namen Schickedanz sucht man an den drei Briefkästen und den drei Klingelschildern allerdings vergebens: »Mustermann« ist darauf überall zu lesen.

»Klassisch und gemütlich« sei Madeleine Schickedanz eingerichtet. In der »Bild am Sonntag« zeigt das Foto sie auf einem großen, sandfarbenen Sofa sitzend. Fast versinkt sie in den schweren Polstern. Vor ihr, auf dem dunklen Couchtisch, liegt der Quelle-Katalog. Ein Sideboard im Esszimmer der Eheleute zieren im silbernen Rahmen Fotos von Grete und Gustav Schickedanz.

Schön zu wohnen, ist ihr ausgesprochen wichtig. Dass alles so ist, wie sie es sich vorstellt, lässt sie sich mitunter auch einiges kosten. Vier Mal soll sie die Liegestühle, die ihren Pool säumen, neu beziehen haben lassen, bis sie ihrem Geschmack entsprachen. Auch die neuen Fliesen des Swimmingpools, dessen Fischmuster das Auge der Poolbesitzerin nicht so recht ansprechen wollte, ließ sie noch einmal austauschen.

Wie Madeleine Schickedanz hinter der hellen Mauer mit den dunklen Ziegeln obendrauf wohnt, wissen ihre Nachbarn nicht. Sie hat wenig Kontakt zu ihnen. Dennoch bleiben die üblichen nachbarschaftlichen Streitigkeiten nicht aus. Zu viele Bäume, die zu viel Schatten auf umliegende Grundstücke werfen. Straßenfläche, die als Grünfläche ausgewiesen wird, was für die weniger begüterten Nachbarn bei der Sanierung der Straße deutliche Mehrkosten bedeutet hätte. Einigungen, die schließlich mit anwaltlicher Hilfe erzielt werden.

Das Anwesen und der Ort Hersbruck sind Madeleine Schickedanz wichtig. Der 12.500-Seelen-Ort ist ein fränkisches Idyll. Fachwerkbauten rahmen den kleinen historischen Stadtkern samt Schloss ein. Das adrette Stadtbild trübt nur ein dunkler Fleck aus der Vergangenheit: Während des Nationalsozialismus befand sich von 1944 bis 1945 in Hersbruck ein Außenlager des Konzentrationslagers Flossenbürg.

Heute kommen die Menschen aus dem Umland in die Stadt, um den historischen Charme auf sich wirken zu lassen oder ein Bad in den Thermen zu genießen. Die nahen Felsen der fränkischen Schweiz sind ein beliebtes Ziel für Kletterer aus aller Welt.

Mitten im Ort gibt es außerdem das Kaufhaus Schickedanz, das im gleichen Jahr wiedereröffnet wurde, als es mit dem Versandhaus Quelle unaufhaltsam bergab ging. Es ist eine Reminiszenz an Grete Schickedanz, die 1945 in Hersbruck ihr erstes eigenes »Lädele« eröffnete. Dieses wuchs im Laufe der Jahre zu einem stattlichen Kaufhaus heran.

Madeleine Schickedanz und Leo Herl hatten mit dem Gelände ursprünglich große Pläne, als sie 2007 anfingen, Gebäude abreißen zu lassen. Ein schönes neues Areal sollte entstehen mit einem größeren Kaufhaus. Doch der Plan musste wegen der sich damals schon abzeichnenden wirtschaftlichen Schwierigkeiten aufgegeben werden. Das Kaufhaus wird geschlossen, so die Direktive, die Anfang 2009 aus der Führungsetage der Quelle verlautete. Ende April des gleichen Jahres war es so weit.

Doch dann bot der ehemalige Quelle-Manager Wolfgang Herbrig an, das Kaufhaus in Eigenregie zu übernehmen. Anfang Juli 2009 wurde es unter großer Beachtung wiedereröffnet als »Kaufhaus Schickedanz – Ihr Sympathiehaus im Herzen von Hersbruck«.

WARTEN AUF MADELEINE

Die Presse war zu diesem Ereignis zahlreich erschienen und hoffte, auf die Konzernerbin zu treffen. Sie habe zwei Tage zuvor bei einem Besuch angeboten, zur Eröffnung zu kommen, sagte Herbrig der »Süddeutschen Zeitung«. Er habe es in der jetzigen Situation nach einem umstrittenen Interview, in dem sie Armutsängste geäußert und damit für Empörung gesorgt habe, aber für besser erachtet, dass sie nicht komme. »Ich glaube, dass da sehr viel reininterpretiert wurde«, sagte Herbrig außerdem.

Dass Madeleine bereit war, sich zu dem Anlass der Kaufhauseröffnung der Öffentlichkeit zu stellen, zeigt, wie sehr sie dem Erbe ihrer Eltern verbunden ist, wie wichtig es ihr ist, dass der Name Schickedanz fortbesteht. Denn selbst in ihrem Heimatort – wo die Menschen ihr wohlgesonnen sind – meidet sie die Öffentlichkeit. Wer an ihrer statt kam, war Ehemann Leo Herl. Der Presse gegenüber habe er sich allerdings etwas bissig gezeigt, sagte ein Medienvertreter.

In der Zeit nach der Insolvenz erweist sich Herl als echter Gefährte. Wann immer öffentliche Auftritte unvermeidbar sind, öffentliche Worte gesprochen werden müssen, dann ist es Ehemann Leo Herl, der diese Aufgaben, oft unangenehmer Natur, übernimmt.

Schon in den Jahren zuvor sprang er bei diversen Gelegenheiten für Madeleine in die Bresche.

So wie im Jahr 2004 etwa. Madeleine Schickedanz hatte dem – inzwischen einstigen – Juwelier ihres Vertrauens Jahre zuvor einen zehnkarätigen Rubinring anvertraut. Der Fachmann bot an, eine mögliche Umarbeitung zu überprüfen und das Schmuckstück gegebenenfalls zu einer Edelsteinschleiferei nach Idar-Oberstein zu schicken. Als Madeleine das Geschäft verließ, sagte sie zu ihrem Mann: »Jetzt ist der Ring weg und ich habe gar keine Quittung.« Doch sie beließ es dabei – der Fürther Juwelier galt als »Hoflieferant« der Familie.

Auf dem Weg nach Idar-Oberstein verschwand der Ring tatsächlich. Der Juwelier hatte den Rubin einem Sicherheitsunternehmen übergeben, in dessen Obhut der Ring wohl abhandenkam. Die Spur des zehn Karat schweren, ovalen und mit Diamanten besetzten Erbstückes verlor sich in einem Zentraldepot in Frankfurt am Main. Mutter Grete pflegte den Ring bei großen Anlässen und Empfängen zu tragen. Die Kripo ging von Diebstahl aus. Gegen zwei Mitarbeiter der Sicherheitsfirma wurde strafrechtlich ermittelt, doch das Verfahren wurde schließlich eingestellt.

Madeleine Schickedanz verklagte den Fürther Juwelier auf 1,5 Millionen Euro Schadenersatz. Schließlich habe es sich um einen Naturstein mit einer inneren Struktur gehandelt. Der Juwelier hingegen behauptet, das Schmuckstück sei beschädigt gewesen, habe einen Riss gehabt und sei damit allenfalls ein Zehntel der geforderten Summe wert gewesen. »Meine Frau würde niemals einen defekten Ring tragen«, empörte sich Leo Herl bei der Zeugenvernehmung. Obwohl persönlich geladen, erschien Madeleine Schickedanz nicht vor Gericht. Vier Monate später legte das Landgericht den Zivilfall ad acta. Wohl um weiteren Medienrummel zu verhindern, einigten sich die Parteien außergerichtlich.

Als ihrem Freund Günter Beckstein im Jahr 2007 die Ehrenbürgerwürde verliehen wurde, wohnte auch Madeleine Schickedanz der Feierlichkeit bei. In seiner aktiven Zeit als Politiker wartete die Presse nicht selten auf den bayrischen Innenminister oder – später – auf den Ministerpräsidenten. Sogar eine eigene Zeiteinheit wurde scherzhaft nach ihm benannt: »Ein Beckstein« entsprach einer Viertelstunde. Dies verstand er jedoch durch seine verbindliche Art wieder wettzumachen. Madeleine Schickedanz soll sich in dieser Wartesituation ausgesprochen unwohl gefühlt haben. »Wie ein verschrecktes Reh wirkte sie«, sagte ein Beobachter der Szene. »Was soll ich denn hier«, habe sie vor dem Eintreffen von Beckstein zu einem Bekannten gesagt: »Ich kenne doch gar niemanden.« »Natürlich – du bist doch wegen dem Günter hier«, bekam sie zu hören. Madeleine blieb.

Ähnliches berichten Leute immer wieder, die sie bei öffentlichen Veranstaltungen erlebten. Auch bei einem Auftritt für die Foto-Quelle habe sie »völlig verunsichert gewirkt«, sagte ein Anwesender. Selbst bei den Feierlichkeiten zum 75-jährigen Jubiläum der Quelle im Fürther Stadttheater waren es die Gäste wie Moderator Günther Jauch, die Sängerin Deborah Sasson oder Altbundespräsident Roman Herzog, die im Mittelpunkt standen. Madeleine Schickedanz möchte es offensichtlich nicht sein.

Dennoch gibt es Gelegenheiten, bei denen sie sich gern unters Volk mischt. Sie liebe es, in Hersbruck über den kleinen urigen Weihnachtsmarkt zu schlendern, sagte ein Bekannter. »Das möchte sie nicht missen müssen.«

Vor allem hängt sie sehr an dem einstigen Wochenendhaus ihrer Eltern. Ende der 90er-Jahre ließ sie das Haus komplett abreißen. Der Michelsberg gilt als »Hangrutschgebiet«. Etliche Häuser, die auf dem Hausberg der Hersbrucker stehen, haben bereits Rissschäden. Madeleine Schickedanz ließ das Haus wieder aufbauen – genau so, wie es war, mit den Sonnenterrassen, den Balkonen, den Erkern und dem zweistöckigen Türmchen. Dennoch hat sie auch das Elternhaus 2008 an Sal. Oppenheim verpfändet, in der Hoffnung, mit dem Geld Arcandor und damit die Quelle retten zu können. »Wenn ich hier wegziehen müsste, würde es mir das Herz brechen«, sagte sie.

DIE GEFÜHLTE ARMUT

Mit ihrem Abrutsch in die »gefühlte Armut« ist Madeleine Schickedanz nicht allein – im Gegenteil: Sie ist in allerbester Gesellschaft. Nicht wenige Milliardäre und Millionäre verloren in der Wirtschafts- und Finanzkrise viel, einige alles.

Gab es vor der Rezession weltweit 1125 Menschen, die sich Dollarmilliardäre nennen durften, waren es im März 2009 nur noch 793. Das heißt, 332 Menschen rutschten finanziell ab – von Milliardären zu Millionären. »Verbrannt« wurde das Geld vorzugsweise an der Börse: Aus Gewinnen, die einen hätten reich machen können, wenn man die Aktie nur zum richtigen Zeitpunkt verkauft hätte, wurden Verluste.

Viele büßten riesige Summen ein und konnten sich dennoch oberhalb der Demarkationslinie halten, die die gesellschaftliche First Class von der Business Class trennt. Warren Buffet etwa verlor 25 Milliarden Dollar, Microsoft-Gründer Bill Gates 18 Milliarden, bei Aldi-König Karl Albrecht sollen es 5,5 Milliarden gewesen sein. Und auch der Familie Otto, Inhaber des Otto-Versandes, gingen den Aufstellungen zufolge geschätzte fünf Milliarden Dollar verloren. Das Vermögen aller Milliardäre zusammen schmolz in der Krise um fast die Hälfte – von 4,4 auf 2,4 Billionen Dollar, eine Zahl mit zwölf Stellen dahinter.

Vor allem Russland musste laut »Forbes« – dem Magazin, das jährlich die berühmte Reichenliste herausgibt – schwere Einbußen hinnehmen: Die Zahl der russischen Milliardäre schrumpfte um fast zwei Drittel auf 32. Gelb vor Neid werden könnte, wer nach China blickt. Das Reich der Mitte brachte sogar in Krisenzeiten noch einige neue Superreiche hervor und beherbergt nun eine Zahl von 130 Dollarmilliardären. Die meisten Milliardäre leben in London oder Moskau. Die höchste Dichte an Milliardären findet sich jedoch in New York. 2009 gab es hier 55 Superreiche – mehr als in ganz Deutschland.

Ganze 54 Milliardäre hatte die Bundesrepublik im gleichen Jahr vorzuweisen – in der Krise kamen fünf Milliardäre abhanden. Madeleine Schickedanz hatte schon ein Jahr zuvor diesen Status, der nicht mit Geld, sondern vor allem mit Unternehmenswerten zu bezahlen ist, eingebüßt. Noch im Jahr 2007 schätzte Forbes ihr Vermögen auf 5,5 Milliarden Dollar, umgerechnet zum damaligen Zeitpunkt 3,2 Milliarden Euro. In Zahlen: 3.200.000.000 Euro.

Schon Grete Schickedanz tauchte zu ihrer Zeit regelmäßig auf der Reichenliste von »Forbes« auf, wie auch in den Rankings anderer Magazine. So setzte die Zeitschrift »Harper's and Queen« die Unternehmerin aus Fürth im Jahr 1990 auf Platz vier im Ranking der reichsten Frauen Europas. Das Vermögen von Grete Schickedanz wurde damals auf 3,5 Milliarden D-Mark taxiert – und war damit nur halb so groß wie das ihrer Tochter Madeleine später, deren Vermögen sich als Eurowert bis 2007 mehr als verdoppelt hatte. Das ist inzwischen Makulatur.

IN FEINER GESELLSCHAFT

Mutter Grete befand sich seinerzeit laut »Harper's and Queen« – dem heutigen US-Modemagazin »Harper's Bazaar« – in illustrer Gesellschaft. Nur Royals wie Queen Elisabeth II., Königin Beatrix der Niederlande, sowie die Industriellenwitwe Johanna Quandt standen damals auf der Liste vor ihr. Johanna Quandt, die Mehrheitseignerin von BMW, wurde inzwischen allerdings von ihrer eigenen Tochter Susanne Klatten abgehängt.

Neben ihrem Reichtum gemein ist oder war allen vier Frauen auch ihr Lebensstil. Verglichen mit den Superreichen, die sich heute darum zu reißen scheinen, die Türen ihrer Villen und begehbaren Kleiderschränke für Klatschmagazine zu öffnen, mutet der Lebensstil der Old-School-Milliardärinnen recht bescheiden an. So soll die Königin des Vereinigten Königreiches höchstselbst die Gemächer durchschreiten und gegen Energieverschwendung zu Felde ziehen. Sie dreht das Licht dort ab, wo es überflüssigerweise noch brennt.

Und auch Grete Schickedanz war berühmt(-berüchtigt) dafür, bei allen – oder zumindest bei vielen – Gelegenheiten Butterbrote auszupacken. Selbst geschmiert, versteht sich – von der Haushälterin. Ein ehemaliger Mitarbeiter erinnert sich, wie Frau Schickedanz während einer Dienstfahrt vor einer Metzgerei halten ließ, um ein paar Wurstsemmeln zu kaufen. Als die Metzgerei-Fachverkäuferin 17,80 D-Mark verlangte, monierte Grete den Preis mit dem Hinweis: »15 Mark hätten es auch getan.«

Auch »Forbes« gab Mitte der 1990er-Jahre noch einmal eine Schätzung von Grete Schickedanz' Vermögen ab und kam auf 3,3 Milliarden US-Dollar – bei dem damaligen Umrechnungskurs von durchschnittlich 1,65 D-Mark pro US-Dollar ein Gesamtvermögen von knapp 5,5 Milliarden D-Mark.

Grete Schickedanz war alles andere als erfreut, in derartigen Listen aufzutauchen. Denn wann immer die »Reichenlisten« in der Presse erscheinen, lösen sie eine Flut von Spendenwünschen und Anfragen von Sport- und Kunstvereinen auf der Suche nach zahlungskräftigen Sponsoren aus. Grete Schickedanz fragte ihre Mitarbeiter daraufhin immer aufgebracht: »Wo hab ich das ganze Geld denn eigentlich? Können Sie mir mal sagen, wo das ist?«

Und in der Tat: Sicher hat die Familie Schickedanz über ein beachtliches Barvermögen verfügt. Konten, auf denen zehnstellige Summen prangten, dürften aber weder bei Gustav und Grete Schickedanz noch später bei Madeleine Schickedanz zu finden gewesen sein.

Lange Zeit lag das Geld auch nicht in Aktien. Das Unternehmen wurde erst spät in eine Aktiengesellschaft umgewandelt, ohne jedoch die Aktien an der Börse zu platzieren. Das Geld steckte in erster Linie im Unternehmen, in aufwendiger Technologie für die Logistik, in Maschinen zum Verpacken, in den Lagern, in denen die Ware zum Versenden bereit lag. Einer der größten Werte der Quelle war die gigantische Datei mit rund zwölf Millionen Kundendaten, die über Jahre aufgebaut und gepflegt worden war. Viele Firmen versuchen heute, mit Gewinnspielen, aber auch mit Tricks bis über die Grenzen der Legalität hinaus an Daten von Kunden zu gelangen.

DER NAME ALS MILLIARDENWERT

Allein in der Marke »Quelle« dürfte zu den Glanzzeiten ein Milliardenwert gesteckt haben. Als der zuletzt größte Konkurrent der Quelle, das Hamburger Versandhandelsunternehmen Otto, nach der Pleite die wenigen verbliebenen Werte von Quelle kauft, zahlt er gerade noch 65 Millionen Euro: für die Rechte am Markennamen Quelle und für die Rechte an der Marke Privileg, unter der Quelle hochwertige Elektrogeräte zu einem günstigen Preis offerierte – hergestellt unter anderem von der AEG. Mit im Paketpreis enthalten ist auch das mühsam aufgebaute Russland-Geschäft. Ein echtes Schnäppchen.

Errechnet werden die Vermögen für die Reichenlisten anhand von Aktien, Anleihen, Firmen und vermieteten Immobilien. Barvermögen auf den Konten lässt sich kaum ausmachen, schließlich bringen auch viele Reiche ihre Gelder vor den Steuerbehörden in Sicherheit – bevorzugt in die Schweiz, nach Liechtenstein, auf die Bermudas, die Cayman Islands, nach Costa Rica oder Belize. Yachten, Jets, Sportwagen sowie Villen, Penthäuser und Schlösser, die die Reichen selbst nutzen, zählen nicht dazu. Das sind Gebrauchsgüter.

Die Yachten und die Jets, die mit ihrer zunehmenden Größe und der immer besseren Ausstattung mitunter schon unanständig wirken, machen mehr als ein Viertel des Luxusvermögens der Reichen aus – ebenso viel wie die Kunst, die sich die Reichen gern an die Wand hängen oder, wenn illegal erworben, im Safe verstecken.

Die Superreichen investieren aber auch noch lieber als je zuvor in Schmuck, Edelsteine und Uhren. Bei Edeljuwelieren in St. Moritz oder auf der Schön-und-Reich-Insel St. Barth in der

Karibik lassen Männer schon einmal schnell den Gegenwert eines Porsche, um der Frau an ihrer Seite (die nicht zwingend mit der Angetrauten identisch sein muss) ein Collier um den zarten Hals legen zu können. Der Anteil von »Bling Bling« am Luxusvermögen stieg von 18 auf 22 Prozent.

Viele der Millionäre und Milliardäre stecken aber auch nicht unerhebliche Geldsummen in Stiftungen: Die Erforschung und Bekämpfung von Krankheiten wie Krebs oder Aids, viele Kunstausstellungen oder Tennisturniere wie die Schickedanz Open waren und sind ohne private Gelder nicht möglich. Lange Jahre galt das Fürther Tennisturnier mit Weltklassespielern als fixe Größe und Publikumsmagnet für die Stadt Fürth. Durch die Arcandor-Krise drohte dem ATP-Turnier nach 31 Jahren das Aus: Jahrelang hatte die Quelle-Erbin den Löwenanteil der Finanzierung getragen – gut die Hälfte des 200.000-Euro-Etats. Mit viel Mühe fanden sich neue Sponsoren. Statt der 32. Schickedanz Open wurde im Juni 2010 die 1. Franken Challenge veranstaltet, sogar im gleichen Umfang wie zuvor. Der Gewinner: der Niederländer Robin Haase. Das Preisgeld: 75.000 Dollar.

Als einer der großzügigsten Spender der Welt gilt der US-Investor Warren Buffett, der allein im Jahr 2009 Anteile an seinem Unternehmen im Wert von 1,5 Milliarden Dollar für wohltätige Zwecke spendete. Ein Großteil des Geldes floss unter anderem in die Stiftung von Ex-Microsoft-Chef Bill Gates. In Deutschland gibt es derzeit mehr als 15.000 Stiftungen – jedes Jahr kommen etwa rund 900 weitere hinzu. Die Stifter sind meist Menschen mit einem Vermögen von mehr als 300 Millionen Euro.

Dass die Deutschen in ihrem Investitionsverhalten eher konservativ sind – ihr Misstrauen gegenüber der Aktie als Anlageform wurde oft und viel kritisiert –, hat sie gut durch die letzte Krise gebracht.

So sank die Zahl der Millionäre um keine drei Prozent – von 833.000 auf 810.000 Millionäre. Damit behauptet sich Deutschland im internationalen Millionärsvergleich immerhin auf Rang drei nach den USA und Japan, gefolgt von China und Großbritannien.

Weltweit mussten da schon deutlich mehr Millionäre lernen, wie man einen Gürtel enger schnallt. So gab es im Jahr 2007 rund um den Globus noch mehr als zehn Millionen Menschen, die sich Millionär nennen durften. Ein Jahr später, in dem Jahr, in dem die Krise voll durchschlug, waren es »nur« noch 8,6 Millionen Menschen, die mehr als eine Million US-Dollar ihr Eigen nennen konnten. Das heißt, etwa 1,4 Millionen Personen rutschten unter die Statusgrenze – ein Minus von 17 Prozent, wie der »World Wealth Report« der Beratungsgesellschaft Capgemini und der US-Investmentbank Merrill Lynch ausführte. Milliardäre und Millionäre gemeinsam brachten es auf ein Vermögen von 32,8 Billionen US-Dollar. Ein Drittel des weltweiten Vermögens ist damit in der Hand von 0,15 Prozent der Bevölkerung.

Zumindest unter den Millionären ist Madeleine Schickedanz nach wie vor zu finden, die das Schicksal – laut »Bild am Sonntag«-Interview – fortan zu einem Leben mit lediglich 500 bis 600 Euro monatlich verdammen soll.

Doch wie viele der 23.000 neuen Nichtmillionäre rutschten mit ihrem Vermögen gleichzeitig unter die Armutsgrenze? Wann gilt ein Mensch als arm? Wann darf offiziell gejammert werden? Wenn es statt für Feinkostkaffee nur noch für Kaffee vom Discounter reicht? Wenn das Privatflugzeug abgeschafft werden muss? Wenn das Hartz-IV-Einkommen eine vierköpfige Familie durch einen ganzen Monat bringen muss? »Armut«, so die offizielle Definition, »ist eine Situation wirtschaftlichen Mangels, die verhindert, ein angemessenes Leben zu führen.« Aber auch »angemessenes Leben« ist Definitions- und Gewohnheitssache.

TOILETTE, DUSCHE UND EINE WARME MAHLZEIT

Toilette, Dusche, Waschmaschine und eine warme Mahlzeit pro Tag – das sind die Dinge, die 80 Prozent der Deutschen für unbedingt notwendig erachten, wie eine empirische Studie der Universität Köln ergab. Für mehr als die Hälfte der Befragten gehören dazu auch Telefon, Fernseher und Auto. Aber die Studie förderte noch etwas Interessantes zutage: Als »unbedingt notwendig« erachtet werden die Dinge, über die man bereits verfügt. Was ist mit den Menschen, die mehrere Villen in den nobelsten Gegenden dieser Welt besitzen? Die nur noch im Privatjet fliegen, einen ansehnlichen Fuhrpark inklusive Chauffeur ihr Eigen nennen und auch sonst für alle möglichen wie unmöglichen Bedürfnisse dienstbare Geister um sich herum haben?

Für Madeleine Schickedanz war der Abstieg in der Reichenhitliste ein Abschied in Etappen. Noch im März 2007 platzierte »Forbes« sie auf der Nummer 16 der reichsten Deutschen – zwischen dem Gründer der Textilkette Massa-Kipp und dem Metro-Inhaber Otto Beisheim. Global gesehen war Madeleine Schickedanz zu diesem Zeitpunkt die 142-reichste Person auf der ganzen Welt. Ein Jahr später schafft sie es gerade noch unter die 100 reichsten Deutschen, »nur dank ihrer mittelbaren Beteiligung am Reisekonzern Thomas Cook«, wie das »Manager Magazin« schrieb.

Der Börsencrash hatte sie so empfindlich getroffen, dass ihr Vermögen über die Hälfte seines Werts einbüßte. Ein weiteres

Jahr später, 2009, berichtete sie der »Bild am Sonntag«, dass ihr Aktiendepot von drei Milliarden auf 27 Millionen Euro geschrumpft sei. Für die Liste der reichsten Deutschen reicht das Vermögen der einstigen Milliardärin Madeleine Schickedanz nun endgültig nicht mehr – nicht einmal mehr für einen Platz in der Kategorie »Die ärmeren Reichsten, Platz 226 bis 300«. Den letzten Platz belegt Rohkaffeehändler Michael Neumann mit einem geschätzten Vermögen von 350 Millionen Euro.

»Das Familieneinkommen liegt sicher nicht bei 600 Euro«, sagte der einstige bayrische Ministerpräsident Günter Beckstein über seine frühere Schulkameradin Madeleine Schickedanz. »Aber nach eigenen Kriterien ist sie nun eine arme Frau.«

DER REICHTUM UND DAS GLÜCK

»Was bedeuten Ihnen Geld und Reichtum?«, wurde Madeleine Schickedanz bei einem ihrer seltenen Interviews gefragt. Sie antwortete: »Das sind zwei sehr unterschiedliche Dinge. Was meinen Sie genau?«

Zum Thema »Geld« sagte sie Folgendes: »Geld gibt Sicherheit, wenn man es gut benutzt. Und man kann damit sehr viel Positives bewegen.« Was also bedeutete dann Reichtum für sie? »Reichtum ist für mich, wenn man gesunde Kinder hat, selber gesund ist. Wenn man eine glückliche Familie hat. Im Augenblick bin ich sehr reich.«

Das sagte sie im Jahr 2002. Gemessen an ihren eigenen Kriterien, ist sie wohl auch heute noch eine sehr reiche Frau.

Doch wie glücklich macht Geld? Lässt sich mit Geld Sorgenfreiheit erkaufen? Geld kann frei machen – muss es aber nicht. Zum Vermögen gibt es nicht automatisch ein Glückszertifikat dazu.

Auch Reiche und Superreiche haben Probleme. Da sind zum einen die »Jedermannssorgen«: Probleme in der Ehe, mit den pubertierenden Kindern, die – trotz bester Erziehung und aller Bildungschancen – manchmal von dem für sie vorgesehenen Lebensweg abweichen und hinter ihren Möglichkeiten zurückbleiben.

Oder Probleme mit der Gesundheit. Zwar kann man sich für viel Gelddie besten Ärzte und die neuesten Behandlungsmethoden leisten. Doch nicht enthalten im Preis ist der Behandlungserfolg. Das musste auch Madeleine Schickedanz schon einmal leidvoll erfahren, als ihre kleine Tochter Caroline an Krebs erkrankte. Sie wurde geheilt, bekam jedoch einen Rückfall. Madeleine ließ nichts unversucht – und Caroline wurde wieder gesund.

DIE SORGE MIT DEM PERSONAL

Und dann gibt es da noch die Sorgen, die nur Reichen zu eigen sind: Probleme, gutes, vertrauenswürdiges Personal zu finden beispielsweise, das richtige Verhältnis zu ihm aufzubauen, die Übersicht zu behalten. Das klingt einfacher, als es sich letztlich tatsächlich für viele Wohlhabende gestaltet. Hinter »Personal« stecken Menschen, die ihre eigenen Probleme nicht immer vor der Tür der Hausherren abstreifen können. Sind mehrere Angestellte im Haus, kann es – wie auch in Unternehmen – zu Streitigkeiten untereinander kommen. Und so findet mancher Reiche abends zu Hause die gleichen Probleme vor wie jene, die er eigentlich im Geschäft zu lassen glaubte. Oder die Chemie zwischen den Reichen und dem Personal stimmt schlicht und ergreifend nicht.

Es sind diese speziellen Probleme, die die Bandbreite der Gesprächsthemen gegenüber dem Durchschnittsverdiener erweitern: Klagen über das vorhandene Personal, Klagen über den Mangel an gutem Personal, der Austausch von Insiderwissen, wo dieses zu finden ist. Viel Geld zu haben, macht die Reichen nicht gleich – aber es schafft zumindest gleiche Probleme.

Mit der Zahl der neuen Reichen steigt auch – zumindest

proportional – die Nachfrage nach Dienstleistern aller Art. Doch während es schon immer Haushalte gab, in denen Köche, Gärtner, Kindermädchen fest auf den Lohnlisten standen (inklusive Sozialabgaben), feiert eine Gattung von Dienstleistern, die schon als aussterbende Art galt, ein Comeback: der Butler.

Schon die letzte Welle der Industrialisierung löste eine große Nachfrage nach diesem Berufsstand aus: »Nun, in einer Epoche der Vollbeschäftigung, kommt – von der Annehmlichkeit einmal abgesehen – der gesellschaftliche Ziereffekt des hochstehenden Hauspersonals zu neuer Bedeutung«, schrieb der »Spiegel«-Journalist Peter Brügge Mitte der 60er-Jahre in einer Serie über die Reichen Deutschlands. »Auch diese (reichen Industriellen, Anm.) fühlen inmitten einer noch nie da gewesenen Verknappung männlicher Arbeitskraft zunehmend den Anspruch nach Handreichungen gerade von männlicher Seite, aber mehr als einen Diener (den sie Butler nennen) wagen vorerst nur die wenigsten zu beanspruchen.«

Der Kampf um gutes Personal nahm – und nimmt – bisweilen seltsame Formen an. Über den Umgang mit Butlern wusste Brügge zu berichten: »Wer einen hat, verwöhnt ihn samt Frau möglichst mit einer Drei-Zimmer-Wohnung, freier Verpflegung und 600 bis 1200 Mark netto und lässt ihn fühlen, wie man ihn auch als Lebenskameraden respektiert. Selten kommt es vor, dass ein deutscher Herr es sich heute erlaubt, seinen Diener nicht mit Herr anzureden ... Weit mehr etwa als das Auto in Übergröße, das immer im falschen Moment auffällt und außerdem von jedem erfolgreichen Handwerksmeister heimgeführt werden kann, wird heute der Herr mit dem treuen Blick und den weißen Handschuhen aus Zwirn als Wahrzeichen gehobenen Lebensanspruches empfunden.« Auch über deren breites Aufgabenspektrum wusste der »Spiegel«-Journalist zu berichten: »Zu Gesellschaften mit Büfett erscheinen sie gerne mit Alfred, ihrem Butler, der ihnen die Unannehmlichkeit des Kampfes um die Gänseleber abnimmt und anschließend auch einmal ein Bildchen für die Zeitung knipst.«

Nicht jeder Butler ist derart multipel einsetzbar. Wie bei so ziemlich allen Angeboten auf dem Markt können die Qualitätsunterschiede riesig sein. Ein guter Butler von heute ist Manager und Assistent, Küchenchef und Barkeeper in Personalunion. Er weiß, dass man vor dem Essen als Aperitif Champagner, Sherry oder Martini reicht, dass ein echter Martini aus vier Teilen Gin und einem Teil weißen Wermut – vornehm: Vermouth – besteht. Er verteilt die Aufgaben im Haus, besorgt Karten für bereits ausgebuchte Opern in der Mailänder Scala oder für Robbie-Williams-Konzerte. Er organisiert First-Class-Tickets und Hotelsuiten. Er weiß aber auch, wie man teure Gemälde richtig abstaubt, eine Zigarre abschneidet und dass Pelze viel Luft brauchen – weshalb sie nicht in einem Plastiksack aufzubewahren sind, sondern in einer Staubhülle aus Leinen oder Nessel.

»Hält sich der Prinzipal in Palm Beach auf und möchte seinen Jet nach New York schicken, um eine Flasche Château LaTour aus seinem Keller in South Hampton holen zu lassen, arrangiert das der Butler und stellt keine Fragen«, schreibt Robert Frank in seinem Buch »Richistan«. Darin nimmt der Reporter des »Wall Street Journal« die Spezies der neuen Superreichen unter die Lupe, »Richistani« genannt.

Aus normalen, aber dienstleistungswilligen Menschen Butler zu machen, hat sich zu einem lukrativen Geschäftszweig entwickelt. Die »Auszubildenden« lassen sich heute eine entsprechende Lehre mehrere Tausend Dollar oder Euro kosten, um durch eine gute Schule zu gehen. Die Investition kann sich lohnen, nicht wenige »Schulabgänger« finden überaus gut bezahlte Jobs –

vorausgesetzt, sie sind bereit, ihr eigenes Privatleben zugunsten dessen ihres Arbeitgebers zurückzustellen.

Doch der Umgang mit Personal im eigenen Haus macht Millionäre und Milliardäre mitunter erstaunlich unsicher. Sie wollen nicht konventionell wirken oder gar arrogant. Was ihnen vorschwebt, ist ein möglichst entspanntes Verhältnis. »Einige Reiche sind gutbürgerliche Patriarchen; und es fällt ihnen schwer, vor Fremden den bei Herrenbedienung recht wichtigen soignierten Umgangston hervorzubringen. Selten wie perfekte Diener sind vorerst perfekte Herren, bei denen es einem Neuling der Servierkunst gar nicht erst in den Sinn kommt, über Herrschaftswitze mitzulachen«, schrieb Brügge.

Aber letztlich hat das Personal nur eine Aufgabe – Anweisungen zu folgen. Wie viel Nähe ist also erlaubt, gewünscht, zulässig? Schließlich lebt man mit diesen Menschen und gewährt ihnen Einblicke ins Privateste. Ihnen bleibt nicht verborgen, ob der Hausherr Boxershorts oder einen Tanga mit Tigermuster trägt, ob die Hausherrin ein gestörtes Essverhalten oder vielleicht einen Liebhaber hat. Ist es von Vorteil, wenn man Chauffeure und Butler zu Freunden macht? Oder hält man sie lieber auf maximaler Distanz? Wie gelingt einem dies?

»Wenn Ihre Arbeitgeberin zu Ihnen sagt: ›Nennen Sie mich einfach Chandra und das ist Jim, lassen Sie sich nicht darauf ein‹«, erklärt Butler-Ausbilderin Mary Louise Starkey ihren Klassen. »Haben Sie je eine Gehaltserhöhung von Chandra gefordert? Sie sind keine Kumpel. Die Leute projizieren alle möglichen Rollen in Sie ... Mutter, Tochter, Vater, Schwester, Freund. Doch Sie sind ein Profi. Grenzen sind unabdingbar.« Deshalb legt Mary Louise Starkey ihren Schülern nahe, sich nie auf etwas anderes einzulassen als »Herr« oder »Frau«.

»Starkey« gilt laut Frank als eine der besten und größten Butler-Schulen in den USA.

Deren Inhaberin, selbst aus einer wohlhabenden Familie stammend, vernahm oft die Klagen der Reichen über den Personalnotstand. Sie erkannte die Marktlücke. In ihrem »Internationalen Institut für Haushalt-Management« können Menschen heute für 12.000 Dollar lernen, wie man reiche Menschen mit einem perfekten Service glücklich machen kann. Auf der Agenda stehen dabei Punkte wie »Sprache und Sprechen«, »Blumenarrangement«, »Umgang mit Prominenten und VIPs«, aber auch »Konfliktlösung«.

Das Nähe-Distanz-Problem ist keines, das nur den neuen Reichen eigen ist. »Einen gesunden, kräftigen Mann ihre Schnürsenkel binden zu lassen, geht den Reichen gegen den Strich, und sie versuchen es auszugleichen durch eine große Jovialität«, schrieb Brügge seinerzeit: »›Der Joseph hat's gut‹, spaßt der weißhaarige Werkmeistersohn Gustav Schickedanz, der mehr verdient als Axel Springer und seinem Diener Joseph Kranz, einem rustikalen Typ – mehr Bursche als Butler – nur einen unauffällig mausgrauen Anzug zumutet, um nicht dauernd den Lakaien in ihm sehen zu müssen. Joseph wird von einer Hausdame, einer Köchin und einigen Dienstmädchen gestützt und von seinem Herrn, wenn man diesem glauben darf, manchmal beneidet.« Den unprätentiösen Umgang, den Gustav und Grete Schickedanz mit den Menschen in ihrer Umgebung pflegten, sollen sie auch bei den Angestellten im eigenen Haus an den Tag gelegt haben. Tochter Madeleine, die von klein an den Umgang mit Personal jedweder Art gewohnt war, wird ein eher distanziertes Verhältnis zu ihren dienstbaren Geistern nachgesagt.

WIE NEUES GELD ZU ALTEM GELD WIRD

An dieser Selbstverständlichkeit arbeiten viele Neureiche noch. Sie selbst stammen – wie der Ausdruck »neureich« impliziert – meist aus wenig begüterten Verhältnissen. Diesen zu entfliehen, besser zu leben als die Eltern und den Sprösslingen eine strahlendere Kindheit zu ermöglichen, als es die eigene war, ist für viele der Antriebsmotor ihres Schaffens. Doch egal, zu wie vielen Millionen oder Milliarden sie es auch bringen – ihre Herkunft gänzlich abstreifen können die wenigsten.

Neuer Reichtum erscheint wie ein Phänomen, im Westen hervorgebracht durch das Internetzeitalter mit seinen explosionsartig gewachsenen Dotcom-Firmen, im Osten entstanden durch den Zusammenbruch des Sozialismus, der einen Kapitalismus in Reinkultur zutage förderte. Dabei gibt es einen bereits seit Jahrhunderten diskret ausgefochtenen Kampf von »altem Vermögen« gegen »neues Vermögen«. Die von den Duellanten gewählten Waffen sind Geld und Stil.

Wenn man heute von altem Geld spricht, meint man damit zum einen den kleinen Kreis von Adligen, die neben ausgedehnten Ländereien tatsächlich noch auf ein Vermögen zurückgreifen können, das ihnen ein aristokratisches Leben ermöglicht. Bei der Mehrheit des Adels sind es jedoch oft nur noch Überbleibsel einer einst stattlichen Ahnengalerie und gute Tischmanieren, die an glanzvolle Zeiten erinnern.

Und man denkt vor allem an die Wirtschaftsdynastien, die in zweiter, dritter oder vierter Generation fortbestehen, man denkt an die Quandts, die Thyssen-Krupps, die Oetkers, die Haniels und die Schickedanz'. Sie gelten heute als Geldadel: ein Prädikat, mit dem sich auch viele »Richistani« gerne schmücken würden –

während der Geldadel mit Vergnügen auf den Zusatz »Geld« verzichten würde.

Denn leicht vergisst man, dass auch die Oetkers, Quandts und die Familie Schickedanz vor einigen Jahrzehnten selbst als Neureiche galten, die dank neuer Industriezweige wie der Autoindustrie schnell und überproportional am Wirtschaftswachstum partizipieren konnten. Brügge schrieb 1966: »Es herrscht ein lebhafter Verkehr zwischen geschäftstüchtigen Aristokraten, die den neuen Reichtum aufmerksam beobachten, und Neureichen, die einem Aristokraten in der Wahl von Ausdrücken und Bestecken bei Tisch gerne folgen.«

Nicht anders ist es heute: Neureiche sind oft bereit, sehr viel Geld dafür auszugeben, um wie »alte Reiche« zu wirken. Sie kaufen sich teuer in Poloclubs, Yachtclubs und Nachtclubs ein. Und sie spenden reichlich – manchmal so viel, dass es auf ihr gehobenes Umfeld schon wieder unangemessen wirkt –, um auf die entsprechenden Spendenbälle eingeladen zu werden. Das richtige Maß zu finden, stellt für Menschen immer wieder eine echte Herausforderung dar, auch oder besonders für Menschen mit sehr großem Vermögen.

Zu den speziellen Reichenproblemen gehört aber auch das Geld selbst. So, wie die Abwesenheit von Geld Sorgen hervorrufen kann, kann es auch dessen Anwesenheit. Das Vermögen ist zu halten, zu verwalten und zu vermehren. »Wenn man reich ist, ist auch immer die Angst mit von der Partie, man könnte seinen Reichtum verlieren. Es ist ein großer Druck, der da auf einem lastet«, erzählt eine Schweizer Erbin, deren Familie das ererbte Vermögen durch eine riskante Unternehmung dezimierte.

Auch Madeleine Schickedanz hat einen großen Teil ihres einst riesigen Vermögens verloren. Mit der Insolvenz wurden die Aktien eine nachrangige Forderung, die erst dann erfüllt wird, wenn die Forderungen aller anderen Gläubiger befriedigt sind. Zu gut Deutsch: Die Aktien sind nichts mehr wert. Sie musste sich auch von zahlreichen Immobilien trennen, die ihr finanzielle Sicherheit vermittelten, vor allem aber einmal ein Zuhause waren.

Machen einen aber viel Geld, viele Wohnsitze glücklicher? Oder tritt irgendwann eine Phase der Gewöhnung ein? Was aber macht dann wirklich glücklich? Schokolade? Nudeln? Sonnenuntergänge? Geld allein ist es jedenfalls nicht – wenn man dem Sprichwort glauben darf. »Geld allein macht nicht glücklich, aber es ist besser, in einem Taxi zu weinen als in der Straßenbahn«, sagte der Literaturkritiker Marcel Reich-Ranicki.

WIE VIEL »MEHR« BRAUCHT MAN ZUM GLÜCK?

Egal, wie viel Geld man letztlich hat – es scheint zum Wohlbefinden beizutragen, wenn man sich damit von den Menschen im eigenen Umfeld abzuheben vermag. So kommen Forscher in Bonn zu dem Ergebnis, dass eine Geldprämie ihre eigentliche Wirkung erst dann richtig entfaltet, wenn sie höher ausfällt als die, die andere erhalten. Das ist auch beim Gehalt so. Männern, so die Forscher, komme es nicht nur auf die Höhe an. Genauso wichtig sei es für die persönliche Zufriedenheit, mehr zu verdienen als der Kollege. Auch der Porsche macht nur wirklich richtig Spaß, wenn man der Einzige in der Straße ist, der sich einen solchen Flitzer leisten kann und sich der neidvollen Blicke der Nachbarn hinter der Jalousie gewiss sein darf. Steht in der Einfahrt nebenan ein Ferrari, sinkt die Freude am eigenen Luxusgefährt rapide. Ob das weibliche Belohnungszentrum diesbezüglich genauso reagiert, überprüften die Forscher nicht.

Die Studie bestätigt jedoch nur eines der bekanntesten Experimente der Glücksforschung: Wissenschaftler der Harvard-Universität ließen Probanden dafür zwischen zwei »Welten« wählen. In der einen Welt bekamen alle ein stattliches Sümmchen in gleicher Höhe. Doch die meisten Studenten entschieden sich für jene Welt, in der sie zwar weniger Geld hatten – aber mehr als die anderen. Damit kam die Studie zu einem Ergebnis, das im Widerspruch zur klassischen Wirtschaftstheorie steht.

Dieses tief sitzende Bedürfnis nach Exklusivität scheint nicht mit dem Besitz von zwei, drei besonders erlesenen Dingen zu befriedigen zu sein. Es verlangt nach immer mehr, nach Größerem, noch Schönerem und noch Exklusiverem. Auch wenn man nur ein Auto auf einmal fahren kann – die Garagen vieler Reichen sind voll mit den schnellsten und schönsten Autos der Welt.

Den Wunsch nach Alleinstellung zu befriedigen, das ist die Geschäftsgrundlage der kleinen Nobel-Autoschmieden, die für eine erlesene Klientel handgefertigte Autos bauen. Aus der Schweiz – dem Land, in dem Geschwindigkeitsübertretungen so streng geahndet werden wie nirgendwo sonst in Europa – kommt einer der schnellsten Straßensportwagen der Welt. Die Firma Weber Sportcars aus Tobel im Kanton Thurgau hat einen 900 PS starken Sportwagen kreiert, der dank Hightech-Ausstattung und Aerodynamik so schnell ist wie der chinesische Transrapid. Und der bringt es auf 415 km/h. Kosten des »faster one«: gut eine Million Euro. Noch wenige Jahre zuvor galt der CCR aus dem Hause Königsegg als der schnellste Flitzer der Straße, der für etwa zwei Millionen Euro zu haben war. Microsoft-Gründer Bill Gates soll bei der schwedischen Autoschmiede Königsegg gleich zwei Stück erworben haben.

So bescheiden, wie sich auch ihre nun verkauften Villen im schweizerischen St. Moritz gegenüber verschiedenen Prunkbauten am Suvretta-Hügel ausnahmen, so bescheiden soll Madeleine Schickedanz auch bei der Wahl ihres Autos sein. Das Auto, das an ihrem Hersbrucker Domizil gesichtet wurde – erkennbar am Kennzeichen FÜ für Fürth –, war ein Audi.

Doch auch wer sich einen BMW, Porsche, Lamborghini, Maybach oder Maserati »von der Stange« kauft, muss auf Exklusivität nicht verzichten. Die für teures Geld erworbenen fahrbaren Untersätze können einer Autoveredelung unterzogen werden, mit der sich aus dem besonderen Stück ein Unikat machen lässt. Nicht selten übersteigen die Kosten dieses Edel-Tunings sogar den hohen Anschaffungspreis. Wie gefragt diese Art von Service ist, zeigte die jüngste Finanzkrise: Kaum einer der zahlreichen Autoveredler bekam sie zu spüren. Die Autohersteller gängiger Modelle hingegen mussten versuchen, die eigenen Verluste mit hohen Rabatten und Abwrackprämien einzudämmen.

Fast noch mehr als auf der Straße wird der Exklusivitätswettbewerb in der Luft und zu Wasser ausgetragen: mit Yacht und Jet. Der Scheich von Dubai, der König wie auch der Kronprinz von Saudi-Arabien hatten die größten und längsten Schiffe. 2008 wurde bekannt, dass der russische Milliardär Roman Abramowitsch mit einer in Auftrag gegebenen Yacht alles bisher Dagewesene überbieten wolle. Um nicht übertrumpft werden zu können, hielt Abramowitsch Details seiner Superyacht geheim. Im Juni 2010 hatte die Geheimniskrämerei ein Ende: Laut der Internetseite SuperYachtTimes.com ist die von der Werft

Blohm & Voss mit einer Länge von 162,50 Metern tatsächlich die längste Motoryacht der Welt – fast halb so groß wie das Kreuzfahrtschiff »Queen Mary 2«. Die »Eclipse«, wie das Abramowitsch-Boot heißt, soll über ein bordeigenes Kino verfügen, einen Fitnessraum, eine Schuhkabine, einen Frisiersalon sowie zwei Hubschrauberlandeplätze. Ein Raketenabwehrsystem und ein kleines U-Boot könnten nachgerüstet werden, heißt es.

Unter den Top 20 der Besitzer mit den größten Yachten der Welt findet sich nur ein einziger deutscher Name: der der Kaufhaus-Witwe Heidi Horten.

Das Bedürfnis danach, aus seiner Umgebung hervorzustechen, ist aber nur eine Seite der Medaille. Ein weiteres, mindestens genauso stark ausgeprägtes Bedürfnis ist jenes, mithalten zu können – mit den Menschen, mit denen man sich umgibt. Autor Robert Frank benennt in seinem Buch »Richistan« eines der absurdesten Phänomene, die das Reichsein hervorbringt: sich völlig zu verschulden. Das gelte vor allem für die Vermögensklasse von einer bis zehn Millionen US-Dollar. Bei gesellschaftlichen Anlässen ihrer »Kaste« begegneten sie Menschen mit deutlich mehr Geld. Um mithalten zu können, gäben sie mitunter erheblich mehr aus, als sie sich eigentlich leisten könnten.

Dieses Verhalten ist auch dem US-Psychiater Byram Karasu nicht unbekannt. In Therapiestunden mit sehr reichen Menschen hat er folgende Feststellung gemacht: Jeder Einzelne von ihnen kennt die Hierarchie. Jeder achtet ständig und auch genau darauf, wie viel die anderen haben. Zwar herrsche nicht unbedingt Neid unter den Reichen, denn der Lebensstil spiele ab einer Summe von fünf Milliarden US-Dollar keine Rolle mehr. Dennoch treten die Reichen miteinander in Wettbewerb und messen sich mit ihren Vermögenssummen.

Denn was macht man mit fünf Milliarden, so man sie tatsächlich als Barvermögen auf dem Konto hat: Legt man fünf Milliarden auf dem Sparbuch an zu unattraktiven 1,5 Prozent Zinsen, würde man jeden Monat allein 6,25 Millionen Euro an Zinsen erhalten. Das sind pro Tag 208.333 Euro, die man ausgeben könnte. Allerdings vor Steuern.

Das Messen, Vergleichen und Werten des Besitzes spiegelt sich auch in einem weiteren Versuch der Glücksforschung wider: Dabei bekamen Studenten einen ansehnlichen Geldbetrag. Sie waren damit sehr zufrieden. Das änderte sich zu dem Zeitpunkt, als sie erfuhren, dass andere Teilnehmer mehr erhalten hatten. Fazit: Wer sich unfair behandelt fühlt, ist unglücklich.

Geld bleibt nicht ohne Wirkung. Bricht der Reichtum über jemanden förmlich herein, sind die Auswirkungen auf das Wohlbefinden nicht so gravierend, wie es sich viele Menschen Woche für Woche ausmalen, wenn sie ihren Lottoschein abgeben. Oder zumindest nicht so, wie es sich die von der Glücksfee Bedachten immer vorgestellt hatten.

Der englische Sozialpsychologe Michael Argyle stellte fest, dass sich 67 Prozent der Multimillionäre als glücklich bezeichnen, aber auch 62 Prozent der Durchschnittsverdiener.

Das gilt ebenso für die Einkommen. Ist eine »kritische Masse« erreicht, sind Grundbedürfnisse gedeckt, steigt die Glückskurve nicht mehr proportional mit dem Gehalt, sondern bleibt deutlich dahinter zurück. Jedes »Mehr« an Geld führt nicht zwingend zu mehr Glück.

In den USA – dem Land, das wohl mit am gründlichsten auf Glück untersucht wurde – kam man zu folgendem

Ergebnis: Seit dem Ende des Zweiten Weltkrieges hat sich hier das reale Bruttoinlandsprodukt mehr als verdreifacht. Das Glücksempfinden der Bevölkerung ist jedoch gleich geblieben. Im Durchschnitt.

Der »General Social Survey« nahm die einzelnen Einkommensschichten 1994 genau unter die Lupe. Die Bevölkerungsumfrage ergab: Wer ein Haushaltseinkommen von unter 10.000 Dollar jährlich hatte, war zu 16 Prozent »sehr glücklich« und zu 62 Prozent »ziemlich glücklich«. Dieses Verhältnis verschob sich zu 31 Prozent »sehr glücklich« und 61 Prozent »ziemlich glücklich« in der Gruppe derer, die zwischen 30.000 und 40.000 Dollar verdienten. Wenn Menschen gefragt werden, wie viel sie mehr bräuchten, um glücklich zu sein, antworten die meisten »20 Prozent«. Ein bescheidener Wunsch, fanden die Wissenschaftler. Anders die Reichen: Von der Vermögensverwaltung PNC Advisors befragt, wie viel Geld mehr ihnen ein sicheres Gefühl vermitteln würde, nannten die meisten die doppelte Summe dessen, was sie bereits ihr Eigen nennen durften.

Aber was erwartet Normalverdiener, wenn tatsächlich ihrem Wunsch entsprochen wird? In der nächsten Einkommensgruppe, die im Durchschnitt um 10.000 Dollar über der vorigen lag, waren es auch nur 31 Prozent, die sich als »sehr glücklich« bezeichneten. Überraschenderweise aber sank die Zahl derer, die sich als »ziemlich glücklich« einstuften, auf 59 Prozent.

Verschiebungen von »ziemlich« hin zu »sehr glücklich« gab es bei den Menschen mit einem Jahreseinkommen von 50.000 bis 75.000 Dollar von 36 zu 58 Prozent. Und die Zahl verschob sich noch einmal kräftig jenseits der 75.000-Dollar-Marke. »Ziemlich glücklich«: 48 Prozent, »sehr glücklich«: 44 Prozent.

Auf den Punkt gebracht: Wer 100.000 Dollar oder Euro im Jahr verdient, ist in der Tat glücklicher als jemand, der mit 10.000 auskommen muss. Zehn Mal glücklicher ist er allerdings nicht. Wissenschaftler glauben sogar, dass eine Obergrenze existiert, ab der mehr Wohlstand nicht automatisch auch mehr Wohlbefinden bringt.

Dennoch hoffen überall auf der Welt Menschen Woche für Woche, sehr glücklich werden zu können, wenn sie denn nur den Lotto-Jackpot knackten. Oder zumindest ein paar Hunderttausend Euro oder Dollar gewännen. Allein die Deutschen geben jährlich rund fünf Milliarden Euro für Scheine aus, auf denen sie ein paar Kreuzchen machen können. Die Chance, das Kreuzchen sechs Mal auf der richtigen Zahl zu platzieren und dazu noch die Superzahl zu erwischen, liegt bei 0,00000071511 Prozent.

Was diejenigen erwartet, die es schaffen, ist ein Glücksgefühl – das etwa drei Monate anhält. Dann ist man in der Regel genauso glücklich wie vorher. »Psychologisches Immunsystem« nennen es die Experten. Dieses soll Menschen gut durch alle Lebenslagen bringen, wie der Harvard-Psychologe Daniel Gilbert meint. Allerdings ist dieses Immunsystem bei jedem Menschen unterschiedlich stark ausgeprägt. Gilbert und auch der Wirtschaftsnobelpreisträger Daniel Kahneman kommen außerdem in einem weiteren Punkt zum gleichen Ergebnis: dass die Auswirkungen einzelner Ereignisse oder Schicksalsschläge für das Glück des Menschen weit überschätzt werden. Das gelte besonders für finanzielle Höhen und Tiefen.

Manche Menschen werden mit dem vielen Geld sogar regelrecht unglücklich. Der britische Wissenschaftler Andrew Oswald wollte es genauer wissen und untersuchte, wie das Befinden von

Lottogewinnern nach einer längeren Zeit im Wohlstand war. Er fand Erstaunliches heraus: Drei Jahre nach dem Geldsegen litten sie häufiger an Depressionen als der Durchschnitt der Bevölkerung.

Denn mit dem Gewinn mussten sie auch einige Verluste hinnehmen. Ärmer wurden sie um die Illusion, mit mehr Geld glücklicher zu sein. Freunde zogen sich zurück, weil sie sich nicht mehr gleichwertig fühlten. Oder die Gewinner zogen sich selbst von Menschen zurück, weil diese sich erhofften, am Geldsegen teilhaben zu können. Vielen ging auch das Vertrauen verloren, um ihrer selbst willen gemocht zu werden. Und die gewonnene Sicherheit erwies sich oft als trügerisch: Das Mehr, das Geld mit sich bringt, wird von der Angst aufgefressen, alles wieder zu verlieren.

GELD UND GEFÜHLE

Was Geld mit Menschen macht, weiß Suze Orman besonders gut. In den USA gilt sie als Schuldnerberaterin der Nation, sie hat mehrere Bücher geschrieben – allesamt Bestseller – und moderiert eine eigene Fernsehsendung zum Thema. Selbst Finanzminister holen ihren Rat ein. Suze Orman ist heute nicht nur reich, sondern auch sehr einflussreich. Sie startete ganz unten, wuchs in ärmlichen Verhältnissen auf, arbeitete sieben Jahre als Kellnerin. Ihr Traum, ein eigenes Restaurant zu eröffnen, stand kurz vor der Erfüllung. Freunde und Bekannte brachten dafür 50.000 Dollar auf und liehen ihr das Geld. Doch die Bank verzockte das Kapital mit hochriskanten Aktienoptionen. Suze Ormann gab nicht auf. Sie wurde selbst Aktienhändlerin.

Heute, so scheint es, gewährt ihr halb Amerika Einblick in die persönlichen Finanzen. In Ormans TV-Show rufen Menschen an und fragen um Rat, ob sie es sich leisten können und sollen, zu heiraten, ihre Kinder auf eine Privatschule zu schicken oder die Möglichkeit zu nutzen, günstig eine Firma zu erwerben. Im Zuge ihrer Arbeit machte sie drei wesentliche Emotionen aus, die Menschen mit Geld verbinden. Da ist zum einen Wut, wenn andere welches haben. Diese weicht einem Schamgefühl, wenn man es selbst besitzt, und geht schließlich über in Angst, dass man es wieder verlieren könnte.

Die Scham über Vermögen – Luxusscham genannt – scheint in Deutschland ausgeprägter zu sein als in den meisten anderen Ländern. »Wenn es überhaupt etwas gibt, was die deutschen Reichen gemeinsam fühlen, so ist es die Sorge, man könnte sie für reich halten.« Mit diesem Satz leitete Peter Brügge seine »Spiegel«-Serie »Die Reichen in Deutschland« ein.

Auch in den USA, wo es bisher en vogue war, zu zeigen, was man hat, scheint zunehmend Diskretion gefragt zu sein. Bisher wurde dem erfolgreichen Rapper, früher ein Ghetto-Kid aus der Bronx, dafür offen gehuldigt, dass er sich Yacht, Riesenvilla und dicken Goldschmuck mit noch dickeren Brillanten leisten konnte. Neid schien Amerikanern ebenso fremd zu sein wie Häme, wenn der Rapper alles wieder verlor.

»Die Lust an der Tarnung treibt vor allem in den USA seltsame Blüten. ›Un-Pimp your Ride‹ empfiehlt ›Make Magazine‹ seinen Lesern und zeigt, wie man ein teures Fahrrad in einen unansehnlichen, rostigen Drahtesel verwandelt. Dezent gekleidete Ladies verlassen den Gucci-Store an der 5th Avenue in New York ohne Nobeltütchen und lassen sich die edlen Stücke in unauffälligen Kartons nach Hause schicken«, berichtete das »Manager Magazin«.

Mehr noch als die Scham über den Reichtum machen den Reichen allerdings ihre Verlustängste zu schaffen. Eine überaus ungesunde Emotion: Der Körper schüttet die Stresshormone Adrenalin und Cortisol aus, die den Puls schneller schlagen und Blutdruck sowie Blutzuckerspiegel steigen lassen.

Der erhöhte Stresspegel kann eine Zeitlang durchaus die Produktivität erhöhen – aber eben nur eine Zeitlang. Bis es dem Körper zu viel wird.

»Das Auf und Ab der Nachrichten, das Hoffen und Bangen war für mich ein Horror. Ich wollte keine Insolvenz. Einen Tag vor der Insolvenz hatte ich Herzrhythmusstörungen. Ich bin zusammengebrochen, bekam keine Luft mehr und konnte nur noch auf allen vieren über den Boden krabbeln. In diesem Moment dachte ich: Ich muss sterben«, erzählte Madeleine Schickedanz wenige Wochen nach dem Insolvenzantrag der Arcandor AG, des Mutterkonzerns von Quelle und Karstadt. Zum Zeitpunkt der Insolvenz hielt Madeleine Schickedanz 26,7 Prozent der Aktien des Konzerns.

DIE SEELISCHEN NÖTE

In New York, der Stadt, in der mehr Milliardäre leben als in ganz Deutschland, sind die seelischen Nöte der Superreichen ein lukrativer Geschäftszweig. Eine Journalistin der »Zeit« fragte in einem Interview Byram Karasu, der sich seit gut 40 Jahren auf diese Klientel spezialisiert hat: »Ich habe gehört, eine Therapiestunde mit Ihnen kostet 600 Dollar. Ist es wirklich so teuer?« Seine Antwort: »Es ist viel, viel mehr.«

In die Privatpraxis des Psychiaters kommen Menschen mit viel Geld und beinahe noch mehr Problemen. Neu erworbener Reichtum, hat auch Karasu festgestellt, führt nicht selten zu Beklemmungen und Depressionen. Laut einer von Robert Frank zitierten Studie aus dem Jahr 2005 hat nicht einmal die Hälfte der »Richistani« der Aussage »Das Geld hat mich glücklicher gemacht« zugestimmt. Jeder Zehnte von ihnen sieht sogar seine Sorgen wachsen. Zwar bringe der Reichtum Vorteile wie Unabhängigkeit und Macht, aber auch zahlreiche Probleme: Familienkräche, Unmengen neuer Rechnungen für Gärtner, Kunstrestauratoren, Schmuckberater oder das Management mehrerer Wohnsitze. Das Geld, so das Fazit, das der US-Autor den Aussagen vieler Reicher entnommen hat, mache ihr Leben komplizierter.

Hinzu kommt ein anderes Phänomen, das Karasu ausmacht: »Diese Menschen stellen börsentäglich fest, wie viel sie wert sind. Sie können an einem Tag ein Vermögen gewinnen und am nächsten Tag Hunderte von Millionen verlieren. Es ist, als ob sie jeden Tag in der Schule benotet würden. Sie fühlen sich bedroht«, berichtet er in dem Interview. Grete Schickedanz sagte einmal: »Ich hafte mit allem, was ich besitze. Ich kann Ihnen versichern, dass dies noch mehr Leistungsdruck auslöst als ein Börsenkurs.«

Das Fazit von Robert Franks Recherchen lautet: »Die Finanzmärkte und rasch wechselnde Technologien haben nie da gewesene Chancen für Unternehmer und Firmenleiter geschaffen, quasi über Nacht Millionen und Milliarden zu verdienen. Doch sie haben auch nie da gewesene Möglichkeiten geschaffen, sie ebenso schnell komplett zu verlieren. Für die ›Richistani‹ bedeutet das die neue Angst vor dem Fall. Der Großteil des früheren Spitzenwohlstands beruhte auf harten Werten wie Land, Immobilien, Lastwagen, Fabriken und Bauwerken, während der heutige Wohlstand überwiegend von Aktien, Optionen, Derivaten und anderen frei aushandelbaren Aktiva abhängig ist.«

Das Leben der Superreichen wird aus Sicht des Psychiaters Byram Karasu zu einem Hochseilakt. Zwar würden sie von einem Sicherheitsnetz aufgefangen – aber der Fall an sich beschäme sie. »Wenn in dieser Gruppe der Neureichen jemand einen schweren Rückschlag erlebt, dann schwindet das Selbstvertrauen, die sexuelle Potenz bei den Männern. Dann folgt in der Regel eine Depression«, weiß der Psychiater.

Dennoch seien die Inhaber neuen Geldes denen des alten in einer Beziehung überlegen: »Diese Leute sind Unternehmer. Die meisten schaffen ein Comeback – im Gegensatz zu altem Geldadel«, so Karasus Erfahrung. Auch Madeleine Schickedanz dürfte es kaum mehr gelingen, sich ihr einstiges Milliardenvermögen auch nur annähernd zurückzuerobern. Der Großteil ihres Vermögens steckte in Aktien der KarstadtQuelle AG, die 2007 für viel Geld in Arcandor AG umbenannt worden war. Zu Spitzenzeiten – Mitte 2007 – war das Papier mehr als 28 Euro wert. Ein Jahr nach dem Insolvenzantrag dümpelte die Aktie noch bei etwa 15 Cent.

Doch nicht einmal auf diesen Betrag hat die einstige Arcandor-Aktionärin mehr Zugriff:

Aktionäre gelten im Insolvenzrecht als nachrangige Gläubiger, das heißt, sie bekommen nur dann etwas aus der Insolvenzmasse, wenn bei der Verwertung der Konzerntöchter alle Forderungen der Gläubiger – Banken, Lieferanten, Mitarbeiter – zu 100 Prozent befriedigt wurden und darüber hinaus auch noch Eigenkapital bleibt. »Das jedoch ist bei der derzeitigen Finanzsituation des Unternehmens in etwa so sicher wie Vollbeschäftigung in Deutschland«, schrieb das Finanzmagazin »Wirtschaftswoche«.

Zum alten Geldadel zu gehören, bietet dennoch einige Vorteile: Menschen, die sich über einen längeren Zeitraum an ein Leben mit viel Geld gewöhnen konnten, sind fest etabliert in sozialen Strukturen, haben ihren Platz unter ihresgleichen gefunden. Für Neureiche hingegen ändern sich – wie auch oft bei Lottomillionären – die zwischenmenschlichen Beziehungen zum Teil gravierend, weiß Karasu: »Man verliert seine alten Freunde. Dafür schließt man neue Freundschaften in seinem neuen Kreis. Die sind dann nicht mehr so intim und mehr auf Transaktionen basierend. Wahre Freundschaft macht Transparenz notwendig.«

Freundschaft belegt einen der Spitzenplätze unter den zehn wichtigsten psychischen Bedürfnissen, deren Befriedigung zu Glück und Zufriedenheit führt. Das ist das Ergebnis eines US-Forscherteams der Universität von Missouri-Columbia: die Verbundenheit mit anderen. Auf der Liste finden sich aber auch »Glücklichmacher«, die mit Geld wesentlich einfacher zu aktivieren sind: Autonomie, das Gefühl, einen großen Teil seiner Aktivitäten selbst wählen zu können, Kompetenz, das Gefühl, die Aktivitäten gut und effektiv auszuführen, und Selbstwertgefühl.

Trotz allem: In guten und aktiven sozialen Bindungen scheint noch immer der größte Glücksfaktor zu stecken. Der thailändische Ökonom Nattavudh Powdthavee hat errechnet, wie viel Geld Menschen zusätzlich bräuchten, um das Fehlen von Freunden und Verwandten kompensieren zu können. Er kam auf einen Wert zwischen 35.000 und 64.000 Pfund pro Jahr, der sich daran orientiert, wie häufig man diese Menschen trifft.

Selbst diese Summe vermag aber wohl nur für kurze Zeit das Glücksgefühl anzuheben. Menschen mit einem großen und aktiven Freundeskreis schätzen sich selbst als glücklicher ein, ist ein weiteres Ergebnis der Wissenschaft. Und auch wenn »Vereinsmeierei« von vielen belächelt wird: Menschen, die in Vereinen und anderen Gruppen aktiv sind, sind mit ihrem Leben deutlich zufriedener.

»Richistan«-Autor Robert Frank befragte eine Unternehmergattin, deren Mann durch das Platzen der Dotcom-Blase alles verloren hatte. Was sie von ihrem früheren Leben am meisten vermisse, wollte er wissen. Sie antwortete: »Eigentlich nicht viel. Am härtesten war es, den Jet wegzugeben. Den vermisse ich immer noch.«

Vielleicht steigt das Glücksempfinden der einstigen Quelle-Erbin sogar noch – wenn mit dem Geld einige Probleme und auch Misstrauen verloren gegangen sind. Forscher wiesen nach, dass in Gesellschaften, in denen mehr Vertrauen herrscht – selbst Fremden gegenüber –, den Menschen ihr Leben besser gefällt.

EIN MODERNES MÄRCHEN

In einer abgeschiedenen ländlichen Gegend Südeuropas sitzt ein Fischer am flachen Meeresstrand und angelt mit einer alten, herkömmlichen Angelrute. Ein reicher Unternehmer, der sich einen einsamen Urlaub am Meer gönnt, kommt bei einem Spaziergang vorbei, beobachtet den Fischer eine Weile, schüttelt den Kopf und spricht ihn an. Warum er hier angle, fragt er ihn. Draußen, auf den felsigen Klippen könne er seine Ausbeute doch gewiss verdoppeln. Der Fischer blickt ihn verwundert an. »Wozu?«, fragt er verständnislos. Na, die zusätzlichen Fische könne er doch am Markt in der nächsten Stadt verkaufen und sich von den Einnahmen eine neue Fiberglasangel und hocheffektiven Spezialköder leisten. Damit ließe sich seine Tagesmenge an gefangenem Fisch mühelos noch einmal verdoppeln. »Und dann?«, fragt der Fischer weiterhin verständnislos. Dann, entgegnet der ungeduldig werdende Unternehmer, könne er sich bald ein Boot kaufen, hinausfahren ins tiefe Wasser und das Zehnfache an Fischen fangen, sodass er in kurzer Zeit reich genug sein werde, um sich einen modernen Hochseetrawler zu leisten! Der Unternehmer strahlt, begeistert von seiner Vision. »Ja«, sagt der Fischer, »und was tue ich dann?« Dann, schwärmt der Unternehmer, werde er bald den Fischfang an der ganzen Küste beherrschen, dann könne er eine ganze Fischfangflotte für sich arbeiten lassen. »Aha«, entgegnet der Fischer, »und was tue ich, wenn sie für mich arbeiten?« Na, dann könne er sich den ganzen Tag lang an den flachen Strand setzen, die Sonne genießen und angeln. »Ja«, sagt der Fischer, »genau wie jetzt.«

DIE KLEINE MADELEINE

Dass Madeleine Schickedanz kein gewöhnliches Kind werden sollte, lässt sich schon am Namen erkennen. Bis heute hat er sich nicht durch übermäßige Verwendung abgenutzt. Am 20. Oktober 1943 kommt die spätere Quelle-Erbin zur Welt und wird auf den Namen Elisabeth Christa Madeleine Schickedanz getauft. Die Eltern werden mit den ersten beiden Namen dem Zeitgeist wie auch familiären Traditionen gerecht. Elisabeth heißt die Schwester von Gustav Schickedanz, die jeder nur als Liesl kennt. Das kleine Mädchen wird jedoch nicht nur als Elisabeth Christa Madeleine geboren, sondern auch als eine Schickedanz.

Es ist eine Zeit, in der Eltern ihre Töchter vorzugsweise Erika, Heidemarie oder Brigitte nennen. Die zehn beliebtesten Vornamen im Jahr 1943 sind bei den Mädchen Karin, Renate, Monika, Ursula, Elke, Ingrid, Gisela, Christa, Helga und Bärbel. Buben werden zu dieser Zeit meist Hans, Peter, Klaus – bei progressiven Eltern auch gern mit C –, Wolfgang, Jürgen, Dieter, Uwe, Bernd, Manfred und Horst genannt. Die Namen Renate und Hans führen über viele Jahre die Top Ten der Namenslisten an. Madeleine taucht unter den ersten 30 Plätzen gar nicht auf – auch in den darauffolgenden Jahren nicht.

Der Name Madeleine stammt – wie unschwer zu erkennen – aus dem Französischen und steht für den Namen Magdalena, der in verschiedenen Ländern in unterschiedlichen Formen auftaucht. In Frankreich gibt es ihn noch in der Version Madlon. Die italienische Form ist unter anderem Madalena oder Madelene, im Englischen verwendet man Madeline, Maudlin oder Maud. Die berühmteste Namensvetterin von Madeleine Schickedanz ist die schwedische Prinzessin.

Magdalena selbst bedeutet: die aus Magdala Stammende. Magdala ist ein Ort am See Genezareth im Heiligen Land, Magdalena also ein biblischer Name. Die wohl bekannteste Trägerin ist Maria Magdalena, die treueste Anhängerin von Jesus Christus. Später wurde sie von Papst Gregor I. als Sünderin ausgemacht, was oftmals mit einer Prostituierten gleichgesetzt wurde und wird. Doch anders als die meisten Frauen, die in der Bibel auftauchen, wird Maria Magdalena nicht über einen Mann definiert, ist nicht die Frau, Tochter oder Mutter von jemandem. Sie steht nur für sich.

Ob Gustav und Grete Schickedanz biblische Deutungen bei der Namenswahl bedacht haben, ist nicht bekannt. Einen Hang zu französisch klingenden Vornamen hatte jedoch nachweisbar zumindest Gustav Schickedanz. Seine Tochter aus erster Ehe heißt nicht etwa Luise, sondern Louise, das ist die weibliche Form des französischen Vornamens Louis. Dies sollte bei der Eheschließung von Louise mit Hans Dedi zu Irritationen führen. Denn der Standesbeamte weigerte sich schlicht und ergreifend, Louise mit »o« in die Urkunde einzutragen. Also ließ er das »o« einfach weg.

Die Zeit und die Umstände, unter denen Grete Schickedanz ihre Tochter zur Welt bringen muss, sind denkbar schlecht – im Luftschutzbunker der Nürnberger Frauenklinik. Das Jahr ist ein ereignisreiches für die Familie. Grete macht sich mit ihrem Töchterchen selbst ein Geschenk: Madeleine kommt an ihrem eigenen 32. Geburtstag auf die Welt. Gustav Schickedanz ist zu diesem Zeitpunkt 48 Jahre alt.

FAMILIENGLÜCK UND FIRMENVERLUST

Wie so oft im Leben fällt die Geburt des Kindes mit einem großen Verlust für die Familie zusammen. Bevor Gustav Schickedanz sein Töchterchen in die Arme schließen kann, muss er in diesem Jahr den zweiten großen Schicksalsschlag seines Lebens hinnehmen.

Die nahe Stadt Nürnberg ist der Ort, an dem die Nazis von 1933 bis 1938 ihre Reichsparteitage feiern. Dafür gibt es ein eigenes Gelände, auf dem die Truppen ihre Paraden abhalten. Auf dem Reichsparteitagsgelände lässt Hitler monumentale Bauten errichten – eine Kongresshalle, die eineinhalb Mal so groß werden soll wie das römische Kolosseum. Sie wird nie fertiggestellt.

In den ersten Kriegsjahren bleibt Nürnberg vom Krieg weitgehend verschont. Doch die Stadt ist zu symbolträchtig und liegt strategisch zu günstig, um sie außen vor zu lassen. Zwei bedeutende Bahnverbindungen – eine vom Ruhrgebiet nach Wien und Südosteuropa, die andere von Berlin nach München und Italien – führen durch die fränkische Metropole. Vor allem aber sind hier zahlreiche Rüstungsbetriebe angesiedelt wie die Firma MAN, die U-Boot-Motoren und einen großen Teil der Panther-Panzer herstellt, die Firma Diehl, die noch heute im Rüstungsgeschäft tätig ist, oder die Firma Faun, die inzwischen als Tochter eines japanischen Konzerns Kräne produziert.

Mit einem Großangriff auf die Region muss in den 40er-Jahren also gerechnet werden. Der erste kommt in der Nacht vom 28. zum 29. August 1942. Bis zum Beginn des Jahres 1943 bleibt die historische Altstadt weitgehend unversehrt. Doch im Jahr 1943 lassen die Alliierten einen Bombenhagel auf Nürnberg und die Nachbarstadt Fürth niedergehen. Die Luftangriffe häufen sich, immer kürzer wird die Pause zwischen dem Heulen der

Alarmsirenen. Später im selben Jahr wird Grete Schickedanz – hochschwanger – von diesem markerschütternden Ton in den Luftschutzkeller des Klinikums getrieben.

Im August 1943 erreichen die Angriffe einen neuen Höhepunkt. Sie richten verheerende Schäden an, ganze Stadtteile werden zerstört. Die gotische Lorenzkirche, heute wieder ein Wahrzeichen der Stadt, wird stark beschädigt. Zwar ist Fürth nicht ganz so stark betroffen – doch die Bombenangriffe auf Nürnberg sind bis dorthin zu hören.

In der Nacht vom 10. auf den 11. August – um 0.48 Uhr – fliegt die britische Royal Air Force erneut einen Angriff auf Franken. 653 viermotorige Bomber werfen 878 Tonnen Sprengbomben und ebenso viele Brandbomben ab. Die Bilanz: 585 Tote, 1732 zerstörte, 1156 schwer und 2386 mittelschwer beschädigte Häuser.

Getroffen werden das Germanische Nationalmuseum, die letzte Hopfenhalle am Kornmarkt, die MAN. »In der nächsten Nachbarschaft gibt es Fensterscheiben überhaupt nicht mehr; sie sind alle zerknallt, vielfach durch nachträgliches Sprengen der mehrfach abgeworfenen Blindgänger«, berichten Augenzeugen. »Die Nürnberger sind der Meinung, sie würden jetzt sobald nicht wieder belästigt werden, erstens weil der Engländer, indem er Schwabach erwischte, des Glaubens geworden sei, Nürnberg total erledigt zu haben.«

Auch auf die Artilleriestraße im nahen Fürth gehen die Bomben nieder. Hier ist der Firmensitz von Quelle, die in den vergangenen Jahren zu einem stattlichen Unternehmen gewachsen ist. Lagerräume, Fertigungsanlagen und auch die Büroräume – das Lebenswerk von Gustav Schickedanz – werden fast völlig zerstört. Jahrelange Arbeit wird vom Feuer vernichtet. Dabei geht vor allem ein Großteil der wertvollen Kundenkartei verloren.

Der Verlust ist hart und schmerzlich. Aber Gustav Schickedanz hat auch schon erfahren müssen, was es heißt, seine Liebsten zu verlieren: Seine erste Frau Anna und der kleine Sohn Leo kamen 1929 bei einem tragischen Unfall ums Leben. Ein unersetzbarer Verlust – im Gegensatz zu einem Unternehmen. Und so dürfte ihm die Geburt eines gesunden kleinen Mädchens namens Madeleine – mitten im Krieg – wie ein Wunder vorgekommen sein.

Der Krieg fragt aber nicht nach kleinen Wundern. Er tobt weiter. An der Front kippt 1943 die Lage – und die Alliierten gewinnen endgültig die Oberhand. Die deutsche Armee erleidet in Stalingrad eine katastrophale Niederlage.

Nur wenige Wochen danach stellt Reichspropagandaminister Joseph Goebbels auf einer Massenversammlung im Berliner Sportpalast die Frage: »Wollt ihr den totalen Krieg? Wollt ihr ihn, wenn nötig, totaler und radikaler, als wir ihn uns heute überhaupt vorstellen können?« Als Antwort erhält er darauf ein stimmgewaltiges: »Ja!«

DER RÜCKHALT SCHWINDET

Längst hat der Führer an Rückhalt verloren, auch in den eigenen Reihen. Zwei Mal wird im März desselben Jahres versucht, Adolf Hitler aus dem Weg zu räumen. Beide Attentate scheitern. Insgesamt sind 39 Attentatsversuche auf Hitler dokumentiert.

Die deutsche Luftverteidigung ist kaum mehr in der Lage, Bombenangriffe auf das Deutsche Reich abzuwehren. Allein bei einer Serie von Luftangriffen der Alliierten, »Gomorrha« genannt, sterben in Hamburg im Juli 1943 um die 30.000 Menschen. All dies schwächt die Nationalsozialisten jedoch nicht genug, als dass sie nicht noch weitere Gräueltaten begehen könnten: Bei der Liquidierung des jüdischen Ghettos in Warschau werden 60.000 Menschen niedergemetzelt. 1943 ist – wie die anderen Kriegsjahre auch – ein Jahr voller Tragik. Viele Menschen überleben es nicht. Wer es schafft, trägt nicht selten schwere Verletzungen oder ein Trauma davon.

Die Zeit bringt aber auch Kurioses hervor. Die Münchner Universität begeht ein ausgesprochen unrundes Jubiläum: 470 Jahre. Bei dieser Gelegenheit hält der NSDAP-Gauleiter Paul Giesler eine Rede. Er fordert, jede Studentin solle dem Führer in jedem Universitätsjahr ein Kind schenken. Dafür wird er mit wütenden Protesten bedacht.

Dabei ist die Ideologie der Nazis nicht unbekannt. Für Hitler hat die deutsche Frau nur eine wirklich wichtige Aufgabe: ihm möglichst viele »arische« Kinder zu gebären. Jegliche emanzipatorischen Errungenschaften der Weimarer Republik, waren sie noch so klein, stempelt der Führer als »jüdische Erfindung« ab. Und nicht nur das: Die Nazis drängen die Frauen systematisch aus dem Berufsleben. In einigen Bereichen – wie etwa der Justiz – erhalten sie zur Gänze Berufsverbot. Selbst der Zugang zu den Universitäten wird ihnen erschwert – nur noch zehn Prozent der Immatrikulationen werden ab 1933 an Frauen vergeben.

Was Frauen zu jener Zeit nicht nur dürfen, sondern sogar sollen, ist Autofahren. Dazu fordert das Deutsche Frauenwerk die weibliche Bevölkerung auf. Wer schon einen Führerschein besitzt, aber bislang wenig Gelegenheit zum Fahren hatte, bekommt die Möglichkeit, dies in extra angebotenen Lehrgängen zu trainieren. Jene, die noch kein Automobil steuern können, sollen das auf Kosten des Frauenwerks lernen. Dahinter steckt das Ziel, Frauen verstärkt als Kraftfahrerinnen arbeiten zu lassen, damit sie männliche Arbeitskräfte ersetzen können, die an die Front geschickt werden und dadurch ausfallen.

Kontinuität gibt es fast nur noch im Sport – bis auf Fußball und Tennis. Bei Letzterem fallen in jenem Jahr zahlreiche große Meisterschaften aus: Wimbledon, die French Open, das Daviscup-Endspiel und die Internationale Deutsche Meisterschaft. Im Fußball nehmen weder Deutschland noch Österreich in jenen Jahren an Länderspielen teil. Doch die regulären Landesmeisterschaften – heute Bundesliga-Spiele – werden weiter ausgetragen. Am 27. Juni spielt sich der Dresdner SC mit einem 3:0-Sieg über den FV Saarbrücken an die Spitze und wird zum ersten Mal in seiner Geschichte Deutscher Fußballmeister. Diesen Erfolg können die Sachsen 1944 noch einmal wiederholen.

Nahezu zum Erliegen kommt die Kunst in Deutschland. Der Schriftsteller Erich Kästner bekommt Post von der Reichsschrifttumskammer: Schreibverbot. Es ist nicht das erste Mal.

Kästner ist nicht nur Autor von Kinderromanen wie »Emil und die Detektive« (1929), »Pünktchen und Anton« (1931) und »Das fliegende Klassenzimmer« (1933), er schreibt auch Gedichte, manche davon »erotisch freizügig«, und satirische Romane. Die Nazis bezeichnen ihn als »führenden Kulturbolschewisten der Weimarer Zeit«. Mehrmals wird er von der Gestapo verhaftet, aber immer wieder freigelassen. Seine Kunst gilt als »entartet«, wie auch Bücher von Thomas Mann und Heinrich Mann, Kurt Tucholsky oder Arnold Zweig.

Mit diesem Stigma versehen die Nazis auch zahlreiche bildende Künstler: Wassily Kandinsky, Paul Gauguin, Max Ernst oder Emil Nolde. Im von den Nazis besetzten Paris findet im Mai eine Bilderverbrennung statt, bei der auch Werke von Paul Klee und Pablo Picasso in Flammen aufgehen.

Die Filmproduktion wird ebenfalls deutlich heruntergefahren. Zu einem beliebten Genre des Nationalsozialismus wird der Revuefilm – der wenig Handlung hat, dafür aber opulent mit Musik und Tanz ausgestattet ist. Er verbreitet die Illusion einer schönen, heilen Welt. Zu den Stars des Revuefilms gehören Hans Albers, Johannes Heesters, Zarah Leander, Marika Rökk und Ilse Werner.

Andernorts prosperiert die Kunst dafür kräftig. Vor allem in den USA. In New York, wo sich der französische Luftfahrtpionier und Autor Antoine de Saint-Exupéry im Exil aufhält, erscheint das Märchen »Der kleine Prinz«. Frank Sinatra startet seine Solokarriere als Sänger. Der erste Teil von insgesamt sechs Lassie-Filmen, »Lassie come home« – der in Deutschland später unter »Heimweh« läuft –, kommt in die Kinos, mit einer elfjährigen Elizabeth Taylor in der Hauptrolle. Einzug in die Lichtspielhäuser hält 1943 auch »Casablanca« mit Humphrey Bogart und Ingrid Bergmann. Der Zeitpunkt des Filmstarts im Januar hätte nicht günstiger gewählt sein können. Er fällt mitten in die Alliiertenkonferenz, ein geheimes Treffen zwischen US-Präsident Franklin D. (Delano) Roosevelt und dem britischen Premierminister Winston Churchill, das in Casablanca stattfindet. Das ist kein Zufall, sondern pure Werbestrategie der Filmproduktionsfirma Warner Brothers. Der Plan geht auf. Und wie. Mit der Vorstellung eines solchen Erfolgs wären die Protagonisten wahrscheinlich überfordert gewesen. »Casablanca« zählt noch Jahrzehnte später – nach Orson Welles »Citizen Kane« und Francis Ford Coppolas Gangsterdrama »Der Pate« – zu den erfolgreichsten Filmen aller Zeiten, produziert für 950.000 US-Dollar. Auch von den besten Filmzitaten aller Zeiten stammen sechs aus diesem Film. Wem fiele nicht sofort »Ich seh dir in die Augen, Kleines« und »Spiel es noch einmal, Sam« ein. »Ich glaube, dies ist der Beginn einer wunderbaren Freundschaft« und »Verhaften Sie die üblichen Verdächtigen« kennt zwar auch fast jeder.

Der Hintergrund des Films ist überaus ernst: Durch die 1935 erlassenen Nürnberger Gesetze verloren Juden die deutsche Staatsbürgerschaft und ihre bürgerlichen Rechte. Viele verließen Deutschland oder wurden unter Einzug ihres Vermögens dazu gezwungen. 1939 drohte Hitler mit der »gänzlichen Vernichtung der jüdischen Rasse in Europa«, falls es erneut zu einem Weltkrieg käme. Als die Nationalsozialisten am 1. September 1939 Polen angreifen, dürfen Juden das Land nicht mehr verlassen – sie werden in Konzentrationslager deportiert oder als Arbeitskräfte in der Rüstung eingesetzt.

Wie der Film ausgeht, wissen die meisten. Der Barbesitzer Rick alias Humphrey Bogart hilft dem Mann seiner großen Liebe Ilsa. Er ermöglicht beiden die Flucht. Victor Laszlo, der Widerstandskämpfer, kann aus Casablanca fliehen. Die marokkanische Hafenstadt im französische Protektorat Marokko, das – anders als Frankreich – nicht von der deutschen Wehrmacht besetzt ist, gilt als ein Nadelöhr. Viele, vor allem jüdische Flüchtlinge, schaffen es von dort aus, über das neutrale Lissabon nach Amerika zu emigrieren.

Den Ausgang der Konferenz dürften indes vielleicht nicht so viele auf Abruf parat haben: Roosevelt und Churchill kommen zu keinem entscheidenden Ergebnis. Ein Durchbruch gelingt erst Ende des Jahres 1943 auf einer Konferenz in der iranischen Hauptstadt Teheran. Der Iran ist zu dieser Zeit sowohl von britischen als auch von sowjetischen Truppen besetzt.

Diese Mal ist auch der Vorsitzende des Rates der Volkskommissare, Josef Stalin, dabei. Das Treffen mit Stalin gestaltet sich unkomplizierter, als von Roosevelt und Churchill erwartet.

Die »Großen Drei«, allesamt mit militärischen Beratern an ihrer Seite, schließen ein Bündnis gegen Hitler. Sie beraten über das weitere strategische Vorgehen im Krieg. Auch über die Aufteilung Deutschlands und Polens nach dem Krieg werden erste Gespräche geführt.

Es ist also keine einfache Welt, in die Elisabeth Christa Madeleine Schickedanz am 20. Oktober 1943 geboren wird.

DIE JUNGEN JAHRE

An die ersten Jahre ihres Lebens wird sich Madeleine Schickedanz vielleicht wehmütig zurückerinnern. Verglichen mit ihrem späteren Leben, in dem sie an den schönsten Orten der Welt eigene Domizile besaß und auch noch besitzt, war es ein armes Leben. Doch nur finanziell. Denn in dieser Zeit ist die Familie nah beieinander. Als Madeleine noch klein ist, beziehen ihre Eltern im Wochenendhaus der Familie – dem Hersbrucker Haus – ihr Domizil. Der Bombenhagel, der auf die gut 50 Kilometer entfernten Städte Nürnberg und Fürth niedergeht, ist dichter geworden.

Dann ist der Krieg vorbei. Für die Familie fangen die Probleme jetzt erst richtig an. Gustav und Grete Schickedanz müssen ihr Haus räumen, die US-Amerikaner beziehen hier Quartier. Das Paar kommt bei Freunden in der Hersbrucker Altstadt unter, die ihnen zwei bescheidene Zimmer überlassen – für Gustav und Grete, Madeleine und Louise, die Tochter aus Gustav Schickedanz' erster Ehe. Während andere Menschen dies in den Nachkriegstagen als puren Luxus empfunden haben mögen, ist es für die Familie Schickedanz ein Abstieg. Grete fängt bald darauf an, wieder zu arbeiten. Vom Landrat wird sie gebeten, Waren – vor allem Textilien – für die Bevölkerung der fränkischen Kleinstadt aufzutreiben. Und Grete Schickedanz nimmt sich der Aufgabe voll und ganz an. Sie fährt in einem alten Lastwagen über Land, kommt oft erst spät in der Nacht zurück.

Gustav Schickedanz, der Unternehmer, der Macher, ist derweil zur Untätigkeit verurteilt. Sein Unternehmen – Schutt und Asche. Nur ein Notbüro ist übrig, das er nicht betreten darf. Die wertvolle Kundenkartei ist verbrannt, der Rest unter der Regie von Statthaltern. Als ehemaliges NSDAP-Mitglied und wegen seiner Rolle bei der Arisierung jüdischer Unternehmen wird er von den Alliierten mit einem Berufsverbot belegt und zur Hilfsarbeit verpflichtet. Statt ein Imperium zu regieren, muss Gustav Schickedanz Bäume fällen. Die Amerikaner holen ihn mehrfach mit ihren Jeeps zu Verhören ab, zu denen er stets sein Köfferchen mitnimmt. Abends ist er jedes Mal wieder zu Hause.

Wahrscheinlich ist es Madeleines Halbschwester Louise, damals fast 20, die sich in diesen Tagen um Madeleine kümmert. Madeleine ist ein liebes Kind, ruhig, mit großen braunen Augen schaut sie staunend in die Welt.

Aber auch mit ihrem Vater verbringt die kleine Madeleine in diesen Tagen viel Zeit – so viel wie später nie mehr wieder. Es ist schwer für ihn. Das Unternehmen, seine Reputation – alles zerstört. Wenn sich Madeleine später an diese Zeit erinnert, dann sieht sie ihre Mutter als die, »die uns über Wasser gehalten hat«. Sie sei immer die Bodenständige gewesen, »während mein Vater wie gelähmt dasaß. Er war deprimiert über den ganzen Zusammenbruch.«

Bei der Familie findet er Halt und Trost. In der Zeit seines Berufsverbots unternimmt er viel mit Madeleine. Er, der Kunstsinnige, der Bücherfreund, liest dem Mädchen vor. Auch werden Vater und Tochter oft bei gemeinsamen Spaziergängen im Wald gesichtet, der große, stattliche Mann mit dem kleinen, zarten Mädchen an der Hand. Gemeinsam sammeln sie die Nadeln der Bäume auf, um mit ihnen später zu heizen.

Gustav Schickedanz ist es auch, der Madeleine in ganz jungen Jahren auf Skier stellt. Irgendwo in diesen Nachkriegswirren treibt er ein Paar Ski auf und macht mit Madeleine die ersten Ausflüge auf den Michelsberg – den Hausberg der Hersbrucker. Ein großes Vergnügen für die beiden. Sie fahren so lange, bis Madeleine müde wird und Gustav sie – samt Skiern – Huckepack nach Hause bringt. Skifahren wird zu einer Leidenschaft, die Vater und Tochter zeitlebens miteinander verbindet.

Gustav Schickedanz gilt als meisterhafter Skiläufer. Schon in den 30er-Jahren geht er mit seinen Mitarbeitern nicht nur beim Fotokurs auf Motivjagd, sondern nimmt diese auch mit zum Skikurs ins Hochgebirge. Dabei lernt seine damalige Mitarbeiterin und spätere Ehefrau Grete ebenfalls, auf »Brettl'n« den Berg hinunterzusausen. Gustav Schickedanz selbst habe noch mit 70 den schwierigsten Abfahrten im Engadin nicht widerstehen können, heißt es über ihn. Das Engadin wird für Madeleine Schickedanz für viele Jahre zum zweiten Zuhause – bis sie ihre Villen in St. Moritz verkaufen muss.

Die intensive Zeit, die Vater und Tochter miteinander verbringen, hat 1949 ein Ende: Gustav Schickedanz darf wieder zu Quelle zurückkehren, vorerst in das Notbüro, in dem Louise bereits seit einem Jahr in der Buchhaltung arbeitet. Mutter Grete übergibt ihren eigenen kleinen Laden in Hersbruck an Mitarbeiter, um ihrem Mann beim Wiederaufbau von Quelle zu helfen. Im Hersbrucker Haus, das die US-Amerikaner inzwischen geräumt haben, bleibt nur ein Familienmitglied zurück: Madeleine.

KEINE ZEIT, KEINE ZEIT

Von da an sieht sie ihre Kinderfrauen öfter als ihre Eltern. Madeleine Schickedanz ist »der Augenstern ihrer Eltern«, wie ein Bekannter der Familie sagte. Sie lieben ihre Tochter abgöttisch, tun alles für sie. Nur Zeit haben sie so gut wie keine mehr für sie. Zu sehr nimmt die Quelle sie in Anspruch.

Im gleichen Jahr kommt Madeleine in die Schule. Die Volksschule in Hersbruck steht nicht weit entfernt von der Stadtkirche St. Marien, gegenüber der Schule befindet sich das Amtsgericht. Noch bevor Madeleine einen Fuß in ihr neues Klassenzimmer setzt, verordnen ihm Gustav und Grete Schickedanz eine Schönheitskur. Ältere Hersbrucker erinnern sich noch heute, dass die Klassenzimmer der jeweiligen Klassenstufe, in die Madeleine gerade kam, eine Komplettrenovierung erfahren durften – inklusive einer neuen Ausstattung. Kam Madeleine in die zweite Klasse, waren zu Schuljahresbeginn alle Zimmer der zweiten Klassenstufe generalüberholt – auch sehr zur Freude von Madeleines kleinen Schulkameradinnen, die sich die Röcke nicht an kaputten Holzstühlen zerrissen. Dies stemmten Gustav und Grete Schickedanz zu einer Zeit, als sie noch mitten im Prozess waren, die Quelle wieder aufzubauen. Die Schule heißt heute Grete-Schickedanz-Grundschule.

Damals wird in der Schule noch getrennt unterrichtet – in Mädchenklassen und in Jungenklassen. Gemeinsam mit Madeleine in einer Jahrgangsstufe: Günter Beckstein, der nur einen Monat nach ihr geboren wurde. Der spätere CSU-Politiker, der erst Bayerns Innenminister ist, dann Ministerpräsident, zählt neben dem Eisenbahnpionier Johannes Scharrer und dem Versandhauskönig Gustav Schickedanz zu den berühmtesten Bewohnern von Hersbruck. An die Verbindung zwischen ihm und seiner – wenn auch unfreiwillig – prominenten Schulkameradin erinnert man sich allerorts nach dem Zusammenbruch der Quelle. Oft wird er in jenen Tagen nach Madeleine Schickedanz befragt. Seine Antworten lauten stets gleich, diplomatisch und zurückhaltend: »Ja, wir telefonieren hin und wieder miteinander. Nein, es geht ihr gar nicht gut.«

Als Madeleine noch klein ist, klagt Grete Schickedanz einmal bei einem Arzt darüber, dass ihre beiden Töchter – also Madeleine und Louise – ständig erkältet seien. »Dabei wachsen sie doch so behütet auf«, soll sie gesagt haben. »Ich musste ja als Kind immer barfuß in die Schule gehen, weil mein Vater so arm war. Ich hatte nie etwas.« Der Arzt sagte: »Ja, eben, genau darum.«

Im Hersbruck zu Beginn der 50er-Jahre bringt ein Fahrer Gustav und Grete Schickedanz jeden Morgen sehr früh ins Geschäft nach Fürth und holt sie von dort spätabends wieder ab. Er chauffiert auch Madeleine zur Schule und wieder zurück in die elterliche Villa. Dort warten Haushälterinnen auf sie und kümmern sich um das leibliche Wohlergehen des Kindes. Erzieherinnen sorgen dafür, dass Madeleine Schickedanz nach der Schule ihre Hausaufgaben macht.

Die Eltern sind damals schon sehr vermögend. Parallel zur Quelle vergrößern sie auch das zuvor von den Amerikanern belegte Anwesen in Fürth-Dambach und bauen es aus. All das beansprucht ihre Zeit und auch ihre unerschöpflich scheinende Energie. Aber die Eltern sorgen dafür, dass Madeleine nicht allein in dem 20.000 Quadratmeter großen Anwesen ist. Sie laden Schulfreundinnen ein, die ihr am Nachmittag Gesellschaft leisten.

Es ist schwer vorstellbar, dass eine der Klassenkameradinnen auf die Klingel neben dem Türschild in Hersbruck drückte, auf der heute der Name »Mustermann« steht, und fragte: »Frau Schickedanz, darf Madeleine zum Spielen rauskommen?« »Nein, nein«, sagt eine ehemalige Schulfreundin, »bei der Familie Schickedanz ist man nicht einfach so vorbeigekommen. Da musste man schon eingeladen sein.« Sie selbst, die ungenannt bleiben möchte, gehörte zum erlesenen Kreis. Sie erinnert sich an wundervolle Nachmittage auf dem Michelsberg. »Es war das reinste Paradies für Kinder. Da gab es einfach alles – einen großen Swimmingpool, Ponys zum Reiten und jede Menge Spielzeug. Außerdem war ja immer eine Kinderfrau da, die sich um alles kümmerte. Und eine Köchin.«

Dann ist das Haus in Fürth-Dambach endlich fertig. Sowohl Gustav als auch Grete sind mit Leib und Seele Fürther und der Stadt tief verbunden. Dahin wollen sie zurück – auch in die Nähe ihrer Verwandten, die in Fürth leben. Madeleine erzählt später im Interview: »Nach dem Krieg haben wir bis 1953 in Hersbruck gelebt. Ich bin dort vier Jahre in die Volksschule gegangen. Das war eine schöne Zeit. Und wie meine Mutter eines Tages gesagt hat, jetzt gehen wir wieder nach Fürth – da hat's mich geschüttelt.«

DER UMZUG NACH FÜRTH

Was Madeleine in Fürth erwartet, ist ein riesiges Anwesen. Auf dem ersten Höhepunkt seines Erfolges – in den 30er-Jahren – hat sich Gustav Schickedanz hier ein überaus modernes Haus hingestellt. Nachdem die Amerikaner nach Kriegsende das Haus wieder verlassen hatten, wurde es umgebaut – in ein konventionelles Bürgerhaus. Dass es in Teilen an ein Schloss erinnert, dafür sorgt auch die Inneneinrichtung. Das Speisezimmer etwa ist mit Barockmöbeln in Weiß und Gold ausgestattet. Der Kunstliebhaber Schickedanz hat auch eine eigene Kunstgalerie eingerichtet. Die Zimmer sind mitunter größer als die Wohnungen vierköpfiger Familien. Dicke Teppiche auf den Fußböden dämpfen jeden Schritt.

Beide, Gustav und Grete Schickedanz, halten sich ihr Leben lang mit Schwimmen fit. Und so darf innen ein Schwimmbad nicht fehlen – mit einem 80 Quadratmeter großen Becken. Nach seiner morgendlichen Sechs-Uhr-Massage zieht Gustav Schickedanz hier jeden Tag vor der Arbeit seine Bahnen, bevor er mit Ehefrau Grete ins Büro aufbricht. Das lässt er sich nie nehmen. In späteren Jahren, als er sich ein bisschen mehr Muße gönnt, fährt Grete meist schon vor ins 15 Autominuten entfernte Büro, um dort die Post durchzusehen und die ersten Entscheidungen des Tages zu treffen.

Auch draußen gibt es einen Swimmingpool, eingebettet in hochwertige Sandsteinplatten. Später sitzt Gustav Schickedanz gern auf einer der Terrassen. Bei einer dieser Gelegenheiten sagt er einmal dem »Spiegel«-Journalisten Peter Brügge: »Hier, hab ich immer gedacht, müsste man einmal feiern, mit kleinen Schirmchen und Tischen. Es kommt dann nur nicht dazu …«

Es gibt auch einen Tennisplatz, über den der Hausherr jahrelang seine Gegner bis zur Erschöpfung jagt. Erholung finden Gäste beim Anblick von Fasanen, die über die roten Steinplatten des Weges, der sich von dem herrschaftlichen Tor bis vor das Haus schlängelt, promenieren. Oder bei geruhsamen Spaziergängen durch die riesige Parkanlage mit teuren Zierstauden, Steinvasen und Putten. Umgeben ist das Anwesen von einer halbhohen Mauer.

Über ihre Eltern sagt Madeleine Schickedanz: »Beide waren sehr bodenständige Menschen. Sie haben den Bezug zum normalen Leben nie verloren.« Wenn sie spätabends, manchmal erst gegen neun, halb zehn vom Büro zurückkommen, würden sie sich oftmals gern noch etwas zu essen aus dem Kühlschrank holen. Doch bevor sie die Küche überhaupt betreten können, ist das Personal ihren Wünschen oftmals schon zuvorgekommen. Wenn Grete Schickedanz unterwegs ist, hat sie meistens ein belegtes Schwarzbrot dabei. Und wenn Gustav Schickedanz für sich ist, trinkt er das Bier am liebsten aus der Flasche. Dennoch schmecken ihnen auch Kaviar und Veuve Clicquot.

EIN MÖGLICHST NORMALES LEBEN

Ihre Tochter Madeleine schicken sie nicht etwa auf ein Elite-Internat. In Fürth geht sie auf eine normale Schule, auf das Mädchenlyzeum. Hier unterrichtete einst Louis Kissinger Geschichte – der Vater des späteren US-Außenministers Henry Kissinger. Henry Kissinger, geboren als Heinz Kissinger, gehört mit Gustav Schickedanz, dem Radio-Pionier Max Grundig und dem Bundeskanzler Ludwig Erhard zu den berühmten Söhnen der Stadt Fürth.

»Nur die wenigsten schicken ihre Kinder für vier, fünf Jahre und etliche 50.000 Mark in die Elite-Internate von Salem, Zuoz, Neubeuern oder Stein an der Traun, wo sie gute Kameradschaft ohne Seitenblick auf das Bankkonto, eventuell sogar einen

Ehepartner finden und lernen, mit jungen Aristokraten und den Kindern ehrgeiziger Ärzte, Anwälte oder Ministerialen zusammenzuleben. Nicht ganz so wenige stellen den Kindern fürs Studium einen Wagen aus dem Firmen-Fuhrpark«, schrieb Brügge.

Der Besuch der normalen Schule – die heute Helene-Lange-Gymnasium heißt – bedeutet für Madeleine einerseits, mittendrin zu sein im normalen Leben. Dass sie auch in Fürth täglich von einem Chauffeur zur Schule gebracht und wieder abgeholt wird, grenzt sie gleichzeitig in gewisser Weise aus. Kein gemeinsames Lachen, Spielen oder auch Streiten mit den anderen Mädchen auf dem Nachhauseweg. Kein gemeinsames Hausaufgabenmachen. Sie hat nur wenige Möglichkeiten, mit ihren Freundinnen zusammenzukommen, wie sich Bekannte der Familie erinnern. Reichtum schafft Distanz.

Die Eltern arbeiten unermüdlich. Die Quelle ist ihr Lebensinhalt und ihr Lebenselixier. »Meine Mutter Grete war eine blendende Geschäftsfrau«, sagte Madeleine der Zeitschrift »Bunte«. »Und sie war – so gut es ihre viele Arbeit zuließ – eine gute Mutter.« Ab und an flicht Grete ihrer Tochter abends Zöpfe ins Haar. »Manchmal versteckt sich Madeleine abends, wenn die Eltern endlich nach Hause kommen – aus Trotz, weil sie sich allein fühlt«, wie der Biograf ihrer Mutter, Christian Böhmer, schreibt. »Ich habe das meiner Mutter nicht verübelt«, erzählt ihm Madeleine Schickedanz. »Sie war für die Rolle geboren. Das war von ihr bewusst gelebt.«

WARTEN AUF DIE ELTERN

Die Eltern arbeiten Seite an Seite. Auch ihre Büros liegen nebeneinander, Zimmer Nummer 143 und Nummer 146. Gretes »Allerheiligstes« ist mit Barocktischchen, Gobelinstühlen und Perserteppichen ausgestattet. Im Nachbarzimmer hat sich Gustav Schickedanz ein Refugium geschaffen aus schweren Eichenholzmöbeln. Oft ist es Gustav, der abends drängt: »Grete, jetzt gehen wir heim.« Tochter Madeleine muss in diesen Jahren oft warten, bis sich ihre Eltern vom Geschäft trennen können. Sie kommt mittags von der Schule in die Hauptverwaltung in Fürth. Dort erlebt sie folgende Szene: Sie geht zum Vater ins Büro, der aber noch etwas zu tun hat und sie ins Nachbarzimmer zur Mutter bringt. Die hat aber auch noch Arbeit zu erledigen. Dann geht die Tochter wieder zum Vater. Schließlich fahren alle drei zusammen nach Dambach.

»Es war immer sehr hektisch«, erzählt Madeleine Christian Böhmer, »ein irrsinniger Betrieb. Meine Mutter hatte Layouts für den Katalog und die Musterungen von Röcken, Kleidern oder Blusen. Sie kniete auf dem Boden oder sprach mit Einkäufern. Sie war immer engagiert.«

Selbst beim gemeinsamen Mittagessen mit den Eltern ist die Zeit nur allzu selten für Madeleine reserviert. Entweder sprechen die Eltern miteinander übers Geschäft. Oder es werden Geschäftspartner mit zu Tisch gebeten, um dort weiter zu diskutieren und zu verhandeln, wie man die Quelle voranbringen kann. Die Essenseinladungen spricht Grete Schickedanz meist ganz spontan aus: »Dann sag ich zu meiner Köchin Betty, ich hab sechs bis acht Leute, schaun S', dass S' irgendwas zusammenbringen. Es verhandelt sich besser beim Essen und wenn's nur a Stunde ist, zu mehr reicht's ohnehin nicht«, wie sie einmal der Illustrierten »Stern« erzählt. Bei Tisch muss es nichts Ausgefallenes sein. Bevorzugt wird deutsche Küche, gerne Braten mit rohen Klößen, eine fränkische Spezialität aus rohen Kartoffeln. Meistens drei Gänge, die mit einer Suppe eröffnet werden. Und für Gustav Schickedanz darf der grüne Salat nie fehlen. Sonntags bemühen sich die Eltern, das Geschäftliche außen vor zu lassen. Was meist nur mäßig gelingt.

Sogar in einer firmeneigenen Dokumentation findet Gretes Unrast ihren Niederschlag: »Am schönsten ist es für sie daheim, wenn die Familie, selten genug, möglichst vollzählig beisammen ist. Dann fühlt sich Grete Schickedanz am glücklichsten. Dann gelingt es ihr sogar tatsächlich, einmal für ein paar Stunden – ganz völlig wäre einfach zu viel verlangt – von der Quelle abzuschalten.« Besuchen sie die Verwandten, wird Grete nach einiger Zeit unruhig und drängt zum Aufbruch: »Wir haben keine Zeit.« Dann ist es meist Gustav Schickedanz, der das Tempo drosselt und sagt: »Lass uns noch etwas bleiben.«

Beide gelten jedoch als überaus zuvorkommende Menschen, die nie versäumen, ihre Gastgeber mit Aufmerksamkeiten zu bedenken. Schlüpfen sie in die Rolle der Gastgeber, dann verwöhnen sie ihre Gäste über alle Maßen. So sehr sie sich der Macht des Pfennigs bewusst sind, lieben sie es doch, ihren Reichtum mit ihnen nahestehenden Personen zu teilen. Auch ihre Herzlichkeit, gepaart mit echtem Interesse an Menschen und ihren Geschichten, macht sie zu beliebten Gästen und Gastgebern. »Ich habe nie gedacht, dass so reiche Leute, die über 50.000 Mitarbeiter beschäftigen, so einfach im Umgang sein können«, sagt einer, der ihre Gastfreundschaft genossen hat.

WENIG RAUM FÜRS PRIVATE

Unter sich zu Hause am Abend bleibt allerdings ebenfalls oft wenig Raum fürs Private. Nach der Arbeit ist vor der Arbeit, scheint das Motto der Eltern zu sein. Gustav Schickedanz zieht sich schon bald nach dem Essen an seinen Schreibtisch in der Bibliothek zurück. Seine Frau sitzt zwar im Sessel am Kamin und suggeriert Muße und Gemütlichkeit. Doch sie sieht aktuelle Textil- und Modezeitschriften durch – nicht zur Entspannung.

Das Bild einer arbeitenden Mutter ist für Grete nicht ungewöhnlich. Ihr Vater war Flaschnergehilfe, verdiente nicht genug, sodass auch die Mutter arbeiten gehen musste. Grete wuchs deshalb vor allem bei ihrer Großmutter auf.

Trotz aller elterlichen Liebe und des rührenden Bemühens – von klein auf steht Madeleine im Hintergrund. Sie und ihre Bedürfnisse werden zwar durchaus ernst genommen, doch kommen sie meist nur an zweiter Stelle. Nicht einmal an ihrem Geburtstag steht sie im Mittelpunkt. Schließlich ist der 20. Oktober auch der Ehrentag ihrer Mutter Grete. »Der Hintergrund« – hier wird sie sich ihr ganzes Leben lang am wohlsten fühlen. Nur nicht auffallen, nur nicht allzu viel Beachtung finden. Selbst auf den meisten Fotos, die von ihr im Umlauf sind, steht sie meist in zweiter Reihe: eine wunderschöne, ernsthafte, junge Frau.

Kurz vor Madeleines neuntem Geburtstag heiratet ihre Halbschwester Louise den Geschäftsmann Johannes Dedi, den alle nur Hans rufen. Wie die 27-jährige Louise stammt auch der 33-jährige Hans aus bester Familie. Er ist der Sohn eines Textilfabrikanten, sein Vater ist Vorstand und Hauptaktionär der Hüssy & Künzli AG. Er selbst hat das Elite-Internat Salem besucht, das einen reformpädagogischen Ansatz hat. Dedi verlässt die Schule, die von dem Juden Kurt Hahn mitgegründet wurde, bevor die SS – Hitlers Schutzstaffel – die Leitung übernimmt. Nach seinem Abschluss in Salem besucht Dedi die Höhere Handelsschule in Neuchâtel in der Schweiz. Während des Krieges ist er als militärischer Fluglehrer tätig. Dedi lebt im Badischen, fühlt sich wohl dort. Bei der Weberei und Spinnerei Offenburg ist er Vorstandsmitglied. Doch Gustav und Grete Schickedanz wollen, dass er für sie, für Quelle tätig wird. Schließlich folgt er ihrem Drängen. Sechs Jahre nach der Hochzeit, 1958, tritt er als Prokurist bei Quelle ein, 1962 wird er Generalbevollmächtigter des Versandhauses. Er wird über all die Jahre die größte Stütze seiner Schwiegereltern im Unternehmen und einer ihrer engsten Freunde.

Nach der Hochzeit ist das Haus leerer. Madeleine heiratet – fast auf den Tag genau – 13 Jahre später. Noch am Tage ihrer Vermählung sieht sich Gustav Schickedanz in seinem großen Haus um und stellt fest: »Jetzt wird es hier still werden.«

Madeleine wächst in einem Haushalt auf, der ihr viel Bildung bietet. So verwundert es nicht, dass sie zu einer sehr gebildeten Frau wird. Sie spricht fließend Englisch und Französisch. Und sie liebt klassische Musik, vor allem die von Wagner.

Gustav und Grete Schickedanz sind vielseitig interessierte Menschen. Grete musiziert gern. Sie hat eine kleine Sammlung an Porzellan- und Emailledosen aus dem 17., 18. und 19. Jahrhundert. Vor allem erfreuen ihr Herz besonders schöne Perlen, immer sucht sie – besonders auf ihren späteren Reisen nach Asien – nach den schönsten Exemplaren. Ohne Perlen sieht man sie so gut wie nie. Einmal geht ihr bei einem gesellschaftlichen Ereignis ein Armband verloren, der Verschluss muss sich gelockert haben. Es tauchte nie wieder auf. Der Wert: 200.000 D-Mark.

DIE KUNSTSINNIGEN

Auch Gustav sammelt: Kunst, vor allem jene des bayrischen Barockmalers Karl Spitzweg und der alten holländischen Maler. Er sammelt auch Inkunabeln, alte Schriften, die noch bis Ende des 16. Jahrhunderts mit beweglichen Lettern angefertigt wurden. Vor allem aber gilt seine Liebe den großen Literaten: dem großen französischen Lyriker Charles-Pierre Baudelaire, Hermann Hesse, Johann Wolfgang von Goethe und Theodor Fontane, dem wohl bedeutendsten deutschen Vertreter des poetischen Realismus. Und er verehrt die Gedichte von Rainer Maria Rilke. In seinem Gedicht »Der Panther« findet Gustav Trost, als er nach dem Ende des Zweiten Weltkrieges vor dem Nichts steht.

»Er hat sie sehr bewusst gelesen«, erzählt Madeleine später im Interview über die Liebe ihres Vaters zu den Büchern. »Ich kann mich noch gut erinnern, wie er mir einmal das Gedicht von Rilke über das Blau der Hortensie vorgelesen hat. Und mir immer wieder gesagt hat, wie schön Rilke das verwaschene Blau beschrieben hat. Und er hat mich gefragt, ob ich es vor mir sehe.«

Blaue Hortensie

So wie das letzte Grün in Farbentiegeln
sind diese Blätter, trocken, stumpf und rau,
hinter den Blütendolden, die ein Blau
nicht auf sich tragen, nur von ferne spiegeln.

Sie spiegeln es verweint und ungenau,
als wollten sie es wiederum verlieren,
und wie in alten blauen Briefpapieren
ist Gelb in ihnen, Violett und Grau;

Verwaschenes wie an einer Kinderschürze,
Nichtmehrgetragenes, dem nichts mehr geschieht:
wie fühlt man eines kleinen Lebens Kürze.

Doch plötzlich scheint das Blau sich zu verneuen
in einer von den Dolden, und man sieht
ein rührend Blaues sich vor Grünem freuen.

Rainer Maria Rilke, Juli 1906, Paris

Den gleichen Stellenwert wie Bildung und Kunst werden auch der Natur und körperlicher Ertüchtigung eingeräumt. Die schönsten Zeiten sind für Madeleine die Schulferien, in denen die Familie regelmäßig etwas zusammen unternimmt. »Wir waren beim Skilaufen in der Schweiz und in Österreich. Nach meiner Schulzeit waren wir sogar einmal in Afrika. Ich habe wirklich mit meinen Eltern sehr viel erleben dürfen«, erzählt sie der Zeitschrift »Bunte« im Interview über ihre schönsten Tage.

Später legt sich die Familie ein Ferienhaus am Tegernsee zu – eines von vielen. Hier lassen sich in jenen Tagen viele Industrielle und Politiker nieder. Das Tegernseer Domizil der Familie Schickedanz ist ein umgebauter Pferdestall. Manchmal riecht es hier auch noch so. Der Hausherr mag den rustikalen Charme. Die Familie geht zum Wandern in die nahen Berge oder schippert mit ihrem Boot auf dem Tegernsee herum.

Ludwig Erhard besitzt in dem Idyll mit Blick auf die nahen Alpen ebenfalls einen kleinen Bungalow. Die Schickedanz' sind mit den Erhards gut bekannt, man besucht sich, man feiert zusammen.

Ein Foto zeigt Madeleine, wie sie später zwischen ihrem frisch angetrauten Ehemann Hans-Georg Mangold und Ludwig Erhard sitzt. Sie hat beide untergehakt – zum Schunkeln.

Zwar kennt man den einen oder anderen Prominenten – doch zu den Schönen und Reichen der jungen Bundesrepublik dazuzugehören, ist der Familie Schickedanz nicht wichtig. Nicht einmal im kleinen Rahmen. In Franken, das an gesellschaftlichem Leben für Wohlhabende nicht gerade reich ist, finden sich in den 60er-Jahren im Nürnberger »Carlton-Hotel« lokale Größen zu einer Art Stammtischrunde ein, wie der »Spiegel« zu berichten weiß: »Der Konsul Willy Braun (Kameras), der Konsul Max Grundig und der Konsul Hanns Porst (Photo-Porst).« Nicht dabei: Gustav Schickedanz. »So ein Abend mit Herrenwitzen«, bedenkt der ebenfalls fränkische Konsul Schickedanz, der da nicht mitmacht, »das ist doch nicht mehr so das Richtige.«

EIN LIEBES KIND

Madeleine selbst bleibt das liebe Kind, das sie schon als kleines Mädchen gewesen ist. Sie rebelliert nicht, bricht auch lange nicht aus »dem Dunstkreis der Familie« aus, wie es Böhmer nennt. Trotz ihrer Absenz hat Grete Schickedanz aber ein wachsames Auge auf alles. Eine Anekdote aus dem Unternehmen lässt erahnen, wie Grete – die als ausgesprochen authentisch galt – auch im Privaten agierte. Ein junger Einkäufer namens Arthur Ebersbach wollte 1959 zu einer Heimtextilmesse nach Frankfurt fahren. Dazu brauchte er jedoch die Genehmigung der Einkaufschefin. Schickedanz-Biograf Böhmer schildert den anschließenden Wortwechsel so: »Grete Schickedanz: ‚Was, zu einer Messe?'

Dann ruft sie ins Nachbarzimmer: ‚Gustav, hier ist der Ebersbach, stell dir vor, der will zu einer Messe nach Frankfurt. So was haben wir nie gemacht, die Lieferanten kommen doch zu uns.' Gustav Schickedanz lässt sich den Fall von dem Einkäufer schildern und sagt: ›Grete, lass ihn fahren.‹ Darauf Grete: ›Dann fahre ich aber auch mit.‹«

Auch zu Hause: Keine neue Bluse, keine neue Strickjacke an Madeleine bleiben ihrem kritischen Auge als Mutter, aber auch als Quelle-Prinzipalin verborgen. Sofort fragt sie: »Wo hast du das her?« Selbst die Haushälterin bleibt nicht von ihren mütterlichen Ambitionen verschont. Ihr gibt sie den Quelle-Katalog und sagt dazu – mehr Aufforderung als Frage: »Schauen S' hin, ob S' was finden.«

Doch die Familie trägt mitnichten Kleidung aus dem Quelle-Katalog, daraus macht Grete Schickedanz nie einen Hehl. Wenn, dann trägt sie höchstens die Strümpfe oder die Wäsche, die sie auch für die Katalogkunden ordert. Gern lässt die Familie bei dem Münchner Edelschneider Max Dietl anfertigen, wo ein Maßanzug für den Herrn 1000 D-Mark kosten kann. Heute ist Max Dietl in München nach eigenen Angaben Deutschlands größte Maßschneiderei. Drei Zuschneider und 30 Schneider fertigen im eigenen Haus nach Maß – 60 Stunden Handarbeit pro Anzug.

Immer wieder, wenn die Sprache auf Madeleines Kindheit und Jugend kommt, erwähnen die Menschen, die sie kennen, das »goldene Umfeld«, aber auch den »goldenen Käfig«. Ein Insider sagt: »Sie hat es selbst auch des Öfteren durchklingen lassen.« Er sagt aber auch: »Grete war schon ein Mensch, der immer gewusst hat, wie das Leben geht – auch das Leben der anderen inklusive ihrer Tochter.«

DIE MÄNNER

Mit ihrer vornehm-eleganten Zurückhaltung gilt Madeleine Schickedanz als Prinzessin von Fürth. Aufgewachsen hinter efeuumrankten (Schloss-)Mauern eines riesigen Anwesens mangelt es ihr an nichts – außer der nahen Außenwelt, von der sie während ihrer Kindheit weitgehend abgeschirmt ist. Welchen erhabenen Status die Familie Schickedanz in ihrer Heimat einnimmt, wird bei Madeleines Hochzeit deutlich.

Am 4. September 1965 heiratet sie – gerade einmal 22 Jahre alt – den fränkischen Unternehmersohn Hans-Georg Mangold. »Tausende von Zaungästen« versuchen, einen Blick auf die Hochzeitsgesellschaft zu werfen, vor allem aber auf die Braut. In einem selbst entworfenen weißen Kleid aus französischen Spitzen, das mit Perlen bestickt ist, im Haar ein Brillantendiadem, schreitet sie zum Altar. Den fünf Meter langen Tüllschleier tragen zwei kleine Buben. Die Fürther und die Nürnberger, die sich vor der Kirche versammelt haben, sind hingerissen.

Hans-Georg Mangold ist ein Nachbarssohn, der aus einer ebenfalls angesehenen Fürther Unternehmerfamilie stammt, die Spielwaren herstellt. Die Familien verkehren miteinander. Madeleine und Hans-Georg lernen sich fünf Jahre vor der Hochzeit bei der Tanzstunde kennen. Zum Zeitpunkt der Hochzeit studiert der Bräutigam noch. Erst ein halbes Jahr später legt er an der Nürnberger Universität sein Examen zum Betriebswissenschaftler ab.

Madeleine Schickedanz und der ein Jahr ältere Hans-Georg Mangold heiraten in der Fürther Kirche St. Paul, der Haus- und

Hofkirche der Familie Schickedanz. Die Kirche wurde 1900 erbaut, im damals üblichen historischen Stil, der sich an gotischen Vorbildern orientierte. Geheiratet wird evangelisch – wie es sich in Franken, der protestantischen Enklave mitten im katholischen Bayern, gehört.

In der St.-Pauls-Kirche wurde schon Grete Schickedanz, damals noch Grete Lachner, konfirmiert. Auch Madeleines Eltern schlossen hier am 8. Juni 1942 den Bund der Ehe. Doch Gustav, für den es nach dem Unfalltod seiner ersten Frau die zweite Ehe war, gab seiner Grete in jenen Kriegstagen auf fränkisch-schnörkellose Weise das Jawort. Statt eines weißen Kleides trug die Braut ein elegantes, aber züchtig geschlossenes, dunkles Kleid. Als Schmuck nur eine zarte Kette, die Haare aber aufwendig und kunstvoll nach oben gesteckt.

Madeleines Hochzeit ist das genaue Gegenteil. Ihre Eheschließung erregt nicht nur Aufsehen – sie ist eine Attraktion für die Fürther und Nürnberger. »Eine Hochzeit, wie sie viele sich erträumten«, titeln die regionalen Zeitungen am nächsten Tag. Allein die Fotos sprechen Bände. Madeleine, die junge Braut, in einem üppigen Traum aus Spitze und Tüll, den Strauß aus weißen und lila Orchideen im Arm. So sitzt sie vor dem Traualtar neben ihrem künftigen Ehemann. Die Kirche ist üppig mit gelben Chrysanthemen geschmückt, die als die Lieblingsblumen der Braut gelten.

Neben dem Paar, an der Seite der kleinen Kirche, sind die Eltern aufgereiht: Hans Mangold senior, daneben Grete Schickedanz im hellen Kostüm mit Halbarm, behandschuht und mit Hut, an ihrer Seite dann Gustav Schickedanz, der die Mutter des Bräutigams, Katharina Mangold, genannt Käthe, flankiert. Die Herren tragen zum schwarzen Cutaway – dem englischen

Gehrock – eine graue Hose, eine Weste und einen hellen Binder, ein Einstecktuch und eine einzelne Nelke am Revers. Nur der gut aussehende Bräutigam, der die Hände schüchtern gefaltet in den Schoss legt, trägt statt der einzelnen Blume ein kleines Gebinde am Aufschlag. »Ich hebe meine Augen auf«, singt der Windsbacher Knabenchor. Dann spielt das Kammerorchester den zweiten Satz aus dem Konzert für Violinen, Streicher und Continuo in d-Moll von Johann Sebastian Bach. Andächtig lauscht das Brautpaar den Worten des Pfarrers. Den Kopf hält Madeleine leicht gesenkt. Sie wirkt wie ein scheues Reh – ein Ausdruck, der in späteren Jahren im Zusammenhang mit ihr immer wieder fallen wird. Und nicht nur deshalb erinnert sie an die junge Lady Diana Spencer, die im zarten Alter von 20 Jahren ebenfalls eine Märchenhochzeit mit dem britischen Thronfolger Prinz Charles feierte – ein Ereignis, das Millionen Menschen vor dem Fernseher in aller Welt verfolgten.

FUNKELNDER SCHMUCK, KOSTBARE KLEIDER

Auch die Hochzeit der beiden Unternehmerkinder verfolgt eine große Zahl von Zuschauern – wenn nicht im Fernsehen, so doch »live«. Eine Dreiviertelstunde dauert das Zeremoniell. So hat es das Protokoll zuvor festgelegt. Die Menschen drängen sich derweil auf dem kleinen Platz vor der St.-Pauls-Kirche, um noch einmal einen Blick auf die schöne Braut, den jungen Bräutigam und die illustre Hochzeitsgesellschaft zu werfen.

Die Schaulustigen werden nicht enttäuscht. Sie dürfen »funkelnden Schmuck und kostbare Kleider bewundern«, heißt es am nächsten Tag in den »Fürther Nachrichten.«

Durch das Spalier von jungen Blumenträgern schreitet eine überaus elegante Hochzeitsgesellschaft, von der sich die meisten Damen nicht für große, mondäne Hüte entschieden haben, sondern für die in den 60er-Jahren üblichen Kappen, ähnlich der Pillbox-Hüte, die Jackie Kennedy zu tragen pflegte. Eine Kolonne von 14 Wagen, angeführt von drei Mercedes 600 – dem damals von Gustav Schickedanz bevorzugten Automodell – wartet auf die Gesellschaft. Selbst dem Sohn des Chauffeurs lässt der stolze Brautvater für dieses Ereignis vom gleichen Schneider Maßanzüge anfertigen wie den eigenen Enkelkindern – den Kindern seiner älteren Tochter Louise. Gustav Schickedanz hat sich auch bei der Hochzeit seiner jüngsten Tochter nicht lumpen lassen. Tochter Louise aus erster Ehe hatte 13 Jahre zuvor – fast auf den Tag genau – ebenfalls in der St.-Pauls-Kirche den Unternehmersohn Hans Dedi aus dem badischen Murg geheiratet. Seiner Familie gehört die Textilfabrik Hüssy & Künzli.

Unter Polizeigeleit bricht die Hochzeitsgesellschaft zu dem keine zehn Minuten entfernten Dambacher Anwesen der Familie Schickedanz auf. Dort, auf dem 70.000 Quadratmeter großen Grundstück, findet ein Empfang statt, der der Vermählung der einzigen gemeinsamen Tochter von Gustav und Grete Schickedanz den würdigen Rahmen gibt. Das junge Paar nimmt Glückwunsche und Geschenke entgegen, etwa eine Kassette mit Hochzeitsmotiven der Fürther Geschichte, die der Oberbürgermeister der Stadt persönlich überreicht. Gefeiert wird am Abend im Nürnberger »Grandhotel.«

Auch die Familie von Bräutigam Hans-Georg Mangold ist alles andere als unvermögend. Sie machte Blech zu Gold – oder machte vielmehr mit Blechspielzeug ihr Geld. Urgroßvater Georg Adam Mangold hatte in Fürth 1881 die Firma GAMA – deren Name sich aus seinen Initialen zusammensetzt – gegründet. Sie produziert vorwiegend mechanische Tier- und Menschenfiguren aus dem dünnen Metall. 1950 stieg das Unternehmen in die Herstellung von Blechautos ein, vielfach bereits mit Motoren ausgestattet. Die maßstabsgetreuen Autos 1 : 24 oder auch 1 : 43 haben eine treue Fangemeinde unter Sammlern – ob der Mercedes Benz W123 T, ein VW Passat oder der Geländewagen Mercedes Benz G.

Die fränkische Region – vor allem Fürth und Nürnberg – ist in der ersten Hälfte des 20. Jahrhunderts tonangebend bei der Produktion von Spielzeug aus Weißblech. Neben GAMA erlangt vor allem auch dessen größter Konkurrent SCHUCO Bedeutung, ebenfalls ein Hersteller von Blechautos. Bekannter werden aber noch die zahlreichen Hersteller von Modelleisenbahnen. Als mit dem »Adler« zwischen Nürnberg und Fürth 1835 die erste richtige Eisenbahn Deutschlands verkehrt, finden hier zahlreiche Unternehmen mit dem modellgetreuen Nachbau von Zügen ein Ein- und damit Auskommen: Arnold, TRIX, Märklin, Fleischmann, LGB.

Nicht von ungefähr etabliert sich die größte Spielwarenmesse der Welt, die sich heute selbstbewusst »Spielwarenmesse International Toy Fair« nennt, in Nürnberg. Zu den Gründervätern der Spielwarenmesse gehört auch Hans-Georgs Großvater: Hans Mangold. Nach der Teilung Deutschlands verliert der bis dato für die Spielwarenbranche wichtigste Messestandort – nämlich die Stadt Leipzig – an Bedeutung. So ruft Hans Mangold gemeinsam mit Branchenkollegen, darunter dem Märklin-Inhaber Carl Ehmann, die Nürnberger Spielwarenmesse ins Leben, die zum ersten Mal 1950 ihre Tore öffnet. Bis heute zieht die Messe jedes Jahr im Februar Tausende von Spielzeugherstellern und -händlern aus der ganzen Welt an, vor allem aus Asien.

Die Japaner sind es schließlich auch, die Deutschland und damit besonders Franken in der zweiten Hälfte des 20. Jahrhunderts den Anspruch, der größte Hersteller von Blechspielzeug zu sein, streitig machen. Das Unternehmen der Familie Mangold erlebt – ähnlich wie Quelle, wenn auch in deutlich kleinerem Stil – eine wechselvolle Geschichte. So kauft GAMA 1971 den Modelleisenbahn-Produzenten TRIX auf oder vielmehr die verbliebenen Teile des Unternehmens, das schon 1935 die erste Wechselstrom-Modelleisenbahn auf den Markt bringt. Dafür stocken Hans-Georgs Großvater, seine Frau und zwei Schwestern ihre Einlagen um zwei Millionen D-Mark auf.

Weitergeführt wird die Firma als TRIX-Mangold GmbH & Co. KG. Nur neun Jahre später wird auch der ehemals größte Konkurrent SCHUCO übernommen, vor allem, um die steigende Nachfrage von Sammlern zu befriedigen. Die von GAMA wiederaufgelegten Modellautos der Marke Silberpfeil bleiben jahrelang ein Renner. Erst 1993 vereinigt die Familie Mangold die beiden Unternehmensteile GAMA und TRIX-Mangold zu TRIX-SCHUCO.

Doch auch die einst so erfolgreichen deutschen Modellbahnbauer haben in den 90er-Jahren, ähnlich wie der Versandhandel, ihren Zenit überschritten. Die Branche, viele Jahre eines der Herzstücke der Spielwarenindustrie, fährt zunehmend aufs Abstellgleis. Keines der einstigen Traditionsunternehmen ist heute noch in Familienbesitz.

DIE SPIELZEUG-DYNASTIE

TRIX wird jedoch von der Familie Mangold 1997 wieder ausrangiert, die Mangolds verkaufen die Firma an den Konkurrenten Märklin. Dieser gerät schließlich selbst in wirtschaftliche Schwierigkeiten und wird 2006 von dem britischen Finanzinvestor Kingsbridge Capital übernommen. Über italienische Umwege fällt die Firma Arnold 2004 ebenfalls in britische Hände und gehört heute zum Hornby-Konzern. Die Firma Fleischmann muss 2008 Insolvenz anmelden und wird von dem österreichischen Mitbewerber Roco, der bereits im Jahr 2005 durch das Tal der Tränen fahren muss, aufgekauft. Und auch die sonst so wetterfeste LGB – die Lehmann-Groß-Bahn, auch Lehmann-Garten-Bahn genannt – wird von einer Pleite aus der Bahn geworfen. Die Restbestände gehören heute ebenfalls zu Märklin und damit zu Kingsbridge.

Doch nicht alle der einst so erfolgreichen Herstellerfirmen von Blechspielzeug sind mittlerweile im Besitz ausländischer Unternehmen. Einiges bleibt auch in der fränkischen »Großfamilie«. So verkauft die Familie Mangold die Marke SCHUCO 1999 schließlich an die in Fürth ansässige Familie Sieber, die sie unter das Dach ihrer Simba Dickie Group stellt. 2004 kauft Simba Dickie ein weiteres Fürther Traditionsunternehmen nach dem Tod seines Gründers Ernst Bettag: BIG, bekannter wohl unter dem Namen seines erfolgreichsten Produktes – des Verkaufsschlagers Bobby Car. Seit dessen Markteinführung 1972 wurden mehr als 16 Millionen der roten Flitzer für Kinder hergestellt und er darf auch heute noch in (fast) keinem Kinderzimmer fehlen. Madeleines Schulkamerad Günter Beckstein bewies Humor, als er sich auf der Spielwarenmesse – damals noch bayerischer Innenminister – auf einer grünen Version des Spielzeugs, Modell »Polizeiauto«, ablichten ließ.

Für Hans-Georg Mangold gäbe es im eigenen Familienunternehmen also genug zu tun. Dennoch verdingt er sich nach dem Abschluss seines Studiums und der angeschlossenen Promotion im Konzern seiner Schwiegereltern. Er gilt als ausgesprochen tüchtig und ehrgeizig. Ähnlich wie die Quelle-Gründer Gustav und Grete Schickedanz soll auch Hans-Georg Mangold jeden Tag ein stattliches Arbeitspensum absolviert haben. »14 bis 16 Stunden waren wohl keine Seltenheit – sehr zum Leidwesen seiner jungen Frau«, erinnert sich ein Zeitzeuge. Wie die meisten möchte auch er nur hinter vorgehaltener Hand über die Familie Schickedanz sprechen. Nebenbei promoviert Hans-Georg Mangold noch an der Universität Erlangen-Nürnberg im Fach Betriebswirtschaftslehre. Sein Thema ist »Die Absatzpolitik der Warenhäuser.«

Doch wohl nicht nur wegen seines Eifers steigt Hans-Georg flott in die Geschäftsleitung des Versandhandelunternehmens auf. Er wird Generalbevollmächtigter und Stellvertreter seiner Schwiegermutter Grete im Quelle-Ressort Ein- und Verkauf, »Merchandising« genannt. Madeleine, die nunmehr den Namen Mangold trägt, bricht indes ihr Betriebswirtschaftsstudium, das sie an der Münchner Universität aufgenommen hat, nach wenigen Semestern ab.

Ein gutes Jahr – 1966 – nach der Hochzeit mit Hans-Georg kommt das erste Kind zur Welt: Ein Junge namens Hans-Peter. Knapp drei Jahre später wird Tochter Daniela geboren.

Im Jahr der Heirat von Madeleine und Hans-Georg, 1965, macht ein Lied Drafi Deutscher unsterblich: »Marmor, Stein und Eisen bricht«. Die Liebe des jungen Paares bricht auch. Das Familienglück ist nicht von allzu langer Dauer. Bereits Ende 1972 kommt es zur ernsthaften Krise. Das hat auch für die Quelle

Konsequenzen. »Am 23. Februar 1973 lesen aufmerksame Leser der ›Süddeutschen Zeitung‹ eine kleine Meldung«, greift Christian Böhmer das Thema in der Biografie über Grete Schickedanz auf. ›Hans-Georg Mangold, stellvertretendes Mitglied der Geschäftsleitung und des Beirates der Großversandhaus Quelle Gustav Schickedanz KG, scheidet zum 31. März aus‹, ist dort zu lesen.«

EIN SOHN GEHT VERLOREN

Für die Familie gilt dies als ein herber Schlag – nicht nur in familiärer, sondern auch in unternehmerischer Hinsicht. Dem Konzern geht damit ein potenzieller Nachfolger verloren. Doch dem Unternehmen bleibt Hans Dedi, der Ehemann von Gustavs Tochter Louise aus erster Ehe.

Nicht nur Mutter Grete, die die Familie zusammenhält und wohl auch nach außen hin ein positives Bild des Clans wahren möchte, schmerzt dieser Verlust. »Ich habe einen Sohn verloren«, soll Gustav Schickedanz seiner Trauer über die Trennung lautstark und öffentlich Luft gemacht haben. »Gustav hing sehr an Hans-Georg. Er liebte seine Töchter über alles«, weiß der Insider zu berichten. »Doch er hätte wohl gerne auch wieder einen Sohn gehabt.«

Am schlimmsten aber muss die Trennung für Madeleine gewesen sein. Schmerz, Trauer und das Gefühl des Scheiterns – auch im Vergleich zu den Eltern, die nicht nur als Unternehmerpaar als ein Vorbild gelten, das seinesgleichen sucht. Der Vater liebt und verehrt die Mutter. Er vergisst keinen Jahrestag. Und wenn

Grete Schickedanz für die Quelle auf Einkaufstour um die Welt reist, telefonieren beide täglich und schicken sich – damals noch – Telexschreiben. Bleiben diese wegen der Zeitverschiebung aus oder gibt es Probleme mit der Technik, »wurde Gustav Schickedanz nervös«, schildert eine Vertraute. Dann habe er seine Arbeit ständig unterbrochen, um nachzufragen, ob inzwischen ein Lebenszeichen von Grete eingegangen sei. Trotz seines vollen Terminkalenders als Firmenchef nimmt sich Gustav Schickedanz auch fast immer die Zeit, seine Frau vom Flughafen abzuholen – selten ohne Blumen.

Grete Schickedanz ist ihrem Mann eine wirkliche Kameradin, dank ihr steht er nicht – wie so viele erfolgreiche Männer – einsam an der Spitze eines Unternehmens. Und sie begegnet »dem Temperament ihres Mannes, das gelegentlich heftig ausschlug, mit einer bewundernswerten Haltung«, wie ehemalige Weggefährten zu berichten wissen. »Sie haben sich unwahrscheinlich ergänzt«, sagt Madeleine einmal über ihre Eltern. »Es stimmt schon – mein Vater und meine Mutter, das war eine Symbiose, wie man sie sehr selten findet.«

Als die Ehe von Madeleine und Hans-Georg Mangold 1973 geschieden wird, gilt noch ein Scheidungsrecht, das nach dem Verschuldungsprinzip fragt. Dieses Prinzip basiert auf dem Ehegesetz, kurz EheG, das 1938 von den Nationalsozialisten eingeführt wurde. Diesem Gesetz zufolge kann eine Ehe nicht nur wegen Zerrüttung, sondern auch wegen eines Verschuldens geschieden werden. Als Eheverfehlungen gelten in erster Linie »Ehebruch« und »Verweigerung der Fortpflanzung«. Weniger prekär sind sogenannte »verschuldensunabhängige Scheidungsgründe« wie »Unfruchtbarkeit«, »ekelerregende Krankheiten« oder »Eheverfehlungen infolge von Geistesstörung«. Als zerrüttet wird eine Ehe anerkannt, wenn die

Partner mindestens drei Jahre getrennt lebten und keine Aussicht auf Wiederherstellung einer ehelichen Gemeinschaft bestand.

Nach dem Ende des Zweiten Weltkrieges erfährt das Gesetz lediglich eine kleine Modifizierung durch die Alliierten. »Nationalsozialistisches Gedankengut« wird gestrichen, ebenso die Scheidungsgründe »Fortpflanzungsverweigerung« und »Unfruchtbarkeit«. Erst seit einer Reform des Familienrechts im Jahre 1977 ist das Scheidungsrecht – wie schon vor 1938 – wieder Teil des Bürgerlichen Gesetzbuches (BGB). Seitdem gilt das sogenannte Zerrüttungsprinzip, wonach eine Ehe – mehr oder weniger einfach – geschieden werden kann, wenn sie gescheitert ist. Dies ist dann der Fall, wenn die Gatten nicht mehr in ehelicher Lebensgemeinschaft zu leben gedenken. Der Fingerzeig auf einen der beiden Ehepartner, der infolgedessen die Schuld für das Scheitern der Beziehung auf sich zu laden hat, ist nicht mehr notwendig. Wer glaubt, dass diese Gesetzesregelung reichlich spät erfolgte, dem sei ein Blick zu den Schweizern Nachbarn empfohlen. Hier war per Gesetz etwa im Kanton Zürich bis 1972, im Kanton Wallis sogar bis 1995 das Zusammenleben ohne Trauschein, die wilde Ehe also, per Dekret untersagt. Festgeschrieben ist das Ganze unter dem schönen Begriff »Konkubinatsverbot«. Zur Ehrenrettung der Eidgenossen sei jedoch zu sagen, dass dort das Wort Konkubine – welches es noch immer sehr wertkonservativ nur in weiblicher Ausfertigung gibt – von anderer Bedeutung ist als hierzulande.

Die Gründe, die letztlich zum Scheitern der Ehe von Madeleine und Hans-Georg Mangold führen, sind nicht öffentlich bekannt. »Wir waren einfach noch zu jung«, sagt Madeleine Schickedanz später einmal. Bei der Scheidung bekommt Hans-Georg Mangold das gemeinsame Sorgerecht für die beiden Kinder zugesprochen, für die damals dreijährige Daniela und den sechs Jahre alten Hans-Peter.

Deren gerade einmal 31-jähriger Vater hätte wohl auch, wie Biograf Böhmer zu berichten weiß, weiterhin ein Fort- und damit gutes Auskommen im Schickedanz'schen Imperium haben können – wenn er bereit gewesen wäre, auf das Sorgerecht zu verzichten. Eine Offerte, die Schwager Hans Dedi ihm unterbreitet haben soll. »Das ist zumindest die Version, wie sie in der Wochenzeitung ‚Die Zeit' damals zu lesen ist. Vertraute der Familie halten diese Spekulation nachträglich jedoch für wenig wahrscheinlich«, schrieb Böhmer. So verlässt Hans-Georg Mangold das Unternehmen und behält das Sorgerecht. Eine besonders für die damalige Zeit sehr außergewöhnliche Entscheidung.

Für Madeleine Schickedanz dürfte dies nicht einfach gewesen sein – auch wenn sie die Kinder wohl oft sehen konnte. »Sie waren gern bei ihr«, erinnert sich ein Bekannter, »und sie waren auch häufig bei den Großeltern in Fürth zu Gast.«

»Hans-Georg Mangold, 31, ehemals Generalbevollmächtigter des Großversandhauses Quelle in Fürth, ist nach seiner Scheidung von Madeleine Schickedanz, der jüngsten Tochter des Quelle-Chefs Gustav Schickedanz, zur Konkurrenz abgewandert«, berichtet die »Zeit« 1973. Ironie der Geschichte, dass Mangold von der Quelle zu einem Unternehmen wechselt, mit dem das Versandhaus später fusioniert und mit dem es gemeinsam scheitert. Mangold übernimmt die Leitung des fünftgrößten Karstadt-Hauses, der Filiale Dortmund.

Später, ab 1979, arbeitet Hans-Georg Mangold dann doch für einige Jahre im familieneigenen Spielzeugbetrieb, bevor dieser – 1999 noch einmal umbenannt in Garenta GmbH & Co. KG. – im Jahr 2001 schließlich aufgelöst wird. Was bleibt, ist eine Firma namens Garenta Verwaltungs GmbH, die sich auf die

Verwaltung von Vermögen und Grundstücken fokussiert. Heute soll Hans-Georg Mangold in der Schweiz leben.

DER SCHÖNE MANN

Noch im Jahr der offiziell bekannt gegebenen Trennung von Hans-Georg Mangold heiratet Madeleine Schickedanz erneut: den elf Jahre älteren Wolfgang Bühler. Auch Bühler ist ein Unternehmersohn, groß, stattlich, mit ausgeprägt markanten Gesichtszügen, die volle, dunkle Haarpracht nach hinten zurückgekämmt und stets so braun gebrannt, dass kaum ein Schatten auf sein Gesicht fallen kann. »Der schöne Bühler« wird er in der Region auch gern genannt. Er gilt als überaus charmant, als einer, der zu leben versteht. Er ist ein passionierter Jäger – ein Hobby, das Madeleine nicht teilt. Aber es ist ohnehin eine Männerwelt. Einmal begleitet Madeleine ihren Mann auf eine der Jagdgesellschaften. »Sie hat sich sichtlich gelangweilt«, sagt einer, der dabei war.

Dieses Mal fällt die Hochzeit ein paar Nummern kleiner aus. Sowohl für Madeleine wie für Wolfgang Bühler ist es das zweite Mal. Die beiden heiraten schon im Juni 1973 »im engsten Kreis« in einer Kirche im fränkischen Creglingen, einer Nachbargemeinde der bekannten Kleinstadt Rothenburg ob der Tauber, die wegen ihres mittelalterlichen Charmes und dank des Weihnachtsladens von Käthe Wohlfahrt jedes Jahr Anziehungspunkt für Tausende Touristen aus aller Welt ist.

Creglingen hingegen ist vor allem bekannt für seine Herrgottskirche, in der Tilman Riemenschneider den berühmten Marienaltar gestaltete. Riemenschneider war einer der bedeutendsten Bildschnitzer und Bildhauer am Übergang von der Spätgotik zur Renaissance um 1500. Madeleine ist auch dieses Mal wieder eine wunderschöne Braut. In einem hochgeschlossenen, schlichten, aber eleganten weißen Kleid, die Haare blond und dieses Mal offen, tritt sie mit ihrem nicht minder attraktiven Ehemann vor den Traualtar. Im Angesicht von Kunst und Schönheit geben sich die beiden das Jawort.

Aus Madeleine Mangold, vormals Schickedanz, wird Madeleine Bühler. Als solche feiert sie anschließend im berühmten Hotel »Eisenhut« im benachbarten Rothenburg ob der Tauber die Vermählung mit ihrer Familie und der Familie ihres neuen Mannes.

Madeleine und Wolfgang Bühler eint vieles. Bühler gilt als glänzender Tennisspieler, er geht sowohl dem Winter- wie auch dem Wassersport nach. Dank Madeleines bewegungsfreudigen Eltern ist auch sie vielen Sportarten zugetan. Sie ist ebenfalls begeisterte Skifahrerin. Vater Gustav steht bis ins hohe Alter oft und gern auf dem eigenen Tennisplatz und will selbst dann noch nicht den Tennisschläger aus der Hand legen, wenn seinem Gegenüber bereits die Erschöpfung ins Gesicht geschrieben steht. Madeleines Eltern lieben lange Wanderungen, nicht nur in der nahe gelegenen fränkischen Schweiz, sondern auch in den Alpen. Sie besitzen das bereits erwähnte Domizil am schönen Tegernsee, dort soll sich auch die Familie Bühler niedergelassen haben. Und noch eine Vorliebe teilt der frischgebackene Ehemann mit seiner schönen Frau: jene für klassische Musik und Opern.

Madeleine und Wolfgang Bühler sind beide im Sternzeichen Waage geboren. Diesem sagt man nach, einen Sinn für die schönen Dinge des Lebens zu haben und sich deshalb gerne mit Kunst oder auch Luxusartikeln zu umgeben. Es ist ein Sternzeichen, dem Eleganz und Stil zu eigen sind, das ebenso charmant wie taktvoll sein soll, aber auch nur schwer zufriedenzustellen.

Als Wolfgang Bühler den Bund der Ehe mit der knapp 30-jährigen Madeleine eingeht, ist er in der deutschen, besonders aber in der fränkischen Wirtschaftswelt kein Unbekannter. Er tritt in die Fußstapfen seines Vaters und macht beim AEG-Konzern Karriere. AEG steht für »Allgemeine Elektricitäts-Gesellschaft«, in der Werbung gerne auch mit »Aus Erfahrung gut« übersetzt, in Krisenzeiten wird jedoch von den Mitarbeitern »Ans Elend gefesselt« bevorzugt.

Dort wird Wolfgang Bühler 1973 Mitglied des Vorstandes sowie Leiter des Nürnberger Hausgerätewerkes AEG. Sein Vater Hans Bühler ist von 1966 bis 1970 Vorstandschef. In seiner Ära fusioniert AEG 1967 mit Telefunken zu AEG-Telefunken mit Sitz in Frankfurt. Danach wechselt Hans Bühler im Alter von 67 Jahren in den Aufsichtsrat, wo er bis 1975 den Vorsitz innehat. Solch ein Wechsel gilt – auch heute noch – als umstrittene Scharade. Schließlich ist der Aufsichtsrat das Überwachungsgremium, das die Arbeit eines Vorstandes kontrollieren sollte.

Von der Aufsichtsratsspitze verdrängt wird Hans Bühler schließlich von Jürgen Ponto, seines Zeichens Vorstandsvorsitzender der Dresdner Bank. Wer den Namen Hans Ponto und das Gesicht dazu bis dahin noch nicht kennt, wird es zwei Jahre später mit Sicherheit tun. Der Anlass gehört zu den dunkelsten Stunden der damals noch jungen Bundesrepublik: Im Sommer 1977 wird Ponto in seinem eigenen Haus von Mitgliedern der Roten Armee Fraktion erschossen. Unter den Tätern befindet sich auch Susanne Albrecht, Tochter eines Studienkollegen Pontos und Schwester seines Patenkindes.

EIN NEUER POTENZIELLER NACHFOLGER

In der kurzen Zeit an der Aufsichtsratsspitze der AEG versucht Ponto, das angeschlagene Unternehmen wieder auf Kurs zu bringen – und zwar so schnell wie möglich. Wie wenig Vertrauen die Konsumenten und Investoren in die einstige Topmarke noch haben, zeigt der Aktienkurs. Er sinkt binnen weniger Wochen um mehr als die Hälfte auf unter 50 D-Mark.

Der Eintritt von Wolfgang Bühler in den AEG-Vorstand ist also begleitet von massiven wirtschaftlichen Schwierigkeiten des Konzerns. »Ins Schleudern geraten war der Elektrokonzern vor allem durch die ungezügelte Expansionspolitik seines früheren Generaldirektors und bislang noch amtierenden Aufsichtsratsvorsitzenden Hans Bühler«, schrieb der »Spiegel« seinerzeit. Die Situation zwingt das Unternehmen und damit auch Bühler junior ab 1970, Geschäftsfelder und Beteiligungen auszugliedern oder zu verkaufen.

Doch auch der Vorstand, damals 16 Mann stark, soll ordentlich dezimiert werden. Als eines der Opfer dieses Prozesses gilt Wolfgang Bühler. Schon im Jahr zuvor war gemunkelt worden, Bühler junior könne zum Unternehmen der Schwiegereltern umschwenken. Im März 1976, drei Jahre nach der Hochzeit mit der Quelle-Erbin, zieht der damals in Frankfurt tätige Manager mit fränkischen Wurzeln in die Chefetage des Fürther Großversandhauses ein.

»Die Familie wünscht seit Langem meinen Eintritt in das Quelle-Management«, wurde Bühler damals zu der beruflichen Veränderung zitiert. »Er interpretiert seine Veränderung als Erfüllung eines schon lange bestehenden Plans«, hieß es im »Spiegel« dazu. Und weiter: »Nach der Version von AEG-Insidern freilich wechselte der Bühler-Filius Hals über Kopf die Firma, weil er sich von Cipa nicht auf den bedeutungslosen Stuhl eines Vizechefs der geplanten Sparten-AG für Konsumgüter abschieben lassen wollte. Der Version Bühlers widerspricht auch das für einen geordneten Abgang ungewöhnliche Protokoll: Erst fünf Tage nach dem Ausscheiden des Schickedanz-Schwiegersohns meldete die AEG den Wechsel.« Der genannte Cipa ist Walter Cipa, Geologe, der 1975 erst stellvertretender, 1976 Vorstandsvorsitzender von AEG-Telefunken wurde und es bis 1980 blieb.

Trotz aller Bemühungen kann der einst so glorreiche AEG-Konzern, der in Spitzenzeiten weltweit knapp 180.000 Menschen beschäftigte, nie wieder an diese goldenen Zeiten anschließen. Nach einigem Auf und Ab muss das Unternehmen 1982 schließlich einen Vergleich anmelden. Danach werden die einzelnen Sparten sukzessive an ehemalige Konkurrenten veräußert.

In Nürnberg werden unter dem Namen AEG – erst unter dem Dach von Daimler-Chrysler, später unter dem des schwedischen Electrolux-Konzerns – weiter Haushaltsgeräte produziert: Waschmaschinen, Trockner, Geschirrspüler. Als die Schweden, die auch für Quelle die Eigenmarke Privileg produzieren, das Nürnberger Hausgerätewerk 2006 dichtmachen wollen, kommt es zu einem der längsten Streiks der deutschen Wirtschaftsgeschichte: Mehr als sechs Wochen lang fordern die 1750 Mitarbeiter bei Minusgraden vor den Toren des Unternehmens ihr Recht auf Arbeit ein. Sie können die Schließung nicht verhindern, erstreiken aber die höchste Abfindung, die bis dato in Deutschland gezahlt wurde. Im März 2007 schließlich läuft in Nürnberg die letzte AEG-Waschmaschine vom Band. Die Mitarbeiter eines großen Unternehmens auf der gegenüberliegenden Straßenseite schauen nur noch auf ein leeres Werk: Es sind die Mitarbeiter des Quelle-Versandhauses.

Und so wechselt auch Wolfgang Bühler 1976 mehr oder weniger nur die Straßenseite. In der Konzernholding übernimmt er zunächst die Oberaufsicht über die Vereinigten Papierwerke (Tempo) und die Brauerei-Beteiligung (Patrizier). Außerdem ist er zuständig für die langfristige Planung. Bei Quelle selbst steht er dem Ressort Versand und Vertriebskoordination vor.

Ein Jahr nach seinem Eintreten in den Versandhandel stirbt der Schwiegervater, Gustav Schickedanz. Nach dessen Tod übernimmt Wolfgang Bühler zahlreiche weitere Funktionen. Er wird neben Hans Dedi und Grete Schickedanz Vorsitzender des Fachbeirats Industrie und Mitglied im Konzern. In der Gustav und Grete Schickedanz Stiftung wird er der zweite stellvertretende Vorsitzende. Ende 1989, als sich Grete Schickedanz mit 78 Jahren doch dazu entschließen kann, im Unternehmen etwas kürzer zu treten, wird er Vorstandsvorsitzender der Gustav und Grete Schickedanz Holding KG und Vorsitzender des Stiftungsrats.

Auch im privaten Bereich wächst die Verantwortung. Wolfgang und Madeleine komplettieren ihre Familie. Wie seine Frau hat auch Wolfgang bereits aus erster Ehe zwei Kinder – zwei Söhne. In die Familie von Madeleine und Wolfgang Bühler werden 1975 Sohn Matthias und 1977 Tochter Caroline geboren. Auch dieses Mal scheint das Glück perfekt und unantastbar.

Dann trifft ein Schicksalsschlag die Familie: Bei der damals fünfjährigen Tochter Caroline wird 1982 Leukämie festgestellt. Caroline wird wieder gesund. Um die zwei Jahre später erleidet sie einen Rückfall – dabei sinken die Überlebenschancen eines Kindes ganz gewaltig. Doch Madeleine Schickedanz kämpft wie eine Löwin und ihre Tochter schafft es auch dieses Mal. Dieses einschneidende Erlebnis gibt schließlich den Ausschlag für die KinderKrebs-Stiftung, die Madeleine 1990 ins Leben ruft.

Ein derartiger Schicksalsschlag mag ein Paar für eine Weile zusammenschweißen – doch es ist kein Kitt, der dauerhaft halten muss. »Mit einem Mann kann man nur bedingt über Krankheiten reden, was natürlich zu Problemen in unserer Beziehung führte«, sagt Madeleine später in einem Interview der »Bunten«. 1996 trennen sich Madeleine und Wolfgang Bühler. Madeleine zieht aus dem gemeinsamen Haus in Zirndorf aus. Wolfgang Bühler wird in der »Bild am Sonntag« mit den Worten zitiert: »Wir haben uns auseinandergelebt.«

Beobachter sehen das Verhältnis schon lange vorher abgekühlt. »Sie wirkten zum Schluss wie zwei Fremdkörper«, sagt einer. Von »Eiszeit« ist die Rede. »Die Beziehung war doch schon längst kaputt«, sagt ein Insider, »aber die beiden mussten noch immer gemeinsam offizielle Termine wahrnehmen.« 1997 wird die Ehe geschieden – ein Jahr, bevor die beiden ihre silberne Hochzeit hätten feiern können.

Im gleichen Jahr legt Wolfgang Bühler auch alle seine Funktionen im Familienunternehmen Schickedanz nieder. Er scheidet aus dem Unternehmen aus – er muss es wohl. »Wenn jemand nach einer Scheidung in der Firma bleibt, ist das so, wie wenn er auch noch im Haus wohnen bleibt. Und Quelle war gewissermaßen das Haus von Madeleine«, sagt ein Bekannter rückblickend. Schwager Hans Dedi hat sich bereits Jahre zuvor in den verdienten Ruhestand verabschiedet. Und so wird Wolfgang Bühler das letzte Familienmitglied sein, das an der Spitze der Quelle steht.

DREI HOCHZEITEN – KEIN TODESFALL

Madeleine Schickedanz, die von ihren Eltern vorgelebt bekam, was ein Paar gemeinsam erreichen kann, lässt sich auch nach zwei Fehlschlägen nicht vom Wagnis Ehe abschrecken. Im Sommer 1997 steuert sie im Alter von 53 Jahren diesen Hafen zum dritten Mal an. Die Quelle-Erbin scheint keine Frau zu sein, die lange allein bleibt. Schon bei ihrer ersten Scheidung 1973 von Hans-Georg Mangold ehelichte sie noch im gleichen Jahr – nur wenige Monate später – ihren zweiten Mann, Wolfgang Bühler.

Auch dieses Mal wartet sie nicht lange: Wiederum im Jahr der Scheidung gibt sie – dieses Mal allerdings klammheimlich und gänzlich unter Ausschluss der Öffentlichkeit – am 9. Juli dem gleichaltrigen Leo Herl das Jawort. Die beiden schließen den Bund der Ehe in Madeleines zweiter Heimat, im Schweizer Nobel-Skiort St. Moritz, wie die Münchner »Abendzeitung« zu berichten wusste. Zu diesem Zeitpunkt gilt Herl seit einem Jahr als Madeleines ständiger Begleiter. Ein Unbekannter ist er für Madeleine schon längst nicht mehr. Über einige Jahre hinweg ist er der Büroleiter von Madeleines zweitem Mann, Wolfgang Bühler, dann wird er selbst Chef und leitet die französische Auslandstochter. Er sei ein »echter Versandhändler«, heißt es über ihn. Seine Nähe zu Frankreich kommt nicht von ungefähr – er stammt aus dem Saarland. Auch Leo Herl gilt als Workaholic, arbeitet gern und viel. Doch auch er versteht es – wie Wolfgang Bühler –, gut und gern zu leben. Beiden, Leo Herl und Madeleine Schickedanz, ist ein schönes Zuhause wichtig. Leo Herl soll überdies perfekte Umgangsformen besitzen – und jede Menge Schuhe. Es sollen so viele sein, dass er jeden Tag ein anderes Paar anzieht. Den Vergleich mit der philippinischen Diktatorenwitwe Imelda Marcos, die für ihre beeindruckende

Schuhsammlung bekannt ist, dürfte er dennoch scheuen. Auch trägt er gern Manschettenknöpfe, etwa jene, die ihm seine Frau zum vierten Hochzeitstag geschenkt hat.

Doch er sammelt nicht nur Fußbekleidung, sondern auch Gemälde. Wie Madeleine gilt er als Liebhaber guter Musik und anderer schöner Künste. An den Wänden des Anwesens in Hersbruck, das Madeleine von ihren Eltern erbte und in dem das Paar viel Zeit verbringt, sollen nicht die Bilder niederländischer Künstler hängen, für die sich Gustav Schickedanz einst so begeisterte. Leo Herl hat seine eigene Kunstsammlung, die zum Teil die weißen Flächen über Sofa und Esstisch ziert. Es sind Werke von Landschaftsmaler Adolf Stademann. Der Münchner Maler, der von 1824 bis 1895 lebte, kaprizierte sich auf Landschaftsmalerei. Dabei scheint es ihm vor allem die kalte Jahreszeit besonders angetan zu haben. Seine Bilder kosten um die 10.000 Euro.

Falls sich Madeleine, die auch dieses Mal wieder so heißt wie ihr Gatte – nämlich Herl – nach den zwei Villen in St. Moritz auch von dem Hersbrucker Anwesen würde trennen müssen, wäre die Kunst nicht in Gefahr. »Die Bilder gehören ihm«, sagt die Quelle-Erbin in dem viel beachteten »Bild am Sonntag«-Interview. »Im Übrigen haben wir Gütertrennung, weil er bei der Heirat nichts von meinem Vermögen haben wollte.«

Wie schon die anderen beiden Ehemänner kümmert sich auch Leo Herl um die geschäftlichen Belange seiner Frau. Er steht der Geschäftsführung der Madeleine Schickedanz Vermögensverwaltung vor. In dieser Position nahm er auch bis zur Insolvenz des Quelle- und Karstadt-Mutterkonzerns Arcandor die Interessen von Madeleine Schickedanz im Aufsichtsrat wahr.

Nach zwei Ehen, die als nicht besonders glücklich galten, scheint Madeleine Schickedanz oder vielmehr Madeleine Herl zumindest privat angekommen zu sein. »Leo Herl ist ein wunderbarer Mensch«, beschreibt ihn ein Bekannter. »Mit ihm hat Madeleine Schickedanz wohl endlich ihr persönliches Glück gefunden. Mit ihm hat sie wieder gelernt, zu lächeln.«

DIE KINDER

Madeleine Schickedanz gelingt etwas, was für Mutter Grete immer ein unerfüllter Wunsch bleiben sollte: eine große Familie zu haben. Damit hat Madeleine Schickedanz ihrer Mutter etwas voraus, hat einen Lebensbereich, in dem sie sich einmal nicht an ihrer Übermutter messen lassen muss. Grete Schickedanz, eine der größten deutschen Unternehmerinnen, sagt einmal, ihr Traum sei es immer gewesen, viele Kinder zu bekommen. »Sie war sehr traurig, keine weiteren Kinder zu haben. Das war ein wunder Punkt«, erzählt die Tochter später dem Biografen ihrer Mutter, Christian Böhmer. Grete soll Kinder sehr geliebt haben. Ihr Berufswunsch: Kindergärtnerin.

Doch es kommt ganz anders. Grete Schickedanz wird »Frau Quelle«: Sie leiht dem Quelle-Katalog ihr Gesicht, weiß, was sich deutsche Frauen wünschen. Nur für die Wünsche ihrer Tochter Madeleine bleibt wenig Zeit. Statt selbst fremde Kinder zu betreuen und zu erziehen, lässt Grete Erzieherinnen ihre einzige Tochter auf dem Weg durch Kindheit und Pubertät begleiten. »Wenn sie von früher spricht, klingt es manchmal so, als ob sie auch heute noch Sehnsucht nach ihrer Mutter und Mutterliebe hat. Sie hatte eine Kindheit und Jugend, in der es an nichts fehlte, sie hatte wirklich alles. Nur die Eltern hatten einfach nie wirklich Zeit für sie«, sagt ein Bekannter.

»Wenn man in einem Geschäftshaushalt groß wird und Kinder hat und dann das harte Arbeiten der Mutter sieht, oft bis in die Nacht hinein. Dem kann man sich ja als erfolgreiche Geschäftsfrau gar nicht entziehen – das wollte ich nicht. Ich wollte meine Kinder mitprägen«, erklärt Madeleine selbst einmal.

FÜRSORGE IST IHR LEBEN

Madeleine Schickedanz gilt als sehr fürsorglich, manchmal wohl ein bisschen zu sehr. »Fürsorge«, sagt ein Bekannter der Familie, »war schon immer ihr Leben.« Und besonders besorgt sei sie immer um die Kinder in ihrem Umfeld gewesen.

Das zeigt sich bereits in sehr jungen Jahren, als Madeleine selbst noch keine Kinder hat. Bei einer Feierlichkeit in Fürth, bei der verschiedene Familien mit ihren Kindern zugegen sind, hebt einer der Gäste sein Schnapsglas und prostet dem damals elfjährigen Sohn des Gastgebers zu. Madeleine Schickedanz, sonst als freundlich und nett, aber außerordentlich zurückhaltend bekannt, soll sich über diesen Vorgang sehr aufgeregt haben. »Es ist unverantwortlich, ein Kind in so jungen Jahren mit Alkohol zu konfrontieren.«

Das erste Kind von Madeleine Schickedanz kommt ein gutes Jahr nach der Hochzeit mit Hans-Georg Mangold zur Welt. Es ist ein Christkind. Am 24. Dezember 1966 wird Sohn Hans-Peter geboren. Es dauert nicht lange und die jungen Eltern dürfen auch ein Töchterchen in ihre Arme schließen. Daniela kommt gut zwei Wochen vor dem 26. Geburtstag von Madeleine Schickedanz 1969 zur Welt.

Doch dann kommt es zum Bruch zwischen Madeleine und ihrem Ehemann Hans-Georg. Die beiden lassen sich 1973 scheiden. Hans-Peter ist sechs Jahre alt, Daniela gerade einmal drei. Die beiden Kinder bleiben beim Vater. Eine sehr ungewöhnliche Entscheidung für die damalige Zeit. Dennoch scheint das Paar die Trennung – nicht zuletzt um der Kinder willen – gut hinzubekommen.

Hans-Peter und Daniela sind oft bei ihrer Mutter und auch bei ihren Großeltern Gustav und Grete zu Besuch, erinnern sich Bekannte. Hier toben sie durch die riesige Parkanlage, die das Dambacher Anwesen umgibt. Es ist ein Freizeitparadies mit Bäumen zum Versteckenspielen, mit Swimmingpool und Tennisplatz. Und es ist sicher. Denn außer für die Familie und das Personal ist der Park für niemanden zugänglich. 70.000 Quadratmeter Privatsphäre.

So wenig sie sich öffentlich auch äußert – für ihren ersten Mann findet Madeleine Schickedanz später lobende Worte. Er habe die beiden Kinder gut großgezogen, sagt sie über ihn.

Madeleine gründet mit dem elf Jahre älteren Manager Wolfgang Bühler schnell noch einmal eine Familie. Sie heiratet ihn noch im Jahr der Scheidung. Auch er hat wie Madeleine aus erster Ehe zwei Kinder, zwei Söhne. Einer von ihnen, Christian Bühler, wird es später sein, der nach dem Aus der Quelle im Jahr 2009 dafür sorgt, dass der Name Quelle auch in Franken weiterleben wird. Zusammen mit weiteren Investoren übernimmt er die KüchenQuelle.

Madeleine und Wolfgang Bühler freuen sich 1975 über Sohn Matthias. Zwei Jahre später, 1977, wird Tochter Caroline geboren. Es gibt wohl nichts, was Madeleine nicht für ihre Kinder tun würde. Sie versucht, ihren Kindern das zu geben, was sie selbst als kleines Mädchen und Teenager vermissen musste: viel Aufmerksamkeit und viel Zeit. »Irgendwann«, sagt ein Vertrauter der Familie, »haben die Kinder versucht, auszubrechen. Denen wurde das zu eng. Madeleine war immer ein bisschen überbesorgt und hat da ein größeres Ding draus gemacht.«

SORGE UM DIE TOCHTER

Besonders gilt das für Tochter Caroline, wie der Vertraute weiß. Vielleicht auch einfach eine ganz normale Reaktion. Schließlich ist sie es, der immer die besondere Sorge ihrer Mutter gewidmet ist. Als Kind erkrankt Caroline an Leukämie. Als die Familie bereits glauben darf, sie sei »über den Berg«, bekommt sie einen Rückfall. Ein solcher verringert die Überlebenschancen dramatisch. Madeleine Schickedanz gibt aber nie die Hoffnung auf.

Menschen, die Caroline kennengelernt haben, beschreiben sie als ein normales, aber sehr schüchternes Mädchen. »Sie war immer sehr freundlich, redete aber nicht viel«, sagt ein Hersbrucker. Eine Beschreibung, die auch auf ihre Mutter gepasst hätte. Fragte man Caroline, wie es ihr ginge, war die Antwort stets ein knappes: »Danke, gut.«

Es ist ein Spagat, den Madeleine Schickedanz in den Jahren der Krankheit bewältigen muss. Während sie sich aufopferungsvoll um Caroline kümmert, bleibt der zwei Jahre ältere Matthias viel sich selbst und – wie einst Madeleine – Kinderfrauen überlassen. »Ich bin mir sicher, dass er darunter gelitten hat, dass seine Mutter so wenig zu Hause war«, sagt Madeleine später im Interview.

Die Kinder von Madeleine wachsen ähnlich behütet auf wie sie – mit viel Personal und auch Personenschutz. Madeleine bewohnt mit ihrem zweiten Ehemann Wolfgang Bühler ein Haus in Zirndorf, der Kleinstadt nahe Fürth, in der der Playmobil-Hersteller geobra Brandstätter seinen Stammsitz hat. Nach der zweiten Scheidung 1997 zieht sie mit ihrem dritten Ehemann Leo Herl wieder hinaus in die Fränkische Schweiz, nach Hersbruck.

In der Stadt sieht man sie so gut wie nie. Ab und zu einmal im Haushaltswarengeschäft, wo sie gerne etwas kauft, meistens aus dem Programm des italienischen Designers Alessi. »Für die Tochter«, wie sie sagt.

DIE BODYGUARDS

Auch wenn die Hersbrucker sie höchst selten zu Gesicht bekommen, kursieren dennoch einige Gerüchte über die Familie in der Kleinstadt. Etwa jenes, dass die Tochter Caroline stets nur in Begleitung von zwei Bodyguards gesichtet wird, auch in der Fahrschule. »Quatsch«, sagt ihr ehemaliger Fahrlehrer. »Ab und zu ist dem Fahrschulauto ein Sicherheitsauto gefolgt. Aber Caroline hat darüber kein Wort verloren. Vielleicht hat sie es selbst nicht einmal gewusst.« Sie habe ganz normal mit den anderen Jugendlichen im Unterricht gesessen, ohne groß Aufmerksamkeit zu erregen.

Ganz unbegründet ist die familiäre Vorsicht nicht: Als Madeleine selbst noch eine junge Frau ist und die Kinder klein sind, passiert etwas, das ganz Deutschland erschreckt und empört. Am 14. Dezember 1976 wird der Student und Fabrikantensohn Richard Oetker Opfer einer Entführung. Seine Geiselnehmer erpressen 21 Millionen D-Mark Lösegeld für seine Freilassung. Oetker überlebt, ist allerdings verletzt. Seitdem hat er unter den Folgen der Entführung zu leiden. Heute engagiert er sich für die Opfer von Verbrechen im Verein Weißer Ring. Das Entsetzen, das die Entführung unter den Normalbürgern auslöst, ist eher ein Erschrecken über so viel Kaltblütigkeit. Aber die Entführung ist etwas Fernes. Doch in den Villen in Hamburg und München, in Bonn und Fürth, unter den Industriellenfamilien Deutschlands, potenziert sich dieses Entsetzen, wird die Gefahr real. Schließlich ist Richard Oetker einer von ihnen.

Zwei Jahre später sollte auch eines der Kinder des BMW-Mehrheitsaktionärs Herbert Quandt entführt werden, wie dessen Tochter Susanne Klatten später der »FTD« erzählt. Ein Tipp aus der Unterwelt kann dies verhindern. Nach dem gewaltsamen Tod von Dresdner-Bank-Vorstandschef Jürgen Ponto 1977 ist Deutschland zusätzlich sensibilisiert. Zu den gefährdeten Personen wird damals auch Grete Schickedanz gezählt, die umgehend Personenschutz bekommt. Nach ein paar Monaten ist das der Quelle-Chefin lästig.

Die anderen Führerscheinaspiranten dürften allerdings kaum mitbekommen haben, dass sich mit Caroline Bühler eine derart prominente Fahrschülerin in ihrer Mitte befindet. Doch während die meisten anderen Jugendlichen die Organisation ihrer Fahrstunden selbst in die Hand nehmen, ist es eine Sekretärin, die die Fahrstunden für das Mädchen arrangiert. Als Caroline stolze Führerscheinbesitzerin ist, versäumt es Madeleine jedoch nicht, persönlich »einen ganz wunderbaren Brief« aufzusetzen, in dem sie sich »ganz herzlich« bei der Fahrschule für die gute Betreuung ihrer Caroline bedankt.

EIN EIGENES LEBEN

Inzwischen haben die vier Kinder Madeleines längst ihr eigenes Leben, alle sind verheiratet. Verbunden sind sie auch über verschiedene Einrichtungen, die Vermögen und Immobilien der

Familie verwalten. So hielten alle vier jeweils 2,22 Prozent an der Quelle Bausparkasse, während Madeleine selbst 41,12 Prozent hielt, Schwager Martin Dedi und dessen Tochter Margarete Riedel jeweils 22,50 Prozent. Doch die Misere der Quelle brachte auch die Quelle Bauspar AG ins Trudeln, der Name Quelle war sozusagen verbrannt. Die Bausparkasse wurde von einer Beteiligungsgesellschaft der Privaten Bausparkassen noch vor dem letztendlichen Quelle-Aus übernommen und hat das Neugeschäft eingestellt. Was die Familie noch für ihre Anteile erhielt, darüber wurde, wie es so schön heißt, »Stillschweigen bewahrt«.

Ins Versandhaus-Geschäft stieg keines der vier Kinder ein. Sohn Hans-Peter Mangold beendet, was seine Mutter nur begann: ein Betriebswirtschaftsstudium. Er absolviert es an den Universitäten Erlangen-Nürnberg und München sowie an der Schweizer Elite-Universität St. Gallen, anschließend promoviert er. Seine Karriere startet er bei der US-Unternehmensberatung A. T. Kearney. Im Jahr 2000 macht er sich im Beteiligungsgeschäft selbstständig, ist Geschäftsführer der TC First Holdings GmbH mit Sitz in Zürich. Mit seiner Frau Tessa soll er im schweizerischen Schindellegi leben.

Im Verwaltungsrat der TC First Holdings sitzen unter anderem Jens-Jürgen Böckel und Rune Andersson. Böckel war bis Ende 1999 Finanzchef der Schickedanz-Holding. Andersson war Finanzchef bei Hydro Aluminium. Für die norwegische Unternehmensgruppe war auch Vater Hans-Georg Mangold tätig.

Auch der Sohn aus zweiter Ehe, Matthias Bühler, studiert in St. Gallen. Bereits als Student habe er mit großer Leidenschaft Golf gespielt, heißt es, etwa im Golfclub der Universität von St.

Gallen. Eine Zeitlang gilt er als Hoffnungsträger der Familie, der im Konzern das Erbe seiner Großeltern fortsetzen könnte. Inzwischen soll er sich vor allem dem Immobiliengeschäft zugewandt haben. Matthias Bühler lebt in Nürnberg, in bester Innenstadtlage.

Die beiden Töchter fühlen sich ebenso dem Sport verbunden. Daniela Mangolds Ehemann Detlef Krajak, 18 Jahre älter als sie, besitzt in München – ebenfalls in feinster Citylage – ein Trainingscenter für die anspruchsvolle Klientel. Er gilt als Experte für ganzheitliche Bewegungs- und Gesundheitstherapie, betreute schon die deutsche Rudernationalmannschaft bei Olympischen Spielen, Bundesligamannschaften im Handball, Eishockey und Volleyball, aber auch Tänzer des Bayerischen Staatsballetts. Mit seinem Konzept will er auch Golfern zu mehr Leistungsfähigkeit verhelfen.

Auch Tochter Caroline soll dem Sport verbunden sein. Wie ihre Mutter heiratete auch sie in jungen Jahren. Sie ist verheiratet mit Rik de Rooij und lebt, wie es heißt, nahe Rotterdam in den Niederlanden. Ihr Ehemann soll Golfspieler sein.

Manchmal hören die Nachbarn Kinderstimmen aus dem großen, uneinsehbaren Anwesen in Hersbruck. »Eine Tochter ist mit den Enkeln da«, heißt es dann. Das soll Madeleine in der Zeit nach dem Zusammenbruch des Versandhauses Quelle der größte Trost gewesen sein – die Familie, vor allem die Enkelkinder um sich zu haben. Sie liebt es, Zeit mit ihnen zu verbringen, ihre Enkel zu »betüddeln« und ihnen damit das zu geben, was sie selbst als Kind so gern gehabt hätte. Der »Bunten« sagt sie einmal: »Ich … wollte immer nur eine gute Mutter sein.«

DIE STIFTERIN

Madeleine Schickedanz muss Schicksalsschläge hinnehmen: Zwei Ehen, die eigentlich geschlossen wurden, um für immer zu halten, scheitern. Das Erbe – eines der größten und bekanntesten Unternehmen Deutschlands – ist verloren und damit Milliarden Euro. Aber Madeleine Schickedanz war nicht nur Ehefrau, Tochter, Erbin, sie war und ist vor allem eines: Mutter. Ihr widerfährt in den 80er-Jahren mit das Schlimmste, was eine Mutter erleben kann: Bei ihrem jüngsten Kind, der fünfjährigen Caroline, wird Leukämie diagnostiziert. »Der 21. März 1982 – den Tag vergesse ich nie in meinem Leben. Wie mir die Ärzte gesagt haben, dass meine Tochter Caroline Leukämie hat«, erzählt sie in einem ihrer so raren Interviews dem Kolumnisten der Nürnberger »Abendzeitung«, Klaus Schamberger.

Noch gute zwei Wochen zuvor blättert Madeleine in einer Illustrierten auf ihrem Schreibtisch. Dabei bleibt ihr Blick an dem Bild eines kahlköpfigen Jungen hängen. »Ich legte das Heft zur Seite und dachte mir: Was es alles gibt«, sagt sie der »Bunten«. Dann will Caroline unbedingt mit zum Kinderfasching in die Waldorfschule, die ihr großer Bruder besucht. »Sie war damals vier und trug ein weißes Kleidchen mit Sternen«, erinnert sich die Mutter. »Da sagte die Lehrerin: ›Mein Gott, Ihr Kind ist ja so weiß wie dieses Kleid.‹«

Die Diagnose ist ein Schock. Das ständige Kranksein von Caroline, das Fieber, die Antibiotika, die sie nehmen soll – dafür gibt es einen Grund. »Als Mutter haben Sie keine Wahl. Sie haben keine Zeit zum Überlegen. Sie müssen sofort handeln: Wo bleiben die anderen Kinder, wer schmeißt den Haushalt, welche

Ärzte sind die besten?«, so Madeleine über diese Zeit. »Ich wollte mit meiner Tochter bis ans Ende der Welt, nur damit ihr geholfen wird.«

Leukämie bedeutet übersetzt so viel wie »weißes Blut«. Bei dieser Krankheit ist der normale Reifungsprozess der weißen Blutkörperchen im Knochenmark gestört. Unreife, weiße Stammzellen vermehren sich explosionsartig völlig unkontrolliert und werden ins Blut abgegeben. Die weißen Blutkörperchen sind vor allem dafür zuständig, unverträgliche Stoffe oder Krankheitserreger wie Viren und Bakterien, aber auch Toxine und Tumorzellen im Körper unschädlich zu machen. Diese Aufgabe können sie nicht mehr erfüllen. Gleichzeitig bilden sich zu wenige rote Blutkörperchen, sodass im Körper der Austausch von Sauerstoff und Kohlendioxid zwischen der Lunge und den Organen nicht funktioniert.

In Deutschland erkranken jedes Jahr etwa 1700 Kinder und Jugendliche an Krebs, fast die Hälfte davon an Leukämie – der häufigsten Krebsart bei Kindern. Die Medizin kennt insgesamt vier Formen. Besonders oft betroffen sind Kinder zwischen drei und sieben Jahren.

Caroline ist gerade einmal fünf Jahre alt, als bei ihr die tückische Krankheit ausbricht. Sie hat, wie die meisten leukämiekranken Kinder, akute lymphatische Leukämie, ALL genannt. Die Symptome sind typisch: Blässe, Müdigkeit, Appetitlosigkeit, Gewichtsverlust, Beinschmerzen, Fieber, häufige Infektionen.

Madeleine Schickedanz kämpft um das Leben ihrer Tochter, verbringt viel Zeit im Krankenhaus, wacht dort am Bett ihrer Jüngsten. Sie setzt sich intensiv mit der Krankheit auseinander. »Bei der normalen Kinderleukämie sind die Überlebenschancen noch verhältnismäßig groß, zwischen 70 und 80 Prozent«, weiß sie. Die Behandlung ist langwierig. Blutuntersuchungen, Röntgen, Ultraschall, Computertomografie gefolgt von einer Art Chemotherapie, oft bedarf es einer Knochenmarktransplantation.

Caroline gehört zu den Glücklichen, die es schaffen. Sie wird wieder gesund. Doch das Glück gibt nur ein Gastspiel. Um die zwei Jahre später fängt alles wieder von vorne an: Müdigkeit, Fieber, Infektionen kommen, der Appetit und die gesunde Gesichtsfarbe schwinden. Die Familie ahnt, was dies zu bedeuten hat. »Der Rückfall war das Schlimmste«, sagt Madeleine Schickedanz später im Interview über diese Zeit. Caroline ist statistisch gesehen eines von fünf Kindern, bei denen die Krankheit zurückkehrt. »Da sinken die Chancen krass, auf höchstens 50 zu 50«, sagt ihre Mutter später. »Und wenn man da durchkommt, dann kommen die Folgeschäden durch die starken Dosierungen bei den Bestrahlungen und der Chemotherapie.«

Anlügen will Madeleine ihre Tochter nicht: »Ich habe ihr gesagt, dass wir Wadenwickel machen müssen, dass sie Fieber und Schmerzen haben wird. Aber wenn die Kastanienbäume blühen, sei sie wieder zu Hause. Für Kinder ist es ganz wichtig, dass sie wieder nach Hause kommen dürfen«, erzählt sie der »Bunten«.

VOM REH ZUR LÖWIN

Das Mädchen wird erst in Erlangen behandelt. In der nur wenige Kilometer von Fürth entfernten Stadt gibt es ein Universitätsklinikum, an dem man sich auch mit Leukämie bei Kindern befasst. Doch dann folgt der nächste Schock: Die Ärzte an der Erlanger Klinik geben Caroline auf. Madeleine Schickedanz nicht. Sie lernt zu kämpfen wie noch nie zuvor in ihrem Leben. Aus dem scheuen Reh wird eine Löwin. »Ich habe einfach alles versucht«, erzählt sie später. »Ich war damals mit Mildred Scheel befreundet.« Die Frau des einstigen Bundespräsidenten Walter Scheel hatte sich selbst einen Namen gemacht. Die engagierte Ärztin gründete 1974 die Deutsche Krebshilfe, die sich die Bekämpfung von Krebs zur Aufgabe machte. 1985 stirbt sie schließlich – gerade 52 Jahre alt – selbst an Krebs.

Auf den Rat ihrer Freundin Mildred Scheel hin fährt Madeleine Schickedanz mit ihrer Tochter Caroline nach Berlin, zu Professor Hansjörg Riehm. Er gilt als absoluter Spezialist auf diesem Gebiet. Für seine »Verbesserung der Behandlungsmöglichkeiten bei Kindern mit akuter lymphatischer Leukämie« erhält er 1996 den Deutschen-Krebshilfe-Preis. Zu ihm schicken auch zahlreiche Sowjetbürger – jedenfalls die mit Privilegien und guten Kontakten zu deutschen Unternehmern – ihre Kinder nach dem Atomreaktorunfall von Tschernobyl 1986. Viele sowjetische Kinder und Jugendliche litten nach der Katastrophe an Blutkrebs.

Wie eine Epidemie bricht der Blutkrebs nach dem Atomreaktorunfall von Tschernobyl 1986 bei vielen Kindern und Jugendlichen aus.

Riehm behandelt auch Caroline. »Sechs Jahre habe ich mit einem kleinen Korb, gefüllt mit Dixi-Büchern und Hipp-Gläschen, im Krankenhaus gelebt. Caroline war keine einzige Nacht allein«, erzählt Madeleine Schickedanz später der Zeitschrift »Bunte«. Nichts lässt sie unversucht, damit Caroline wieder gesund wird.

In dieser Zeit ist Madeleine Schickedanz auf sich alleine gestellt. »Mit einem Mann kann man nur bedingt über Krankheiten reden«, sagt sie über diese Zeit. Und auch die Mutter ist »eine sehr starke Frau, die jedoch mit Krankheiten nicht umgehen konnte.« Als Grete Schickedanz 1986 in ihrem Ferienhaus in Spanien einen Herzinfarkt erleidet, »da habe ich wieder gemerkt, was sie für eine irrsinnige Energie hat«, erzählt die Tochter. »Sie ist in einem fürchterlichen Krankenhaus gelegen. Ich bin gleich runtergeflogen und hab sie rausgeholt. Und wie ich vor ihrem Bett gestanden bin, hat sie gesagt: ‚Wenn du nicht gekommen wärst, dann wär ich heute noch heim.' Kurz nach einem Herzinfarkt. Die Mutter hat das einfach verdrängt.«

Grete zeigt Madeleine beim Kampf um Carolines Leben auf ihre Weise Fürsorge: »Sie ließ mir in Berlin täglich Bircher Müsli aus dem Hotel bringen, weil sie meinte, ich würde zu dürr.« 1989 ist Caroline geheilt. Aus Dankbarkeit fährt Madeleine erst nach Lourdes. Kurze Zeit später, im Jahr 1990, gründet sie die Madeleine Schickedanz KinderKrebs-Stiftung.

»Den einzigen Luxus, den ich mir in all den Jahren gegönnt habe, war der Besuch der Premiere von Wagners Oper »Lohengrin« in Bayreuth. Und das auch nur, weil Caroline ein paar Tage Urlaub zu Hause machen durfte.« Die Kraft, um alles durchzustehen, zieht Madeleine, wie sie sagt, aus gelegentlichen Besuchen in der Kirche. »Ich habe gebetet und eine Kerze angezündet. Später bin ich nach Lourdes gefahren.«

Bei Caroline gelingt das Wunder: Das Mädchen, dessen Lachen dem der Mutter so sehr ähnelt, wird wieder gesund.

Auch aus Steinen, die einem in den Weg gelegt werden, lässt sich etwas Schönes bauen, sagt ein Sprichwort. Und wie so oft im Leben zeigt der Schicksalsschlag auch Madeleine Schickedanz einen neuen Weg für ihr eigenes Leben auf. »Nach der Krankheit der Tochter hat sie eine Aufgabe für sich gesehen«, weiß ein Bekannter der Familie. »Aus Dankbarkeit wollte ich damals etwas tun, damit kein Kind, keine Familie diesen fürchterlichen Albtraum mehr durchleiden muss«, sagt sie selbst.

Und so ist es fast naheliegend, dass sie sich des Themas »Kinderkrebs« auch weiterhin annimmt. Sie gründet 1990 – nach der zweiten Heilung von Caroline – die Madeleine Schickedanz KinderKrebs-Stiftung. Mit im Boot: Professor Hansjörg Riehm. Auch Caroline arbeitete später in der Stiftung »mit großem Einsatz mit«, wie ihre Mutter voller Stolz erzählt.

Sie ist jedoch nicht die Erste in ihrer Familie, die sich mit diesem Thema beschäftigt. Grete engagierte sich bereits Ende der 70er-Jahre für die Deutsche Krebshilfe von Mildred Scheel. Um diese zu unterstützen, kaufte sie unter anderem 20.000 Exemplare des Buchs »Niemand soll der Nächste sein«. Das Buch sollte zur persönlichen Krebsvorsorge animieren, denn nur 35 Prozent der Frauen und 16 Prozent der Männer nahmen Ende der 70er-Jahre die Vorsorgemöglichkeiten wahr, alarmierte die Deutsche Krebshilfe. Doch obwohl die Prävention im Laufe der Jahre deutlich ausgeweitet wurde, erkranken in Deutschland noch immer jährlich rund 400.000 Menschen an Krebs, vor allem an Karzinomen in Darm, Brust, Lunge und Prostata.

EINE HERZENSSACHE

Für die Quelle-Erbin wird die Krebserkrankung ihrer Tochter zu einer Art Erweckungserlebnis. »Madeleine selbst hat sich durch die Krankheit der Tochter sehr gewandelt«, erzählt der Bekannte. »Vorher war sie still und ruhig, ist wenig in Erscheinung getreten. Aber schon früher war sie im Unternehmen eigentlich nur bemüht und engagiert, wenn es etwas Soziales gab.« Ein anderer bestätigt: »Über die Stiftung spricht sie viel und sogar relativ locker. Sie bringt sich mit Körper, Seele und Geist ein.« Die Stiftung ist es auch, für die sie immer wieder über ihren Schatten springt und sich in der Öffentlichkeit zeigt.

»Es ist meine persönliche Stiftung und sie wird von meinem Geld finanziert«, erklärt Madeleine Schickedanz. Hinzu kommen »private Spenden und Stiftungserträge«. Doch auch dafür müssen Spender umworben und überzeugt werden. Öffentliche Zuwendungen gebe es nicht, wie sie einmal bedauert.

Nach der amtlichen Pleite der Quelle, dem offiziellen Aus am 20. Oktober 2009, hat sie einen einzigen Auftritt, der öffentlich wirkt, es aber nicht ist: Im Dezember nimmt sie von Peter Endres, dem Chef ihres größten Sponsors, der KarstadtQuelle Versicherung, einen symbolischen Scheck über 100.000 Euro in Empfang. Dafür lässt sie sich sogar – allerdings nur von der hauseigenen Presseabteilung – ablichten. Die lokale Presse ist dieses Mal nicht eingeladen, sie erhält lediglich Pressetext und Foto. Alles, nur keine Fragen. Die KinderKrebs-Stiftung »liege ihr mehr denn je am Herzen«, lässt sie wissen.

Doch obwohl wie eh und je adrett zurechtgemacht, sieht man Madeleine selbst auf dem Foto nur allzu deutlich an, wie sehr sie die Vorgänge um den Quelle-Konzern in den Wochen zuvor mitgenommen haben. Aschfahl, mit rot geränderten Augen, wagt sie so etwas wie ein Lächeln in die Kamera.

»Ich bin niemand für die Öffentlichkeit und ich mag keine Großereignisse«, sagt sie einmal im Interview mit der Nürnberger »Abendzeitung«. »Wenn man sich mit solchen Problemen wie Kinder und Krebserkrankungen beschäftigt – ich glaube, da tut man sich mit Themen, die in der Gesellschaft wichtig sind, ein bisschen schwer. Das heißt aber nicht, dass ich mich nicht auch gerne schick anziehe. Und ich gehe zum Beispiel auch gern in die Oper. Aber nicht, damit ich gesehen werde, sondern weil ich die Musik von Wagner mag.« Doch für die Stiftung folgt sie sogar Einladungen zu Mitarbeiterveranstaltungen ihres Hauptsponsors KarstadtQuelle Versicherung. Dort rockt sie – auf ihre zurückhaltend-vornehme Art – gemeinsam mit Beschäftigten aus Callcenter und Verwaltung des Unternehmens zu DJ Bobo.

Es waren vor allem auch die Mitarbeiter des Versicherers – der, schon länger zum Ergo-Konzern gehörend, inzwischen auch aufgrund der Probleme von Quelle in ErgoDirekt Versicherungen umbenannt wurde –, die die 100.000 Spenden-Euro zusammenbekamen. Mit Tombolalosen, mit sportlichen Aktionen, mit Sammlungen auf zwei Heimspielen des Zweitligisten Greuther Fürth, zu dessen berühmtesten Fans Gustav Schickedanz gehörte.

Den Mitarbeitern lässt sie per Pressemitteilung ausrichten, sie bewundere »deren Mut, die Menschlichkeit und Charakterstärke«. In einem schlimmen Jahr hätten sie ihr die Treue gehalten, bedankt sich Madeleine Schickedanz bei ihnen und zeigt sich gerührt.

Madeleine Schickedanz musste befürchten, dass mit dem Aus der Quelle auch die Spendenquellen versiegen würden. Das Interview in der »Bild am Sonntag«, in dem sie ihre Angst vor Armut öffentlich kundgetan hat, bewirkt sein Übriges.

Vor allem aber ist es ein Artikel im »Spiegel«, der sie mindestens so getroffen haben muss wie die Insolvenz der Quelle. Das Nachrichtenmagazin lässt Deutschland über die Schickedanz KinderKrebs-Stiftung wissen, dass es von jedem gespendeten Euro mitunter nur 29 Cent schaffen, den eigentlichen Stiftungszwecken zugeführt zu werden. »Die Kosten laufen vollkommen aus dem Ruder«, schreibt der »Spiegel«. »Gut 3,3 Millionen Euro wurden zwischen 2006 und 2008 an Spenden eingesammelt. Weniger als die Hälfte kam bei krebskranken Kindern, Krankenhäusern und Forschern an. Obwohl die Stiftung praktisch ohne Personalkosten arbeitet, fielen fast 1,7 Millionen Euro für Verwaltungskosten an«, habe die Stiftung auf Anfrage bestätigt. So ließen etwa Mailingaktionen zur Neuspendergewinnung die Kosten geradezu explodieren.

Angeprangert hat die Situation die Organisation CharityWatch, die Stiftungen auf die Finger schaut. Auch wenn Deutschland unter den Industrienationen in Sachen Spenden als Entwicklungsland gilt, sind es doch jährlich Milliardenbeträge, die die Bundesbürger geben, um zu helfen. Die Schätzungen bewegen sich zwischen zwei und sieben Milliarden Euro pro Jahr. Noch gar nicht miteingerechnet ist da die Kirchensteuer, die der Deutsche Fundraising Verband ebenfalls den Spenden zurechnet: weitere acht Milliarden Euro pro Jahr.

FLUCHT NACH VORN

Madeleine Schickedanz entschließt sich zur Flucht nach vorn – allerdings auch da nur zu einer kleinen. Den Spendern und Interessierten der KinderKrebs-Stiftung gibt sie im Internet eine Erklärung zur Quelle-Pleite ab. Auf solch persönliche Worte hoffen und warten auch die Mitarbeiter des Versandhandels, die ihren Arbeitsplatz verloren haben. Vergeblich. Dabei hätte ein solches Schreiben vielen von ihnen, die noch unter Madeleines Mutter, manche sogar noch unter ihrem Vater gearbeitet haben, viel bedeutet. Aber es zeigt auch gleichzeitig, wie sehr Madeleine Schickedanz sich der Stiftung und den Spendern verpflichtet fühlt. Mehr vielleicht als dem schweren Quelle-Erbe.

Liebe Spender der Madeleine Schickedanz KinderKrebs-Stiftung, in jedem Alltag gibt es auch Krisen, schlechte Zeiten und Rückschläge. In den letzten Tagen wurde ich in vielen Zeitungsberichten angegriffen. Dies trifft mich sehr, insbesondere, wenn sich das auf die Arbeit unserer KinderKrebs-Stiftung überträgt. Auch einige Förderer sind so verunsichert, dass sie sich fragen: Wie geht es mit der Stiftungsarbeit weiter?

Ich möchte Ihnen heute versichern: Mein Engagement für die Madeleine Schickedanz KinderKrebs-Stiftung ist ungebrochen. Es gibt Aufgaben, die man selbst in persönlich schwierigen Zeiten niemals vergessen darf. Aufgaben, die weit über den Alltag hinaus Bedeutung haben. Von ganzem Herzen gehört meine Arbeit für die Stiftung dazu!

Vereinzelte Presseberichte haben den Anschein erweckt, als seien unsere Verwaltungskosten unverhältnismäßig hoch. Tief betroffen möchte ich dem entschieden widersprechen!

»Durch die vielen aus Spendengeldern finanzierten Forschungsprojekte haben sich die Überlebenschancen krebskranker Kinder wesentlich verbessert«, so Prof. Dr. Welte von der Medizinischen Hochschule in Hannover. Er weiß, dass jeder medizinische Fortschritt auch hohe Investitionen erfordert. Investitionen, die unsere Stiftung nur gemeinsam mit vielen Freunden aufbringen konnte. Und wir konnten bislang viele Menschen wie Sie von unserem großen Anliegen überzeugen.

So sind wir stark geworden – stark für die krebskranken Kinder.

Darum bitte ich Sie, lieber Spender: Lassen Sie die Schwächsten unter uns, die krebskranken Kinder, nicht im Stich! Vergessen Sie auch in diesen schwierigen Zeiten nicht, was wirklich zählt: das Leben dieser Kinder. Ihr Schicksal. Ihre Chance! Bitte engagieren Sie sich dafür weiterhin gemeinsam mit uns. Ich werde mein Bestes geben – uneingeschränkt!

Danke – im Namen der vielen schwerkranken Kinder, denen wir nur mit Ihrer weiteren Unterstützung auch in Zukunft helfen können.

Ihre Madeleine Schickedanz

DIE HONORARKONSULIN

Das Aus von Quelle führt zum Aus einer weiteren Institution: des Honorarkonsulats Griechenlands in Nürnberg. Und das genau im 50. Jahr seines Bestehens. Am 28. November 1960 wurde Gustav Schickedanz zum »Königlich-Griechischen Wahlkonsul« ernannt – oder Honorarkonsul, wie man heute sagt. In dieses Amt folgt ihm erst seine Ehefrau, dann seine Tochter. Am 31. Mai 2010 beendet Madeleine Schickedanz in der Familiengeschichte auch das Kapitel »Honorarkonsulat« endgültig.

Der würdevolle Zusatz »königlich-griechisch« ist im Laufe der Jahre ohnehin entfallen, nachdem dem letzten griechischen König Konstantin II. das Vorhaben misslang, die Militärdiktatur im eigenen Land zu stürzen. 1967 verließ er das Land, ging ins Exil – erst nach Rom, dann nach London, wo auch sein Cousin lebte: Prinz Philip – Gemahl der englischen Königin Elisabeth. Griechenland war damit ein Königreich ohne König. Am 1. Juli 1973 wurde schließlich die Monarchie in Griechenland abgeschafft. Doch nicht die ganze Familie blieb ihr Leben lang von der königlichen Macht abgeschnitten: Konstantins Schwester Sophia ist Königin von Spanien.

Im Pass von Konstantin, der im Jahr 2010 – im Alter von 70 Jahren – über eine Rückkehr nach Griechenland nachdenkt, steht einfach nur »Konstantin, ehemaliger König von Griechenland«. Im Honorarkonsultitel übrig blieb nur das »griechisch«.

Ob königlich oder nicht – für Gustav Schickedanz war es nicht das erste Mal, dass er einen solchen Titel innehatte. Ehemalige Nachbarn erinnern sich, dass bereits in den 1940er-Jahren an der Mauer des Hersbrucker Anwesens der Familie Schickedanz ein Schild prangte mit der Gravur: »Kir. Magyar Consulata« – königlich-ungarisches Konsulat. Die Verbindung zu Ungarn kam nicht von ungefähr: Gustav Schickedanz' Onkel und Taufpate arbeitete als Handelsagent im kaiserlich-königlichen Budapest, wo er deutsche und österreichische Großfirmen vertrat. Allerdings war auch Ungarn ab 1920 kein Königreich mehr und hörte mit den damaligen Grenzen 1944 auf zu existieren. Damit fand auch das Dasein von Gustav Schickedanz als königlich-ungarischer Honorarkonsul ein Ende.

Der Quelle-Gründer blieb jedoch 17 Jahre lang griechischer Konsul. Als er 1977 starb, ging der Titel auf seine Frau Grete über, die ihn bis zu ihrem Tod 1994 behält. »Anschließend wurde mir das Amt angetragen und ich habe es im September 1994 gerne übernommen«, erzählt Madeleine Schickedanz der »Nürnberger Zeitung«.

Und so setzt sie die elterliche Tradition fort – bis sie wenige Monate nach der Pleite des Unternehmens ihre Exequatur zurückgibt. Das salbungsvolle Wort Exequatur bezeichnet die Erlaubnis, die ein Land einer Person erteilt, konsularische Funktionen wahrnehmen zu dürfen.

Jahrzehntelang hat sich die Familie um die im Laufe der Jahre groß gewordene griechische Gemeinde verdient gemacht. Heute gibt es rund 22.000 Griechen im Bezirk des ehemaligen Schickedanz'schen Honorarkonsulats, der sich von Mittelfranken über Oberfranken bis in die Oberpfalz erstreckte. Allein in Nürnberg leben etwa 12.000 Menschen griechischer Herkunft.

»Bereits 1960 brachte der deutsch-griechische Vertrag zur ›Entsendung und Aufnahme griechischer Arbeitskräfte‹ sehr viele griechische Arbeiterinnen und Arbeiter nach Deutschland und in den Großraum Nürnberg. Die griechischen Neuankömmlinge – viele konnten kein Deutsch – mussten betreut und mit den Regeln in unserem Land vertraut gemacht werden«, erzählt Madeleine von den Anfängen. »Da war es sinnvoll, das Honorarkonsulat zu errichten. Die nächsten griechischen Vertretungen waren – und das ist heute noch so – in München und in Frankfurt.«

Zu den Aufgaben eines Konsulats zählt per Definition, »die Interessen des Entsendestaates sowie seiner Angehörigen zu schützen, zum Beispiel in Not oder mit Gesetzen in Konflikt geratenen Bürgern dieses Staates zu helfen oder einen Anwalt zu stellen«. Doch selbst das klingt noch spektakulärer, als die tägliche Arbeit letztlich wirklich ist. »Bisher hat unser Konsulat fast alle Aufgaben eines Berufskonsulates erledigen können. Wir stellten Pässe aus und verlängerten sie, wir konnten standesamtliche Registrierungen vornehmen und notarielle Vollmachten erstellen oder Dokumente beglaubigen«, berichtet die Konsulin Schickedanz 2006 über ihre Aufgaben. Wenn etwas schiefgeht, muss sie sich dafür verantworten.

Sterbeurkunden sind ebenfalls auszufertigen, Heiratseintragungen vorzunehmen, Erbschaftsangelegenheiten zu klären. Geregelt wurden die Aufgaben 1963 in der »Wiener Konvention über konsularische Beziehungen« (mit der schönen Abkürzung WÜK), der sich 92 Länder anschlossen.

DIE FINANZIELLEN MITTEL

Wenig glamourös also und kostenträchtig noch dazu, sind doch die Mittel für ein Honorarkonsulat komplett aus eigener Tasche aufzubringen. Selten genügen 100.000 Euro, um Büro, Personal und Betriebskosten zu finanzieren. Selbst diese Summe dürfte bei Familie Schickedanz kaum ausgereicht haben, die Kosten werden auf mindestens 150.000 Euro geschätzt. Wie bei Honorarkonsulaten üblich, braucht Griechenland lediglich das Material zu stellen, Stempel oder Geburtenbücher etwa. Die ohnehin nicht allzu üppigen Einnahmen hingegen fließen zu 40 Prozent an Griechenland, die übrigen 60 Prozent an Madeleine Schickedanz. Ein nur kleiner Deckungsbeitrag der hohen Kosten.

Jahrelang unterhält die Familie Schickedanz ihr Honorarkonsulat in sehr guter Nürnberger Innenstadtlage – in der Königstraße. Bis Tochter Madeleine das Konsulat schließlich in immerhin noch gute Citylage verlagert. Erst 2001 zieht das Konsulat zum Hallplatz um. Zu diesem Anlass zeigt sich Madeleine Schickedanz. Es ist einer ihrer wenigen öffentlichen Auftritte, bei denen die regionale Presse die Quelle-Erbin zu Gesicht bekommt.

Zur Einweihung reist auch der griechische Generalkonsul Anastassios Petrovas mit Ehefrau Chryssaextra aus München an und auch die lokale Politprominenz fehlt nicht. Sie wohnen der Segnung der Räume und der Honorarkonsulin durch den griechisch-orthodoxen Erzpriester Alexandros Tsatsanis und den Priester Panagiotis Giannoulisials bei, bevor das griechische Büfett eröffnet wird – unter den Augen der beiden ehemaligen griechischen Honorarkonsuln Gustav und Grete Schickedanz, deren Konterfeis die Wand des Konsulats bis zu dessen Schließung zieren.

Doch auch diese rund 160 Quadratmeter am Hallplatz wollen bezahlt sein – nebst den vier Mitarbeiterinnen, die zwar von Griechenland vereidigt wurden, jedoch auf der Gehaltsliste von Madeleine Schickedanz stehen. »Als sehr sozial eingestellt«, beschreiben diese ihre nunmehr Ex-Chefin, die sie nicht allzu oft zu Gesicht bekamen. »Uns gegenüber war sie stets sehr großzügig, sehr menschlich, aber auch sehr empfindsam.« Die mit dem Amt verbundenen Verpflichtungen habe sie immer wahrgenommen, ihre Exequatur überaus ernst genommen. Sogar eine Auszeichnung – vergleichbar mit dem Deutschen Bundesverdienstkreuz – habe Madeleine Schickedanz dafür erhalten: das »Goldene Kreuz des Phönixordens«, verliehen von Staatspräsident Konstantinos Stafanopoulos.

Genau genommen bedeutet das Wort Exequatur im völkerrechtlichen Sinne: »Der Konsul möge sein Amt ausüben.« Doch was ist das eigentlich – ein Honorarkonsul? Und wie wird man Honorarkonsul?

DER SCHÖNE KONSUL

So viel steht fest: Das Amt des Honorarkonsules scheint eines zu sein, das die Fantasie der Menschen beflügelt. Den britischen Autor Graham Greene inspirierte es zu dem politischen Thriller »Der Honorarkonsul« aus dem Jahr 1973. Mehr als um das Amt geht es vor allem um eine integrierte Dreiecksgeschichte und Kritik an einer von Männlichkeitswahn geprägten Gesellschaft.

Der Titel gelangte aber schon deutlich früher ins Bewusstsein der Deutschen – dank dem umtriebigen Honorarkonsul Hans

Hermann Weyer, der, groß, blond, braun gebrannt und immer tadellos gekleidet, bekannt wurde mit dem Namenszusatz: der schöne Konsul. Nicht nur deshalb ist er eine schillernde Gestalt, die ihre Blütezeit zwar in den 60er- und 70er-Jahren hatte, aber auch in den folgenden zwei Dekaden immer wieder von sich reden machte. »Ich, der schöne Consul. Karrieren für Wunderkinder« hieß eines seiner Bücher, das er Mitte der 90er-Jahre veröffentlichte. 25 Jahre zuvor war ein anderes Werk von ihm erschienen mit einem Titel, der viel und Großes versprach: »Schwarz-rot-goldene Titelträger: Ein indiskretes Handbuch für die große Karriere«.

Sein Vermögen machte Weyer aber vor allem mit der Eitelkeit anderer Leute. Von seinem britischen Stiefvater in die Diplomatenkreise Westberlins eingeführt, entdeckte er früh die Marktlücke. Er selbst hatte es zum Honorarkonsul mehrerer afrikanischer und südamerikanischer Zwergstaaten gebracht, unter anderem von Liberia, Haiti und Mauritius. Den Titel Honorarkonsul vertrieb er im großen Stil, und er soll sich – wie es heißt – das Geld, das die neureichen deutschen Millionäre der Wirtschaftswunderära bereit waren, dafür hinzublättern, mit den jeweiligen Herrschaften in Bolivien oder Liberia geteilt haben. Dabei scheute er sich wohl auch keineswegs, Konsultitel und Orden eines Staates zu verkaufen, den es zu diesem Zeitpunkt längst nicht mehr gab: des irischen Fürstentums Thomond, das rund 200 Jahre zuvor untergegangen war. Das brachte ihm dann zwar kein Geld, dafür aber eine Haftstrafe ein.

Der »Spiegel« schrieb in den 90er-Jahren über ihn: »Der Mann, der den Wirtschaftswunderkindern per Ritterschlag die Minderwertigkeitskomplexe austrieb und ihnen die Blechsterne auf die Ehrendoktorbrust heftete, ist ein Herr, ganz in Dunkelblau, mit Rollkragenpullover und Klubjacke. Nur das rote Einstecktuch über dem gestickten Wappen bricht ein wenig die Vollkommenheit seiner altmodischen Erscheinung, doch ist es in sorgsamer Lässigkeit gefältelt, und nicht minder elegant arrangieren sich die Falten um die immer noch strahlend blauen Augen im haselbraunen Gesicht des 52-Jährigen.«

Weyer war indes nicht der Einzige, der einen gut ausgestatteten Bauchladen mit Titeln vor sich hertrug. In München etwa, so ist 1967 ebenfalls im »Spiegel« zu lesen, offerierte der Kaufmann Ernst Stiefenhofer gleich per Rundschreiben finanzstarken Bürgern des Freistaates »Ehrenkonsulate von Ghana, Tschad, Sudan, Syrien, Malaysia und Venezuela« – zu haben für Beträge von bis zu 100.000 D-Mark.

Vor allem kleinere Staaten oder wirtschaftlich schwache Länder, die ohne beamtetes Konsularkorps auskommen müssen, lassen sich – noch immer – oft von Honorarkonsuln vertreten. Für Deutschland sind heute rund 300 Honorarkonsuln im Ausland tätig.

Allerdings muss das Amt nicht zwingend mit der Einrichtung eines eigenen, kostenintensiven Konsulats einhergehen. Egal, wie klein und unbedeutend ein Staat ist – Interessenten für den Posten fanden sich schon in den 60er-Jahren in den meisten Fällen. Allein das CC für »Corps Consulaire« als zusätzliches Kennzeichen am Auto spazieren fahren zu dürfen, war für einige Anreiz genug. Doch wer auf die gleiche Immunität hofft, die jene erhalten, die das CD am Wagen tragen – das als »Corps Diplomatique«, als Mitarbeiter des diplomatischen Dienstes ausweist – wird bitter enttäuscht. Zwar genießt auch ein Honorarkonsul Immunität, jedoch nur im Rahmen seiner Amtsausübung.

Der Titelhandel galt allerdings damals schon als Grauzone – nicht grundsätzlich verboten zwar, aber eher unfein. Offiziell, so hieß es, war die Exequatur zu entziehen, wenn jemand für deren Erlangung Geld an Einzelpersonen zahlte. Deutlich schicklicher war es da schon, den Behörden des Entsendestaates Finanzhilfen zukommen zu lassen, für karitative oder wissenschaftliche Zwecke etwa.

Konsul Weyer will laut »Welt online« allein 670 Konsultitel vergeben haben. Er wurde damit nicht nur reich, sondern selbst Teil des internationalen Jetsets, feierte mit den Schönen, Reichen und Adligen in Monaco, St. Moritz oder St. Tropez. Damit nicht genug, ließ er sich auch noch amtlich adeln, indem er sich von einer Gräfin Yorck adoptieren ließ und sich seitdem Konsul Weyer Graf von Yorck nennen darf.

Noch heute weiß der gut aussehende Konsul zu leben. 2009 erwirbt er am schönen Strand von Captiva Island vor Florida gleich zwei Traumvillen als Urlaubsdomizile – für 4,2 Millionen Euro, wie die Münchner »Abendzeitung« berichtet. Vorbesitzer der Villen: Finanzjongleur Bernard Madoff, der wenige Monate zuvor zu 150 Jahren Gefängnis verurteilt wird. Er hat Anleger um Milliarden von Dollar betrogen.

Da das Geschäft mit den Titeln in den 90er-Jahren nicht mehr so florierte, tat Weyer andere Einnahmequellen auf. So hat er dem afrikanischen Staat Liberia die Berechtigung »abgeschwatzt«, wie der »Focus« damals berichtet, allein und exklusiv Schiffsregistrierungen zu vermitteln. »Eine Lizenz zum Gelddrucken«, soll der seinerzeit von den Gazetten gern mit dem Zusatz »Ex-Playboy« versehene Weyer frohlockt haben.

Doch anders als es das Wirken des schönen Konsuls und der Name Honorarkonsul an sich glauben machen möchten, erhält die mit diesen Würden versehene Person kein Honorar für ihre Tätigkeit. Der Titel leitet sich vielmehr vom lateinischen Wort »honor« ab und bezeichnet einzig und allein die Ehre. Nicht einmal mehr Glanz und Glamour der 60er- und 70er-Jahre strahlt der Titel heute noch aus. Als »Reservedoktor für Kaufleute« wurde der Titel Honorarkonsul einmal bezeichnet. Vielen galt er auch als Ersatz für ein Adelsprädikat, nachdem die Standesprivilegien sowohl in Deutschland wie auch in Österreich im Jahr 1919 – mit dem Ende der Monarchien – abgeschafft wurden. Während in Deutschland der Adel seine Titel behalten durfte, wurde ihm in Österreich sogar dies verboten.

Vertrauen und Achtung seien die Vorteile, die ein Konsulstitel einbringe – »die gleichen wie ein ›von‹ vor dem Namen«, so erklärt es damals der Maschinengroßhändler und Konsul der Philippinen, Conrad Bittner, und sagte: »Sie möchten halt alle gern Kollegen vom alten Julius Cäsar werden.« Das Amt eines Konsuls gilt als das höchste zivile und militärische Amt in der Römischen Republik. Julius Caesar wird im Jahr 59 vor Christus zum Konsul gewählt.

Der Journalist Peter Brügge spürte in den 60er-Jahren in einer »Spiegel«-Serie nach, was »Die Reichen in Deutschland« – so deren Titel – umtreibt. Demnach verquickten die oberen Zehntausend dieser Zeit ihr unternehmerisches Engagement auch gern mit einem politischen. »Die anderen heften dankbar das Signum CC an ihre Stoßstangen und fragen erst einmal nicht lange, für welchen Staat sie Konsul sind. Nach einer Weile freilich entdecken sie: Es gilt in ihren Kreisen längst nicht mehr alles gleich, was Konsul heißt«, formulierte Brügge und zitierte: »›Eigentlich sollte es ein europäisches Land sein‹, meint der griechische Konsul Dr. h c. Gustav Schickedanz aus Fürth und verschweigt, dass es dazu noch etwas bedeutet, königlich-griechischer Konsul zu sein. Der Mit-Fürther Max Grundig akzeptierte den Konsultitel der Vereinigten Staaten von Mexiko und musste später seinen eigenen, wie er glaubt, in die eigene Tasche wirtschaftenden Generaldirektor Schäfer als Generalkonsul von Haiti begrüßen. Dazu dämpfte sein Freund Berthold Beitz noch die konsularische Hingabe mit der unwiderlegbaren Feststellung, nur einfach Max Grundig zu sein, genüge ja wohl vollauf.«

Wie heikel es für einen Mitarbeiter – auch in hoher Position – werden kann, einen Konsultitel anzunehmen, musste auch der langjährige Chef der Foto-Quelle, Lothar Schmechtig, erfahren. Niemand Geringerer als Franz-Josef Strauß fragte, ob es ihn nicht reizen würde, Honorarkonsul der dem bayerischen Ministerpräsidenten nahestehenden afrikanischen Republik Zaire zu werden. »Wie sollte er dem Landesvater, der ihm erst kurz davor zum 60. Geburtstag das Große Verdienstkreuz umgehängt hatte, solch ein Angebot abschlagen?«, schreibt der »Zeit«-Journalist Hermann Bößenecker 1983. Also nahm Schmechtig an.

Wenig später verlautete aus der Fürther Schickedanz-Zentrale, »dass Ende des Jahres der dann 61-jährige Manager aus dem Firmenverband ausscheiden werde, dem er 28 Jahre erfolgreich gedient hat«. »Ganz offensichtlich haben die Quelle-Oberen Schmechtigs Ausflug in die konsularischen Gefilde, der nicht zuvor mit ihnen abgestimmt worden war, als höchst willkommenen Anlass benutzt, um ihn vorzeitig abzuhalftern«, war in der »Zeit« zu lesen.

Bößenecker fand diesen Vorgang besonders »pikant in einem Hause, dessen verstorbener Gründer sich selbst immer gern mit dem Titel Konsul anreden ließ. Dies ist ein neuer Beweis dafür, wie wenig Sinn man im Hause Schickedanz seit dem Tod des greisen Firmengründers vor sechs Jahren für die menschliche

Seite des Geschäfts hat, die Gustav Schickedanz so viel bedeutete – und wie wenig Gespür für das, was in der Öffentlichkeit ankommt und was nicht. In Schmechtig hatte der Altmeister des Versandhandels immer einen seiner besten und treuesten Mitarbeiter gesehen.«

Doch nicht jeder fühlte sich zum Honorarkonsul berufen. Der damals 37-jährige Kupplungshersteller Ernst Wilhelm Sachs, der ältere Bruder des als Playboy bekannten Gunter Sachs, lehnte Konsulatsangebote von vier afrikanischen Staaten ab – wenn auch »blutenden Herzens«, wie es hieß. »Natürlich gibt keiner der reichen und neureichen Träger des CC offen zu, er fühle sich dadurch in seinem Selbstgefühl gesteigert«, schrieb Brügge. »‚Geschäfte mit Griechenland', sagt Schickedanz, das vor allem sei sein Motiv für die Annahme des Konsulates gewesen.«

DIE VORTEILE FÜR KONSULN

Neben dem geschäftlichen Engagement wissen es die Honorarkonsuln auch zu schätzen und zu genießen, wenn Polizisten oder Zöllner die mit CC-Schild ausstaffierten Wagen des Types Mercedes 600 oder Chevrolet Impala mit großem Zuvorkommen behandeln, manchmal sogar salutieren, wie sich ein Zeitzeuge gern zurückerinnerte. Die Liste der Wahlkonsuln der erstarkenden Bundesrepublik war lang und prominent. So war der Münchner Lebensmittelfabrikant Werner Eckart, Hersteller von Pfanni-Knödeln und -Kartoffelpüree (»Oma stampft nicht mehr« – so die Werbung dazu), Konsul der Kaffeerepublik Guatemala, der Mainzer Hersteller von Toilettenpapier der Marke Hakle, Hans Klenk, Generalkonsul des »oh so schönen«

Staates Panama, der Großindustrielle Friedrich Karl Flick von Uruguay. Heute hat der Titel eine andere Ausstrahlung, man schmückt sich seltener mit ihm und wenn, dann auch dezenter. Mehr als 450 honorarkonsularische Vertretungen gibt es derzeit in Deutschland. Allein in der Nachbarschaft von Madeleine Schickedanz befinden sich einige namhafte Honorarkonsuln, darunter Madeleines zweiter Ehemann Wolfgang Bühler, der Honorarkonsul der Niederlande ist, und dies noch immer mit dem begehrten Zusatz »königlich«. In der Zeit, in der es in ihrer Ehe bereits heftig kriselte, soll immer nur einer von beiden bei offiziellen Empfängen von Honorarkonsuln erschienen sein, wie in Franken gemunkelt wird. Auch der Nürnberger Johannes Schmitt, Teil der Fahrstuhldynastie Schmitt & Söhne, gehört zum erlauchten Kreis. Er ist königlich-britischer Honorarkonsul. Auf diese Art geadelt zu werden, hat der Hersteller hochwertiger Schreibgeräte und Kosmetikstifte, Anton Wolfgang Graf von Faber-Castell, nicht nötig. In einem Schloss in Stein bei Nürnberg residierend, fühlt er sich als Honorarkonsul dem Land Brasilien verbunden. Das kommt nicht von ungefähr. Der Graf unterhält tatsächlich zu Brasilien, das mit China und Indien zu den am schnellsten wachsenden Volkswirtschaften gehört, enge wirtschaftliche Beziehungen. Seit 1930 hat das Unternehmen ein Werk in São Carlos. Faber-Castell besitzt inzwischen im Südosten des Landes rund 10.000 Hektar große Plantagen, in denen das Holz für die 1,8 Milliarden Blei- und Farbstifte heranwächst, die Faber-Castell jährlich produziert. Nachhaltig, versteht sich. Als nach eigenem Bekunden größter Hersteller produziert das Unternehmen aus Stein bei Nürnberg allein knapp ein Fünftel der jedes Jahr weltweit hergestellten Blei- und Buntstifte. Auch die Hölzer für Kajal- oder Lipliner, auf denen am Ende Namen stehen wie Chanel, Elizabeth Arden oder Lancôme, werden auf Faber-Castell'schen Plantagen in Brasilien angebaut.

Der Graf füllt damit die ureigenste Idee des Honorarkonsulnamtes mit Leben: nämlich wirtschaftliche Beziehungen zwischen dem eigenen und dem vertretenen Land zu knüpfen und auszubauen. Claus Hipp steht mit »seinem guten Namen« indes nicht nur für biologische Babykost aus dem Gläschen, sondern sowohl für wirtschaftliche wie auch für künstlerische Beziehungen zwischen Deutschland und dem Land Georgien. Der Unternehmer aus dem bayrischen Pfaffenhofen nahe der Audi-Stadt Ingolstadt lehrt nicht nur an der Wirtschaftsakademie in der georgischen Hauptstadt, was angehende Unternehmer wissen müssen. Mehr von sich reden macht der Kunststudierte dort als ordentlicher Professor der Staatlichen Kunstakademie Tiflis, an der er nichtgegenständliche Malerei lehrt.

Schon immer sind einige der Honorarkonsule dem jeweiligen Land sehr verbunden, andere wenig bis gar nicht. Da wurde in den 60er-Jahren von einem Honorarkonsul ein Bananenwein namens »Vibana« kreiert, um den Bananenabsatz von Ecuador zu fördern. Geschmack des Weines und Gelingen des Vorhabens sind jedoch nicht überliefert. Andere wiederum begnügten sich damit, ihr Entsendeland für »äußerst wichtig und interessant« zu befinden – ohne jemals einen Fuß auf den dortigen Boden gesetzt zu haben, so Brügge.

Doch nicht nur Eigentümern großer Unternehmen waren die Konsulatstitel zu eigen. Anwälte schmückten sich damit in den 60ern ebenso wie Gastronomen, Großhändler tun es den Präsidenten von Industrie- und Handelskammern gleich, ja sogar Lehrer wollen auf diese Art von Amt und Würden nicht mehr verzichten.

GUSTAV SCHICKEDANZ ALS KONSUL

Als Gustav Schickedanz 1960 von Griechenland zum Wahlkonsul gemacht wird, ist er also mehr oder weniger in bester Gesellschaft. Doch im Gegensatz zu vielen seiner Honorarkonsulnkollegen bedeutete das Amt für Gustav Schickedanz mehr, als sich das CC ans Auto heften, Briefbögen und Visitenkarten mit dem Titel zieren zu können. Schickedanz nahm seine Aufgabe ernst. Er richtete in Nürnberg das Honorarkonsulat ein und erfüllte dort fränkisch-unprätentiös seine Aufgaben.

Mehr Glanz wusste da schon der von Griechenland entsandte, hauptberufliche Generalkonsul Dimitri Pappas seinem Amt zu verleihen. Sein Titel und die gleichzeitig von ihm betriebene Daimler-Benz-Vertretung spülten ihm bei seinen Gesellschaften, die er in den 60er-Jahren gibt, die deutsche Hautevolee ins Haus. Doch lieber noch als in Deutschland, wo er sich des Öfteren genötigt sieht, sich für seinen Mercedes 600 mit Telefon – ein auch von Gustav Schickedanz und dem Industriellen Friedrich Karl Flick bevorzugtes Modell – zu entschuldigen, bewegte er sich in Österreich. Dort konnte er seinem Stolz über den Oberklassewagen freien Lauf lassen.

Prestige dürfte es denn auch kaum gewesen sein, was Madeleine dazu bewog, das Amt der Honorarkonsulin mit all seinen Kosten zu übernehmen. Eher schon die soziale Komponente des Amts. Vor allem aber wohl die Fortführung einer Tradition – ebenso wie beim Quelle-Versandhaus.

Das Nürnberger Honorarkonsulat ist zum Schluss das einzige seiner Art, das Griechenland noch in Deutschland unterhält. Die mittlerweile verbliebenen acht griechischen Vertretungen (Hamburg, Hannover, Düsseldorf, Köln, Frankfurt, Stuttgart,

München, Leipzig) sind allesamt Generalkonsulate, in denen Berufskonsule – also Beamte des Auswärtigen Dienstes – die Aufgaben übernehmen.

Das war nicht immer so. »Zahlreiche Ehrenkonsuln südeuropäischer und orientalischer Staaten ließen Ehrentitel und CC-Schild fahren, als sich aus diesen Ländern Gastarbeiterheere in ihre Amtsbezirke und Amtsstuben ergossen. Die griechischen Wahlkonsuln in München, Frankfurt und Düsseldorf überließen Profis den Platz und die Arbeit. In München, Stuttgart und Hannover verzichteten auch die türkischen Repräsentanten auf ihr Exequatur«, heißt es im »Spiegel« in den 60er-Jahren.

Gustav Schickedanz hingegen schickte 1973 auch schon einmal einen Bus los, um den griechischen Gastarbeitern eine Urlaubsreise in die Heimat zu ermöglichen, als deren Vehikel bereits nach kurzer Fahrt den Geist aufgab.

Schon Anfang der 60er-Jahre, als die ersten Gastarbeiter nach Deutschland kommen und auch bei der Quelle angestellt werden, bemühte sich Gustav Schickedanz um deren Wohlergehen. Eigens für sie lässt er Wohnheime errichten. Im Quelle Jahrbuch 1963 schrieb er: »Der Gastarbeiter verdient alle Achtung, denn er kommt als Gast, der sich im Hause des Gastgebers wohlfühlen soll. Er ist ein gleichberechtigter arbeitender Mensch.«

»Meine Hauptaufgabe sehe ich darin, ein friedliches Miteinander zwischen deutschen und griechischen Mitbürgern hier in meinem Bezirk – in Mittelfranken, Oberfranken und der Oberpfalz – zu pflegen und zu fördern«, sagt Madeleine gut 40 Jahre später über die Arbeit. »Meine Familie hat einen guten Kontakt zu Pfarrer Tzatzanis und der griechisch-orthodoxen Kirche in Nürnberg, wobei mein Mann und ich persönlich die Ausstattung der Kirche unterstützten. Außerdem pflegen wir einen freundschaftlichen Kontakt zu Seiner Eminenz, Metropolit Augoustinos von Deutschland und Exarch von Zentraleuropa in Bonn.«

Auch von Ehemann Leo Herl und Sohn Matthias Bühler werde sie bei ihrer Arbeit, bei den unterschiedlichen Terminen stets unterstützt, erzählt Madeleine. »Ich bemühe mich allerdings, zu solchen Repräsentationsterminen selbst anwesend zu sein, um dabei die freundschaftlichen Verbindungen zwischen deutschen und griechischen Mitbürgern zu vertiefen.«

Griechenland selbst hat es der Vielgereisten angetan: »Die Insel Kreta ist mein Lieblingsplatz, da ich auch das Heraklion-Museum hochinteressant finde. Und was mich persönlich sehr angesprochen hat, ist Delphi«, verrät sie im Interview mit der »Nürnberger Zeitung«. »Ich schätze in Griechenland die Gastfreundschaft der griechischen Landsleute, die Natürlichkeit und ihr Traditionsbewusstsein sowie die Selbstverständlichkeit, mit der sie sich in den unterschiedlichsten Situationen gegenseitig helfen. Dies alles sind Eigenschaften, die auch ich persönlich sehr schätze.«

Das Honorarkonsulat aufzugeben, dürfte kein Leichtes gewesen sein für Madeleine. Die Kündigung persönlich vorzunehmen, dazu sei sie nach den Ereignissen um das Erbe ihrer Eltern nicht mehr in der Lage gewesen, hieß es aus dem Umfeld des Konsulats. Und so ist es auch in diesem Fall ihr dritter Ehemann, Leo Herl, der – wie in diesen Tagen so oft – die eine oder andere unangenehme Aufgabe übernimmt. Nur wenige Wochen nachdem die Pleite des größten Versandhauses besiegelt ist, ruft er die kleine Gruppe von Angestellten zu sich, um ihnen persönlich die Kündigungen auszusprechen. 17 Jahre lang war Gustav Schickedanz Honorarkonsul, weitere 17 Jahre war es seine Frau

Grete, die diese Aufgabe weiterführte. Madeleine Schickedanz' Engagement endete nach 16 Jahren.

Der Zeitpunkt des Endes fällt zusammen mit dem Beinahe-Bankrott Griechenlands. Das Land der Helenen muss im Frühjahr 2010 den Offenbarungseid leisten. Wie beim Unternehmen Quelle legt die Wirtschafts- und Finanzkrise auch bei dem griechischen Staat die Schwachstellen offen. Doch anders als das Versandhaus bekommt Griechenland öffentliche Finanzmittel zur Verfügung gestellt. Europäische Union und Internationaler Währungsfonds schnüren ein Rettungspaket über 120 Milliarden Euro.

DER VATER: GUSTAV SCHICKEDANZ

Wenn von Madeleines Vater gesprochen wird, kommt schnell ein stattliches Portfolio an beeindruckenden Eigenschaften zusammen. Als »wesentliche Züge seines Charakters« macht der Biograf von Gustav Schickedanz, Theo Reubel-Ciani, »Selbstdisziplin, Verantwortungsbewusstsein den ihm Vertrauenden gegenüber und einen unbeugsamen Durchhaltewillen« aus. Menschen, die ihn kennenlernten, beschreiben ihn als geradlinig und direkt, ebenso als liebenswürdig und herzlich, als einen leidenschaftlichen Sportler, als einen Naturfreund, als Liebhaber der Kunst und des Schönen.

»Der erste Eindruck von Gustav Schickedanz ist der eines ruhigen und gesammelten Mannes«, sagt seine langjährige Mitarbeiterin Ursula Rassaerts-Röh einmal. »Die Ruhe täuscht, die Sammlung ist ein Willensakt. Sie ist zu einem guten Teil Höflichkeit, zu einem anderen Teil Aufgeschlossenheit und Erwartung.«

Wer länger und öfter mit Gustav Schickedanz zu tun hatte, lernte ihn auch von einer anderen Seite kennen, von einer temperamentvollen. Gelegentlich schoss er dabei über das Ziel hinaus und wurde laut. Dies sei »der Klang seiner Lebenskraft, bei dem man die Ohren steif halten muss, wenn man mit ihm leben und schaffen will«, wurde einmal über ihn geschrieben. Doch wie so oft bei überschäumenden Temperamenten suchte auch Gustav Schickedanz schnell den ausgleichenden Moment. Dass er einer der größten Unternehmer Deutschlands wurde, daran hat mit Sicherheit Fortuna ihren Anteil. Vor allem aber ist es das Ergebnis harter Arbeit, eines überdurchschnittlich großen Ehrgeizes, eines tiefen Vertrauens in die eigenen Fähigkeiten und Ideen.

Der Erfolg ist auch auf seinen guten Instinkt zurückzuführen – vor allem aber auf seinen unglaublich großen Mut.

DIE ANFÄNGE

Als junger Mann kommt Gustav Schickedanz in ein Geschäft für Kurz- und Wollwaren. Er fragt: »Was kostet die ganze Wand?« Die Antwort wartet er gar nicht erst ab: »Ich nehme alles!« Es ist nur eine kleine Anekdote und doch sagt sie viel über den Quelle-Gründer aus. Als er in großem Stil kauft und investiert, befindet sich Deutschland mitten in einer der größten Weltwirtschaftskrisen.

Es ist das Jahr 1929. Die »goldenen Zwanziger« gehen ihrem Ende entgegen. In der zweiten Hälfte der 20er-Jahre war in den Industrienationen dieser Welt produziert worden, was das Zeug hielt. Die Fabriken spuckten Industrieprodukte en masse aus – in den USA vor allem Autos, Kühlschränke und Fernseher. In Europa wird hingegen in den Zschopauer Motorenwerken J. S. Rasmussen gerade der erste Kühlschrank entwickelt. An Fernsehen denkt hier noch keiner. Allerdings wird Deutschland sechs Jahre später als erstes Land der Welt ein regelmäßiges, wenn auch kurzes Fernsehprogramm ausstrahlen.

Bis es so weit ist, kaufen die Deutschen vor allem Radios. Sehr gefragt sind Geräte der Marke Lumophon, ein Nürnberger Unternehmen, das sich später der ebenfalls in Fürth ansässige Unternehmer Max Grundig einverleibt.

Doch die Kauflust in den Industrienationen weicht schon bald einem großen Frust. Der Bedarf ist gedeckt, das Geld ausgegeben. All die schönen Waren finden keine Abnehmer mehr. Die Unternehmen, die ihre Artikel nicht absetzen können, stellen die Produktion ein. Viele Firmen müssen Konkurs anmelden und ihre Arbeiter entlassen.

Das Wachstum in aller Welt wurde vielfach mit Krediten finanziert. Ebenso wie die Gier derer, die an den Unternehmensgewinnen mithilfe der Börse partizipieren wollten. Viele stiegen in großem Stil und auf Pump an der Börse ein – teilweise zu horrenden Zinsen. Dann sind plötzlich auch viele Banken zahlungsunfähig. Am 24. und 25. Oktober kommt es an der Börse zu einer Massenflucht aus Aktien. Der 25. Oktober geht schließlich in die Geschichte ein als der Schwarze Freitag. Wann immer seither Aktienkurse in den Keller rauschen, Banken pleitegehen, Volkswirtschaften einbrechen – es ist der Schwarze Freitag vom Oktober 1929, der böse Erinnerungen wach werden lässt.

Unbeirrt von der darauf folgenden Inflation und dem Währungsverfall, der schwindelerregend ist, baut Gustav Schickedanz in Fürth bei Nürnberg sein Unternehmen auf und aus.

Von Anfang an scheint es für ihn festzustehen, einmal sein eigener Herr in einem Unternehmen zu sein. Gustav Schickedanz wird am 1. Januar 1895 in bürgerliche Verhältnisse geboren, die vielleicht nicht gut zu nennen sind, aber doch solide. Der Vater Leonhard Schickedanz arbeitet wie der Großvater in der Holzbranche. Er ist Einkäufer in einer Möbelfabrik, was der vierköpfigen Familie – Vater, Mutter, Gustav und seine zwei Jahre ältere Schwester Elisabeth, genannt Liesl – ein passables Auskommen sichert.

DIE LEKTIONEN GELERNT

Dass Gustav sich später einer anderen Branche zuwendet, könnte an seinem Onkel gelegen haben, dem älteren Bruder Leonhards. Er wird auch der Taufpate seines Neffen, der später mit genau dem gleichen Namen Karriere macht: Abraham Gustav Schickedanz. Der Onkel, groß und stattlich, gilt als ein Mann von Welt. Als Handelsagent arbeitet er im kaiserlich-königlichen Budapest. Dort vertritt er deutsche wie auch österreichische Großfirmen. Sogar ein florierendes Kaufhaus besitzt Abraham Gustav der Ältere in der ungarischen Donau-Metropole.

Doch bevor auch aus dem kleinen Abraham Gustav ein großer Unternehmer wird, muss er die üblichen Stationen absolvieren. Er geht auf die »Königlich Bayrische Realschule mit Handels-Abteilung«. Die gleiche Schule besucht auch der zwei Jahre jüngere Ludwig Erhard, der später erst Wirtschaftsminister und von 1963 bis 1966 der zweite Bundeskanzler der noch jungen Bundesrepublik Deutschland wird. Erhard gilt als »Vater des deutschen Wirtschaftswunders«, zu dessen Hauptprotagonisten wiederum auch Gustav Schickedanz zählt. Ob die beiden sich damals auf der Schule schon gekannt haben, ist nicht überliefert.

Bei der Familie seines Schulfreundes Ernst Spear, Sohn aus einer der bekanntesten Spielwarendynastien, wird Gustav Schickedanz nach seinem Schulabschluss »kaufmännischer Lehrling«.

In dem einen Jahr der Ausbildung scheint er mit solchem Fleiß und Gewissenhaftigkeit überzeugen zu können, dass seine Lehrherren Karl und Richard Spear ihn bald nach Argentinien schicken wollen. In Buenos Aires soll er die Interessen der Firma vertreten. Eine großartige Chance. Doch Gustav Schickedanz lehnt ab. Erst will er seine Militärpflicht ableisten, bevor er richtig ins Berufsleben einsteigt. Mit seinem Regiment muss er 1914 an die Front nach Frankreich. Nur zwei Monate später wird er so schwer am Unterschenkel verletzt, dass er nach seiner Entlassung aus dem Lazarett nur noch als »heimatdiensttauglich« gilt.

Mitten im Krieg, auf einer Silvesterfeier, lernt Gustav Schickedanz in Fürth die Bäckerstochter Anna Zehnder kennen. Die junge Frau ist hübsch. Vor allem aber soll es ihm ihre zupackende Art angetan haben, ihr Sinn fürs Praktische, den sie bereits in der Bäckerei an den Tag gelegt hat. Anna Zehnder hat gern mit Menschen zu tun, bleibt auch in schwierigen Situationen optimistisch und weiß sich dennoch durchzusetzen. Eigenschaften, die später auch Gustavs zweiter Frau Grete zugeschrieben werden.

Im Sommer 1918 verlobt sich Gustav Schickedanz mit Anna Zehnder. Der Erste Weltkrieg wird offiziell am 28. Juni 1919 beendet – mit dem Vertrag von Versailles. Nur drei Monate später, am 28. September 1919, heiraten Gustav und Anna im Kreis ihrer Familie.

Der junge Ehemann braucht Arbeit. Auf den Krieg folgt eine harte Zeit, die Wirtschaft liegt am Boden. Als sich bei dem Kurzwarengrossisten Otto Lennert die Chance auf eine Stelle als Angestellter bietet, greift Gustav Schickedanz zu. Es ist ein alteingesessenes Geschäft, solide, nicht sonderlich groß. Die treue Stammkundschaft aus Fürth und Umland kauft hier für den eigenen Bedarf und verkauft die Produkte dann in kleinen Läden, auf Wochenmärkten oder an den Haustüren weiter: Nadel und Faden, Hosenträger und Knöpfe, Sockenhalter und Strapsgummi. Das Geld für die Ware lässt jedoch oft auf sich warten. Die Kundschaft muss anschreiben lassen. Dabei lernt Gustav Schickedanz wohl die nächsten Lektionen für sein späteres Unternehmerdasein: gute Ware zu kleinen Preisen anzubieten.

Auch die Idee der Ratenkredite, die er der Quelle-Kundschaft später offeriert, hat hier wohl ihren Ursprung.

Gustav Schickedanz beweist bei Otto Lennert seine Tatkraft, zeigt Biss und bringt neue Ideen ein. Seine durchorganisierte Arbeitsweise, die er bei Spear & Söhne gelernt hat, scheint dem Chef zu gefallen. Nur wenige Monate nach seinem Eintritt bietet ihm Lennert eine Teilhaberschaft in der Firma »Kurzwaren en gros Lennert« an.

AUFGEBEN – ABER NUR FÜR DEN MOMENT

15.000 Goldmark soll dieser Schritt in die Teilselbstständigkeit kosten. Ein Vermögen zur damaligen Zeit. Gustav Schickedanz hat das Geld nicht – doch er gibt nicht auf. Die beiden Schwestern seiner Frau, Gretl und Lina, helfen dem Schwager und strecken ihm das Geld vor.

Dass das Geschäft jetzt auch sein Geschäft ist, spornt Gustav noch mehr an. Er träumt von etwas Großem, will in kurzer Zeit deutlich mehr Ware absetzen. Verwundert über den mangelnden Ehrgeiz seiner Kunden, ihrerseits mehr verkaufen zu wollen, fragt er sie nach den Gründen. So erfährt er, dass sie sich mit weniger Umsatz zufrieden geben, weil ihnen das Geld fehlt, um größere Mengen einkaufen zu können.

Trotz der Zweifel seines Partners Lennert entwickelt Gustav einen Plan, an dessen Verwirklichung er sich ab 1922 macht. Er will größere Mengen einkaufen, um dadurch günstigere Bedingungen aushandeln zu können. Diese Preisvorteile will er an seine

Kunden weitergeben. Gustav macht sich auf den Weg und klappert seine Klienten in Stadt und Land ab. Persönlich stellt er ihnen das Konzept vor, das durchaus auf Interesse stößt. Er will alle für eine gemeinsame Handelskette gewinnen. Was hoffnungsvoll beginnt, scheitert schon nach kurzer Zeit kläglich. Nicht alle halten sich an die Vereinbarungen, sie zahlen nicht pünktlich – was eine Voraussetzung für das Gelingen wäre. Gustav Schickedanz ist enttäuscht. Er gibt auf – aber nur für den Moment.

Denn dass er mit seiner Idee grundsätzlich richtig liegt, davon ist er nach wie vor überzeugt. Um sich dieser voll und ganz widmen zu können – ohne anderweitige Verpflichtungen –, macht er mit der Rückendeckung seiner Frau und seiner Familie den nächsten Schritt.

Gustav Schickedanz ist 27 Jahre alt, als er am 7. Dezember 1922 die völlige Selbstständigkeit wagt. An diesem Tag wird in das Handelsregister eingetragen: »Gustav Schickedanz, Sitz Fürth, Moststraße 35, Großhandel mit Kurzwaren.«

Direkt nach seinem 28. Geburtstag am 1. Januar 1923 legt er los. Die Firma besteht aus einem Warenlager, ein Bretterverschlag darf sich Büro nennen und die drei Mitarbeiter, die er vom Fleck weg engagiert, sind Ehefrau Anna, Vater Leonhard und Schwester Liesl.

Die Ausgangsbedingungen sind nicht die günstigsten: Im Sommer des Jahres 1922 wird der damalige Außenminister Walther Rathenau ermordet. Das Signal des Attentats auf andere Länder ist fatal. Das Vertrauen in Deutschland sinkt und damit auch in die Währung. Die Mark ist zum Preisverfall freigegeben. Die Inflation schreitet nicht einfach nur voran. Sie galoppiert. Bis Ende 1922 ist der 1000-Mark-Schein der höchste

Wert, den die deutsche Währung kennt. Im November 1923 lässt die Reichsbank als höchsten Wert einen Geldschein über 100 Billionen Mark (100.000.000.000.000) drucken.

Doch auch andere Zahlen sind nicht minder beeindruckend: Bis zu 133 Fremdfirmen drucken Tag und Nacht Geld auf 1783 Druckmaschinen. 30 Papierfabriken stellen das Banknotenpapier dafür her. In Deutschland sind insgesamt 30.000 Menschen nur mit der Herstellung des Geldes beschäftigt. Es reicht trotzdem nicht. Die Menschen gehen mit einem Korb voller Geld einkaufen, in der Hoffnung, der Preis für ein Brot sei nicht binnen weniger Stunden von einer auf eineinhalb Millionen Mark gestiegen.

DIE INFLATION FRISST ALLES AUF

Gustav Schickedanz hat seine Schäfchen beizeiten ins Trockene gebracht. Alles, was er an Barmitteln zur Verfügung hatte, steckt bereits in Ware. Während andere alles verlieren, übersteht er die Inflation relativ unbeschadet. Dem Desaster wird am 15. November 1923 ein Ende gemacht – mit einer Währungsreform.

Wenige Tage zuvor, am 8. und 9. November, gibt es einen Putschversuch, bei dem Adolf Hitler anstrebt, die chaotische Lage für seine Zwecke auszunutzen und die Macht zu übernehmen. Er scheitert. Das Ergebnis: 18 Menschen sterben, darunter vier Polizisten. Die Nationalsozialistische Deutsche Arbeiterpartei (NSDAP), deren Vorsitzender Hitler ist, wird daraufhin verboten. Hitler selbst wird in einem Hochverratsprozess im Februar 1924 zu fünf Jahren Festungshaft verurteilt.

Unverdrossen hält Gustav Schickedanz an seiner Idee fest, obwohl die Hürden dafür nun noch höher liegen. Viele Menschen haben ihre gesamten Ersparnisse durch die Inflation verloren. Das Geld für Konsum – egal, wie wenig es ist – fehlt hinten und vorne. Gerade deshalb scheint es Gustav Schickedanz wichtiger denn je, günstige Preise anbieten zu können. Immer öfter »verirren« sich in seinen Großhandel auch Endkunden – Hausfrauen, Arbeitslose, die jeden Pfennig acht Mal umdrehen müssen. Sie hoffen, bei ihm billiger einkaufen zu können als im normalen Laden. Doch nur Handelstreibenden darf Schickedanz Ware zu Großkundenpreisen verkaufen, will er nicht mit Konkurrenz und Handelsverordnung in Konflikt geraten.

Erneut keimt die Idee für eine Handelskette auf. Wieder geht Gustav Schickedanz auf Reisen, um Gleichgesinnte zu gewinnen – im Frankenwald, im Steigerwald, im Bayrischen Wald, in der Oberpfalz. Sogar bis nach Hessen fährt er. Aber selbst Kreditangebote und die Aussicht auf steigenden Absatz und mehr Gewinn locken die Ladenbesitzer nicht. Ihr stärkstes Argument: »Das haben wir noch nie so gemacht.«

Eine feste Stammkundschaft hat Gustav Schickedanz mittlerweile unter den Landfrauen, die den mitunter beschwerlichen Weg in die Stadt machen, um bei ihm – wenn auch zu Ladenpreisen – Waren zu erstehen. Die solide Qualität hat sich schnell herumgesprochen.

Gustav Schickedanz will ihnen das Einkaufen erleichtern, indem er ihnen Listen mit besonders günstigen Angeboten zuschickt. Sie bräuchten, so erklärt Schickedanz, nur das Gewünschte anzukreuzen und die Waren kämen per Post. Viele finden die Idee verlockend. Nur Namen und Adressen für eine Kundenkartei möchten sie ihm nicht geben. Außerdem wollen sie es sich nicht mit den Geschäftsleuten im Ort verderben – eine Gilde, die oft großen Einfluss besitzt. Gustav Schickedanz versteht. Einige dieser Geschäftsleute sind außerdem auch seine Kunden. Doch die Idee, die aus Amerika kommt, lässt ihn nicht mehr los. Dabei sieht er drei Herausforderungen, Probleme würde Gustav sie nicht nennen wollen: Er will seinen guten Ruf als Großhändler nicht gefährden. Er muss von den Angeboten immer genügend Ware auf Lager haben. Die Ware darf auch nicht zu günstig sein, soll sie nicht für Ramsch gehalten werden.

DIREKT AN DER »QUELLE« KAUFEN

Als sich die Wirtschaft Mitte der 20er-Jahre erholt, wagt er es schließlich und legt den Grundstein für ein Weltunternehmen: Am 26. Oktober 1927 lässt Gustav Schickedanz ins Handelsregister eine weitere Firma eintragen: »Versandhaus Quelle, Gesellschaft mit beschränkter Haftung, Sitz Fürth«. Hier sollen die Kunden gute Qualität zu günstigen Preisen einkaufen: direkt an der Quelle.

Im gleichen Jahr kratzt auch der jüdische Kaufmann Karl Amson Joel all seine Ersparnisse zusammen und gründet in der Nachbarstadt Nürnberg einen Wäscheversand, ebenfalls nach amerikanischem Vorbild. Innerhalb kürzester Zeit expandiert diese Wäschemanufaktur, vergrößert das Warenangebot um Fertigtextilien, die in der eigenen Näherei hergestellt werden. Schon bald soll es nach Witt in Weiden, Quelle in Fürth und Schöpflin in Hagen die Nummer vier unter den deutschen Versandhäusern sein.

In diesen Jahren werden auch der Baur Versand in Burgkunstadt (1925) gegründet, das Versandhaus Klingel in Pforzheim (1925), der Versender Wenz (1926) und der Bader Versand in Pforzheim (1929). Als Pionier des deutschen Versandhandels gilt aber Ernst Mey, der 1886 den ersten illustrierten Warenkatalog herausgibt. Die von ihm mit einem Freund 1870 gegründete Firma Mey & Edlich, die mit dem Versand abknöpfbarer Kragen für den Herrn startet, existiert noch heute und hat ihren Sitz in Leipzig.

Der Name Joel wird später vor allem weltbekannt durch den Enkel von Karl Amson: Billy Joel, der 1949 in New York geboren wird. Die Welt kennt den amerikanischen Sänger, Pianisten und Songschreiber vor allem als »Piano-Man«. Er ist der erste US-Künstler, der – noch in den Zeiten des Kalten Krieges – 1987 in Russland auftritt. Zu seinen bekanntesten Hits zählen »Leningrad« und »We Didn't Start the Fire«.

Doch 1927 ist Rockmusik noch Utopie. Bei Gustav Schickedanz wächst das originäre Geschäft – der Großhandel – in den Jahren bis zur Quelle-Gründung derart, dass er fünf Lehrmädchen einstellen kann. Gustavs Ehefrau Anna muss im Geschäft etwas kürzer treten: 1924 wird Sohn Leo geboren, ein Jahr später seine Schwester Louise.

Das jüngste Lehrmädchen stößt erst im Januar des Quelle-Gründungsjahres dazu. Sein Name ist Grete Lachner. Ihrem damaligen Chef wird Grete später als »Frau Schickedanz« oder auch als »Frau Quelle« an Popularität in nichts nachstehen.

Gustav Schickedanz' Gespür fürs Geschäft ist unglaublich. Für das gesamte Quelle-Sortiment bietet er nicht nur »anstandslose Rücknahme«, sondern auch eine »Geld-zurück-Garantie« – egal, ob das Produkt einen Mangel aufweist oder nur einfach nicht gefällt.

Diese Offerte suggeriert Sicherheit und Vertrauen – auch in die angebotene Qualität. Eine bessere Werbung für sich und sein Geschäft gibt es wohl nicht. Dennoch nimmt er auch viel Geld in die Hand, um Kunden jenseits von Fürth zur Quelle zu locken. »Wir brauchen Adressen! Adressen!«, sagt er seinen Mitarbeitern immer wieder. Die Adresskartei wird schließlich das Herzstück des Unternehmens.

Die Rechnung geht auf. Im Jahr 1928 wächst der Umsatz schon spürbar. Mit den Gewinnen aus dem Großhandel tätigt Gustav Schickedanz die mit Wachstum verbundenen Investitionen. Diese fließen vor allem in eine Erweiterung des Lagers und den Lagerbestand, damit die Kundschaft nicht auf die bestellte Ware warten muss. Aber eben auch immer wieder in Werbung. Gustav Schickedanz hat die Zeichen der Zeit erkannt. Im folgenden Jahr veröffentlicht die Fachzeitschrift »Reklame« eine Umfrage, wonach 38 Prozent der befragten Firmen ihren Reklameetat für 1929 um bis zu 50 Prozent erhöht haben.

Genauso wichtig wie zu werben, zu erwerben, zu erweitern und den Überblick über alles zu behalten, war es dem Quelle-Chef, mit seinen Kunden in Kontakt zu bleiben. Wenn ihm ein Kunde schrieb, antwortete er möglichst sofort. Für ihn ein Gebot von Anstand – und eine vertrauensbildende Maßnahme: »Jeder Pfennig für Werbung, die nicht Vertrauen schafft, ist hinausgeworfen«, sagt er einmal. »Vertrauen schafft sie aber nur, wenn sie hält, was sie verspricht. Lieber noch etwas mehr.« Lieber noch etwas mehr – diesem Credo blieb er sein Leben lang treu.

Mit der Quelle geht es auch 1929, obwohl die ersten Anzeichen der aufziehenden Wirtschaftskrise nicht zu übersehen sind, weiter aufwärts. Gustav Schickedanz, der seine Kunden erst per Fahrrad beliefert, später – um neue Kunden zu gewinnen – mit dem Motorrad durch Deutschland braust, schafft sich ein

Auto an. Das gilt schon längst nicht mehr als Luxusgut. Im Jahr 1929 gibt es auf deutschen Straßen bereits mehr als eine Million Autos. Die Automobilindustrie ist noch jung und dennoch rollt im gleichen Jahr bereits eine Absatzkrise mit anschließender Konzentrationswelle über die Industrieländer hinweg. Bei der Adam Opel AG in Rüsselsheim müssen im Sommer sogar Arbeiter entlassen werden, für den Rest der Belegschaft wird Kurzarbeit angeordnet. Im Jahr 2009, in dem Jahr, in dem die Quelle aufhört zu existieren, steht auch Opel kurz vor dem Aus.

In den 20er-Jahren geht der Trend im Deutschen Reich vor allem zu Kleinwagen. Der erfolgreichste unter ihnen ist der Hanomag 2, der im Volksmund auch »Kommissbrot« genannt wird. Doch der erst seit 1925 gebaute Kleinwagen verschwindet 1928 schon wieder vom Markt. Die Rüsselsheimer hingegen, die seit März zum amerikanischen General-Motors-Konzern gehören, schicken ihren Kleinwagen, den Opel 4 – bekannt als »Laubfrosch« – in einer verbesserten Version auf die Straße. Als das »schönste deutsche Automobil« wird in diesem Jahr der Mercedes-Benz SSK prämiert – eine Neuheit auf dem Markt, die für 35.000 Reichsmark zu haben ist. Zum Vergleich: Ein Kilo Brot kostet 41 Pfennig, ein Kilo Weizenmehl 54 Pfennig. Das Auto ist 170 PS stark und schafft eine Spitzengeschwindigkeit von 165 km/h. Verbrauch: 27 Liter auf 100 Kilometer. Konstrukteur des Mercedes-Benz SSK ist Ferdinand Porsche. Nur ein Jahr später macht er sich selbstständig und gründet ein Konstruktionsbüro. Es ist der Grundstein für die spätere Sportwagenschmiede Porsche AG.

DER SCHICKSALSSCHLAG

Die zunehmende Motorisierung bringt neue Probleme mit sich. Die Statistik weist im Jahr 1929 elf Verkehrstote aus – pro Tag. Auch die Zahl der Toten bei Unfällen an Maschinen und in der Landwirtschaft ist hoch, den Berufsgenossenschaften eindeutig zu hoch. Sie rufen eine Bewegung zur Unfallverhütung ins Leben. Wer glaubt, Anglizismen seien eine Geisel des Computerzeitalters, irrt. Die Bewegung erhält den Slogan: »Safety first« – Sicherheit geht vor. Im Deutschen Reich wird sogar eine »Reichsunfallverhütungswoche« veranstaltet.

Für die Familie Schickedanz im beschaulichen Franken scheint all dies weit weg zu sein. Bis zum 13. Juli 1929. Es ist ein Samstag. Die Familie hat sich freigenommen. Gern fahren sie mit dem neuen Wagen hinaus in die Natur. Oft sitzt Anna Schickedanz selbst am Steuer. An diesem Wochenende brechen sie nach München auf, wo Gustav Schickedanz, seine Frau, die beiden Kinder und sein Vater das Wochenende verbringen wollen. Wie so oft laden sie auch dieses Mal Leute ein, sich ihnen anzuschließen – den Buchhalter mit Frau und Kind sowie das Hausmädchen.

Was dann passiert, erschüttert Familie, Freunde und Bekannte. Vor allem aber wirft es Gustav Schickedanz völlig aus der Bahn. Auf einer Landstraße will Anna Schickedanz ein Pferdefuhrwerk überholen – zeitgleich mit einem Radfahrer. Um diesen nicht zu gefährden, weicht sie so weit aus, dass das Auto von der Straße abkommt und gegen einen Baum prallt. Die 33-jährige Anna und der kleine Leo, gerade einmal fünf Jahre alt, sind auf der Stelle tot. Gustav Schickedanz, sein Vater und das befreundete Ehepaar kommen mit schweren Verletzungen nach München ins Schwabinger Krankenhaus. Dort stirbt Leonhard Schickedanz wenige Tage später. Unverletzt bleiben Louise Schickedanz, der kleine Sohn der Freunde und das Hausmädchen. Nach Wochen in der Klinik kann Gustav Schickedanz entlassen werden. Äußerlich fast wiederhergestellt, ist er innerlich ein gebrochener Mann. »Er schien jegliches Interesse an seiner Firma verloren zu haben«, beschreibt Biograf Reubel-Ciani diese schwere Zeit. »Immer wieder verfiel er in stummes Grübeln, schwere Depressionen quälten ihn, nichts mehr war von der alten Energie zu spüren, von seiner mitreißenden Schaffensfreude und dem so oft bewiesenen Durchhaltewillen.«

Die Familie ist und bleibt für Gustav Schickedanz Zeit seines Lebens das Wichtigste, sie ist ihm Antriebsmotor und Rückhalt. Es ist seine Schwester Liesl, die in jener Zeit die Geschicke des Geschäfts in die Hand nimmt – mit großer Unterstützung der Mitarbeiter. Dabei tut sich vor allem eine hervor mit ihrer Tatkraft: Grete Lachner.

Gustav Schickedanz sucht und findet Trost bei Dichtern und Denkern. Auch sein kleines Töchterchen Louise, das er so liebt, holt ihn wieder ins Leben zurück. Den Verlust des Sohnes wird er nie überwinden.

Es bedarf eines einschneidenden Ereignisses, das ihn gut drei Monate nach dem Unglück endgültig zurückbringt: der Zusammenbruch der Börse 1929, der Schwarze Freitag. Er löst eine Weltwirtschaftskrise aus, deren Ausmaß alles Bisherige übertreffen soll. »Da stand Gustav Schickedanz, ohne irgendwelche Vorankündigungen, plötzlich wieder im Büro. ›Wir müssen weiter vorwärts schauen‹, sagte er knapp, begrüßte jede Mitarbeiterin und jeden Mitarbeiter mit Handschlag und ging an die Arbeit, als habe es für ihn nie eine Unterbrechung gegeben«, notierte Reubel-Ciani.

In den nächsten Jahren geht es mit der Quelle stetig weiter aufwärts – trotz Wirtschaftskrise. Im Jahr 1932 zieht das Unternehmen, das inzwischen mehr als 100 Mitarbeiter beschäftigt, auf ein größeres Gelände um. Quelle macht seinen Kunden so sensationelle Angebote, dass sogar Zeitungen und Radiosender darüber berichten. Gustav Schickedanz kalkuliert hart – auch bei den Zulieferern. Er gilt aber als sehr fair und vor allem als überaus zuverlässig. Viele seiner Lieferanten können in dieser Zeit nur dank der Quelle überleben.

Gustav Schickedanz braucht mehr Unterstützung. Schließlich steigt auch sein Schwager und Freund Daniel Kießling, der Mann seiner Schwester Liesl, ins Geschäft ein. Er arbeitet zuvor bei einem Bleistifthersteller in Fürth. Einige Unternehmen dieser Branche haben sich in Franken angesiedelt. Heute gibt es in der Region noch Faber-Castell, Schwan-Stabilo, Städtler und Lyra, die alle weit mehr als nur Bleistifte produzieren.

SCHLECHTES KLIMA FÜR DEN HANDEL

Am 30. Januar 1933 wird Hitler zum Reichskanzler berufen. Die Jahre danach werfen auf den Kaufmann Gustav Schickedanz einen Schatten, der sich nie wieder ganz verscheuchen lassen wird. Bereits im November 1932 wird Gustav Schickedanz Mitglied der NSDAP. Einen Hauptgrund für den Eintritt in die Partei sieht der Historiker Gregor Schöllgen in der »erkennbaren Kampfansage an den Versandhandel«. 1938 wird Gustav Schickedanz vom NS-Oberbürgermeister Franz Jakob gar als Fürther Stadtrat eingesetzt.

Fakt ist, dass der Regierungswechsel nicht das beste Klima für den Handel schafft. Den braunen Ideologen sind Kauf- und Warenhäuser, Filialbetriebsketten und Einheitspreisgeschäfte ein Dorn im Auge. In die Kategorie »Großbetriebsformen« fällt auch der Versandhandel. Gustav Schickedanz fühlt sich in seiner Arbeit mehr als behindert. Die meisten Unternehmen dieser Art sind fest in jüdischer Hand, wie etwa die viertgrößte deutsche Warenhauskette Schocken und das Kaufhaus Wertheim. Zunehmend sind sie den Angriffen und Schikanen der Nationalsozialisten ausgeliefert. Auch Karl Amson Joel. Der kahlköpfige »Franken-Führer« Julius Streicher veröffentlicht in seinem antisemitischen Hetzblatt »Der Stürmer« immer wieder hasserfüllte Lügengeschichten über den »Wäschejuden Joel«. Das führt schließlich dazu, dass Karl Joel in Nürnberg für seine Firma und seine Familie keine Zukunft mehr sieht: 1934 verlegt er den Firmen- und Wohnsitz nach Berlin. In der Reichshauptstadt kann er trotz schwieriger Bedingungen seine Erfolgsgeschichte fortsetzen, wie Autor Steffen Radlmaier in seinem Buch »Die Joel-Story« schreibt. Joels Kundenkartei zählt über 850.000 Kunden, überwiegend im nord- und ostdeutschen Raum.

Doch den Joels geht es nicht besser als anderen jüdischen Geschäftsinhabern. Die systematische Verfolgung und Ausgrenzung der Juden in Deutschland nimmt seit der Verabschiedung der Nürnberger Rassegesetze im Jahre 1935 immer brutalere Formen an.

Für die Konkurrenz erweist sich das durchaus als Geschäftsvorteil: Nicht umsonst lässt Gustav Schickedanz auf den Quelle-Paketen neben dem Absender einen vermeintlich verkaufsfördernden Hinweis drucken: »Ein christliches Unternehmen mit arischem Inhaber«.

Für Joel hingegen wird die Luft in Berlin immer dünner, die politische Situation verdüstert sich. Anfang 1938 marschieren deutsche Truppen in Österreich ein und eine neue Reichsverordnung tritt in Kraft: Jeder Jude ist gezwungen, Privatvermögen von mehr als 5000 Reichsmark offiziell zu deklarieren. Aufgrund der Repressalien laufen auch Joels Geschäfte immer schlechter. Er muss einen Teil seiner Mitarbeiter entlassen. Schließlich fasst er den Entschluss, seine Firma zu verkaufen. Er und seine Frau schmieden Fluchtpläne.

Die Konkurrenz bekommt jedoch von Joels Verkaufsabsichten Wind. Die Gelegenheit ist ausgesprochen günstig, denn jüdische Geschäftsleute, die in Deutschland ihres Lebens nicht mehr sicher sind, befinden sich in einer denkbar schlechten Verhandlungsposition. Auch Gustav Schickedanz interessiert sich für den Betrieb seines angeschlagenen fränkischen Konkurrenten. Den Zuschlag bekommt ein anderer fränkischer Jungunternehmer: Josef Neckermann, der bereits im heimatlichen Würzburg von der sogenannten Arisierung jüdischer Unternehmen profitiert hat. Am 11. Juli 1938 unterzeichnen Neckermann und Joel den Verkaufsvertrag in Berlin. Damit ist der Grundstock für eine weitere deutsche Erfolgsgeschichte gelegt: Neckermann macht's möglich!

Für die Wäschemanufaktur, die geschätzte vier Millionen Reichsmark wert ist, zahlt Neckermann kaum die Hälfte – auf ein Treuhandkonto. Joel, der sich mit seiner Frau Hals über Kopf in die Schweiz abgesetzt hat, sieht davon jedoch keinen einzigen Pfennig. Die Joels sind erst Jahre später, nach einer abenteuerlichen Flucht mit Zwangsaufenthalt in Kuba, endlich in den USA in Sicherheit. Für Gustav Schickedanz und Josef Neckermann sollte diese Geschichte damit jedoch noch lange nicht zu Ende sein.

DIE ARISIERUNG

Bei der Arisierung der deutschen Wirtschaftswelt, des deutschen Lebens allgemein, kommt auch Gustav Schickedanz zum Zug. In den 30er-Jahren »arisiert« er die Frankfurter Bettfedernfabrik Baum & Mosbacher und die Versandfirma Ignaz Mayer. Er übernimmt die Mehrheit an der Brauerei Geismann. 1722 von der Familie Lederer gegründet, ist sie die älteste der fünf Fürther Großbrauereien des 20. Jahrhunderts. Legendär sind ihre Spezialbiere, etwa der Doppelbock Poculator. Über Patrizierbräu kam sie zu Tucher-Bräu und damit zur Radeberger-Gruppe unter das Dach des Oetker-Konzerns. Der einstige Hersteller von Pudding- und Backpulver ist mittlerweile der größte Bierhersteller Deutschlands.

Gustav Schickedanz zeigt auch Interesse an der Brauerei Mailander. Er ist nicht der Einzige. Der Fürther Bürgermeister knüpft den Verkauf an die Bedingung, noch im Jahr 1939 einen Saal für 4000 Personen bauen zu lassen. Gustav Schickedanz, der später ein großer Mäzen seiner Heimatstadt Fürth wird, tritt von dem Geschäft zurück. Er lässt ausrichten, er habe »keinen Geldscheißer«. Bei vielen der Geschäfte erhält Gustav Schickedanz die Unterstützung der Dresdner Bank, die ihm für die Käufe großzügige Kredite gewährt. Ab 1938 sitzt Schickedanz sogar im bayerischen Landesausschuss der Dresdner Bank, wie Dieter Ziegler in seinem Buch »Die Dresdner Bank und die deutschen Juden« schreibt. Mithilfe des Geldhauses übernimmt er die Papierwerke von Max und Martin Ellern-Eichmann in Forchheim und Stadtsteinach. Sie sollen als Zulieferbetrieb dienen für den schließlich größten Coup, den er dank Arisierung und Dresdner Bank landen kann.

Die Dresdner Bank macht den Geschäftsmann auf ein Aktienpaket aufmerksam, das die Deutsche Bank zum Verkauf anbietet. Die Brüder Rosenfelder hatten bei der Deutschen Bank einen Kredit aufgenommen, für den sie Aktien ihres Unternehmens als Sicherheit hinterlegten. Kurze Zeit später verlassen sie fluchtartig das Land. Mittels einer Firmengründung in England versuchten sie zuvor, die Besitz- und Verfügungsrechte ihres deutschen Unternehmens dorthin zu übertragen. Die Staatsanwaltschaft Nürnberg eröffnet jedoch auf Betreiben der Nazis ein Verfahren wegen Devisenvergehens und beantragt die Beschlagnahme des inländischen Vermögens. Im April 1934 erwirbt Gustav Schickedanz das Aktienpaket der Vereinigten Papierwerke Nürnberg VP.

Zu den Vereinigten Papierwerken gehört auch ein Markenname, den sich die Rosenfelders bereits 1929 beim Reichspatentamt in Berlin schützen ließen und der noch heute einer der erfolgreichsten Markennamen Deutschlands ist: »Tempo« – das erste deutsche Papiertaschentuch.

»TEMPO« MUSS MAN HABEN

Der Markenname Tempo entspricht dem Zeitgeist der 20er-Jahre, die bis zur Weltwirtschaftskrise eine Zeit der Superlative waren: Alles schien möglich, das gesellschaftliche Leben pulsierte – kurz: Man besaß einfach Tempo, alles musste schnell gehen. Dazu passt auch der Werbespruch: »Tempo muss man haben, Tempo braucht man heute. Und wer Tempo bei sich hat, passt in unsere Zeit.«

Ab 1933 übernehmen zunächst Heimarbeiter und später Wohlfahrtswerkstätten das Falten der Taschentücher. Mit dem durchgängigen Einsatz von Verarbeitungsmaschinen kann das Produktionsvolumen erheblich ausgeweitet werden. Im Jahr 1935 werden bereits mehr als 150 Millionen Stück produziert. Unter dem Dach der Quelle wird das Tempo der Tempo-Produktion bis zum Jahr 1938 noch einmal deutlich erhöht – auf 400 Millionen Stück.

Das Patent basiert auf einem Zellstoffpapier, das mit einer dünnen Schicht Glycerin überzogen ist, die das Papier weich macht. Die Rosenfelders errichten bereits 1910 vor den Toren Nürnbergs in Heroldsberg eine Papierfabrik. Dort stellen sie überwiegend Hygieneartikel her, vor allem Klosettpapier. In den 20er-Jahren werden zudem Zellstoffwatte, Konfettibomben, »flammsicher imprägnierte Luftschlangen« und vor allem Damenbinden der Marke »Camelia« produziert. »Die Arbeit des Camelia-Werkes fördert die Erhaltung des gesunden Lebens und erhöht damit die Lebensfreude«, heißt es in einer Werbeschrift aus der damaligen Zeit. Damals wird aus der Quelle ein »Multi«. Nicht zuletzt dank der Zukäufe erwirtschaftet das Handelsunternehmen 1938 bereits 40 Millionen Reichsmark.

So wie es mit der Quelle vorangeht, geht es auch in Gustavs privatem Leben endlich wieder weiter vorwärts. Das »Fräulein Grete« hat sich nicht nur als eine gute und zuverlässige Mitarbeiterin erwiesen. Gustav Schickedanz nimmt sie auch gern auf Geschäftsreisen mit, er hat sie dabei als äußerst geschickte und fachkundige Verhandlungspartnerin kennen und schätzen gelernt. »Gemeinsam getragene Sorgen um die Zukunft der Quelle hatten das persönliche Vertrauen und auch das gegenseitige menschliche Verstehen zwischen ihm und Grete Lachner so eng werden lassen«, so Biograf Reubel-Ciani. Die naheliegende Konsequenz daraus ereignet sich am 8. Juni

1942: Gustav Schickedanz heiratet seine 16 Jahre jüngere Mitarbeiterin Grete Lachner.

Doch auch Gustav Schickedanz hat das Glück nicht abonniert. Was ihm die Nazizeit gibt, nimmt ihm der Krieg wieder: Bei einem Bombenangriff der britischen Royal Air Force in der Nacht vom 10. auf den 11. August gehen Spreng- und Brandbomben auf die Artilleriestraße nieder. Hier ist der Firmensitz der Quelle mit Lagerräumen, Fertigungsanlagen und Büros. Alles wird zerstört. Besonders schmerzlich ist wohl der Verlust der Kundenkartei. Bis 1938, dem letzten Friedensjahr, konnten die damals bereits 600 Mitarbeiter und Mitarbeiterinnen der Quelle mehr als zwei Millionen Stammkunden für die Quelle gewinnen. Übrig bleibt davon nur ein Rest von 50.000.

Die Zeit danach wird zum zweiten Mal im Leben von Gustav Schickedanz ein Prüfstein, eine Hürde, an der er zu scheitern droht. War es bei seinem größten privaten Unglück das Geschäft, das ihn nicht verzweifeln ließ, ist es dieses Mal genau umgekehrt. Sein privates Glück gibt ihm die Kraft, weiterzumachen. Mitten in das Chaos, mitten in den Krieg wird am 20. Oktober 1943 seine zweite Tochter geboren: Elisabeth Christa Madeleine.

Aus dieser Zeit, der Zeit nach dem Zusammenbruch 1945, weiß Madeleine folgende Geschichte zu erzählen: »Da hat mein Vater regelrecht gebetet. ›Lieber Gott, gib mir noch einmal die Chance zu beweisen, dass der Erfolg meiner Arbeit kein Zufall war.‹ Er war sehr gläubig. Vielleicht hat er daraus die Kraft geschöpft. Und er hat sich auch selber in Frage gestellt, damals. Das war sehr ernsthaft.« Die Mutter hingegen habe nichts von ihrer Tatkraft verloren, so die Tochter: »Sie war die, die gesagt hat: ›Gustav, das schaff mer schon.‹«

DAS BERUFSVERBOT

Die Amerikaner befinden nach Kriegsende, Gustav Schickedanz habe sich zu gut mit dem Naziregime arrangiert. Er erhält Berufsverbot. Außerdem wird er zu Hilfsarbeit verpflichtet. Mehrfach wird er zu Verhören abgeholt.

In der Anklageschrift im »Entnazifizierungsverfahren« heißt es unter anderem, von seinem damaligen Vermögen von 9,3 Millionen D-Mark sollen mehr als sieben Millionen aus jüdischem Besitz stammen. Einige von den im Rahmen der Arisierung erworbenen Grundstücke soll er in den Jahren 1943 bis 1945 an Frau und Tochter überschrieben haben – darunter auch die zu VP gehörenden Camelia-Werke in Heroldsberg und die Textilfabrik Ignaz Mayer in Fürth. Er wird entlastet. Der Nürnberger Historiker Peter Zinke sieht darin vor allem wirtschaftliche Erwägungen. »In keinem Fall konnte bei Gustav Schickedanz eine ›Nutznießerschaft‹ im Sinne des Befreiungsgesetzes festgestellt werden«, schreibt der Historiker Claus W. Schäfer. Die Hauptspruchkammer in Nürnberg stuft ihn im März 1949 als »Mitläufer« ein. Eine »politisch mutvolle Persönlichkeit« sei Schickedanz nicht gewesen, sagt Ludwig Erhard über ihn. Sein Verhalten den jüdischen Verkäufern gegenüber wird als »korrekt« beschrieben.

Schon im April 1949 darf sich Gustav Schickedanz wieder offiziell an die Arbeit machen. Als er zur Quelle zurückkehrt, sind seine Haare weiß geworden. Noch im gleichen Jahr setzt die Quelle zwölf Millionen D-Mark um. Das erste Quelle-Kaufhaus wird 1949 eröffnet.

Ironie der Geschichte: Nach dem Ende des Zweiten Weltkriegs kreuzen sich die Wege der drei fränkischen Versandunternehmer wieder. Allerdings haben sich die Verhältnisse nun umgekehrt. Karl Amson Joel, der seinen Namen amerikanisiert hat und sich nun Carl Joel nennt, befindet sich nun auf der Seite der Sieger. In New York betreibt er ein kleines Geschäft mit Haarschleifen. Wie Schickedanz ist auch Neckermann wegen seiner NS-Verstrickungen mächtig unter Druck geraten.

Joel muss jedenfalls nicht schlecht gestaunt haben, als ihn 1947 in New York ein Brief des Augsburger Textilfabrikanten Hugo Wilkens erreicht. Dieser schreibt im Auftrag von Josef Neckermann, der ihm eine kuriose Geschäftsidee vorschlagen will: Neckermann, Wilkens und Schickedanz wollen ausgerechnet zusammen mit dem um sein Lebenswerk betrogenen Joel einen »Liebesgabenversand« gründen. Konkret geht es um eine kommerzielle Alternative zu den Care-Paketen aus den USA für die notleidende deutsche Bevölkerung. Kurz: Sie wollen daraus ein Geschäft machen. Ein dreister Vorschlag. Joel, der in einem jahrzehntelangen Gerichtsverfahren um sein Vermögen kämpfen muss, lässt sich nicht darauf ein.

In den 50er-Jahren haben Neckermann, Schickedanz und Joel erneut miteinander zu tun – diesmal in einem Justizkrimi vor der Wiedergutmachungsbehörde in Nürnberg-Fürth. Das Wirtschaftswunder hat bei Neckermann ebenso für Erfolg gesorgt wie bei Schickedanz. Joel hingegen versucht von New York aus noch immer, an sein Geld zu kommen. Gustav Schickedanz soll bei dieser Gelegenheit versucht haben, sich seines fränkischen Konkurrenten zu entledigen, so Radlmaier. Er unterstützt Joel bei dem Prozess. Wettbewerbsstreitigkeiten bringen die Anwälte beider Versandunternehmen in dieser Zeit des Öfteren vor Gericht zusammen. Dieses Ereignis zeigt einmal mehr: In der gesamten Versandhausbranche wird mit harten Bandagen gekämpft. Der Kampf soll Jahrzehnte währen und oftmals damit enden, dass ein Unternehmen nach dem anderen vom Markt oder unter das Dach eines Konkurrenten verschwindet.

DAS WIRTSCHAFTSWUNDER

Die Strategie von Gustav Schickedanz, »Gutes für kleine Preise«, bewährt sich seit Jahren. Immer wieder ist er aber auch bereit, viel Geld in die Modernisierung des Unternehmens zu investieren. 1956 wird in Nürnberg ein neues Versandgebäude errichtet – ein riesiger Komplex. Erstmals in einem deutschen Unternehmen wird dabei auch eine automatisierte Versandanlage und elektronisch gesteuerte Auftragsbearbeitung von Bestellungen eingerichtet. Auch das Asien-Engagement ist überaus progressiv – ein Verdienst vor allem von Grete Schickedanz. 1961 schon gründet das Unternehmen sein erstes Einkaufsbüro in Hongkong. Im gleichen Jahr wird der Quelle-Foto- und Filmdienst aus der Taufe gehoben, aus dem später Foto-Quelle wird. Er schafft es binnen weniger Jahre zum größten Fotohaus der Welt.

Eine Woche nach dem Insolvenzantrag des Arcandor-Konzerns übernimmt der ostdeutsche Foto-Dienstleister Orwo die Vermögenswerte der insolventen Foto-Quelle, darunter die Marken »Foto Quelle« und »Revue«. Die Marke »Revue« gründete der fotografiebegeisterte Gustav Schickedanz, um gute und günstige Kameras zu vertreiben.

Wie vorausschauend – im wahrsten Wortsinn – Gustav Schickedanz Zeit seines Lebens agiert, zeigt sich 1969 einmal mehr. Der Quelle-Chef, der im Jahr zuvor mit seinem Versandhandel bereits 2,8 Milliarden D-Mark umsetzt, richtet in größeren deutschen Städten Augenoptik-Fachgeschäfte ein. Gustav Schickedanz war nicht entgangen, dass sich die 4000 Optiker-Fachgeschäfte in Westdeutschland mit Brillen eine goldene Nase verdienten. Er wittert auch hier seine Chance, will den teuren Optikergestellen sein bewährtes Gut-aber-günstig-Modell entgegensetzen. Der Markt, entnimmt er einer Studie, ist riesig: Rund 600 Millionen D-Mark geben die Deutschen Ende der 60er pro Jahr für Brillen aus, fast jeder Zweite braucht eine, liest der Brillenträger Schickedanz. Und noch eine Zahl macht er aus: Bis zu 500 Prozent an Handelsspanne fahren die Optiker in ihren weißen Kitteln ein. Preise wie »bei orientalischen Juwelieren«, schreibt der »Spiegel« damals.

Seit seinen Anfängen als junger Unternehmer liebäugelt Schickedanz mit der Idee, auch Brillen zu verkaufen. Mit billigen Nickelbrillen ausgestattet, schickt er schon Anfang der 20er-Jahre Händler über die Dörfer. Doch der Gewinn ist so gering, dass nicht einmal Gustav Schickedanz einen Sinn in diesem Geschäft entdecken kann. Also verwirft er diese Idee wieder. Bis zum Jahr 1969. Bei seinem zweiten Versuch kalkuliert er wieder hart. Die erste Dependance wird in der Frankfurter Kaiserstraße eröffnet. Hier bietet er zum einen 50 Brillenmodelle an, die zwischen 13 und 50 Mark kosten – die Hälfte dessen, was die noblen Augenoptikergeschäfte verlangen. Einen Coup landet er aber mit 15 Krankenkassengestellen, die er noch schärfer kalkuliert. Für den Kunden heißt das, keinen Pfennig dazubezahlen. Der Plan geht auf.

Diesen Markt rollt später allerdings ein anderer so richtig auf. 1972 gründet Günther Fielmann in Cuxhaven ein Augenoptikfachgeschäft. Auch er setzt auf die wenig beliebten, da unmodischen Kassengestelle. Im Jahr 1981 kann Fielmann mit der AOK in Esens einen Sondervertrag abschließen. Zu diesem Zweck legt er 90 Basisbrillenmodelle aus Metall und Kunststoff auf, die sich so abwandeln lassen, dass 640 verschiedene Varianten zur Verfügung stehen. Heute tragen nach Unternehmensangaben rund 21 Millionen Menschen eine Brille von Fielmann. Fast jede zweite Brille, die in Deutschland verkauft wird, ist eine Brille des Optikers mit Hauptsitz in Hamburg. Das Unternehmen hat Ende des Jahres 2009 insgesamt 644 Filialen und beschäftigt mehr als 13.000 Menschen.

Für die Augenoptikergeschäfte der Quelle, die damals unter dem Dach der Foto-Quelle angesiedelt sind, wird noch im Jahr 1969 die Marke »Apollo« eingetragen. 1972 wird daraus ein eigenes Unternehmen, das seit 1998 zur niederländischen Pearle-Gruppe gehört. Im Mai 2000 übernimmt Apollo zudem sämtliche Optik-Aktivitäten von Karstadt. Der deutsche Hauptsitz der Apollo Holding GmbH & Co. KG ist die fränkische Goldschläger-Stadt Schwabach. Apollo hat in Deutschland zwar mehr Filialen als Fielmann – nämlich rund 700 –, liegt aber bei Umsatz und Marktanteil deutlich dahinter.

Der Kampf der Versandhändler erreicht Mitte der 70er-Jahre einen neuen Höhepunkt. Mit ihrer Expansionsstrategie hat es Quelle an die Spitze gebracht – nicht nur der deutschen, sondern der europäischen Versandhausunternehmen. 1975 verleibt sich Otto das Versandhaus Schwab ein. Der Umsatz macht dadurch einen gewaltigen Sprung – von 1,8 auf 2,4 Milliarden D-Mark. Otto steigt erst vergleichsweise spät in den Ring. Das Hamburger Versandhaus wird 1949 gegründet. Von den noch selbstständig existierenden ehemaligen Mitbewerbern ist Otto heute mit Abstand das größte Versandhaus.

Niemand kann damals voraussehen, dass die Quelle mit Otto und Neckermann einmal verbunden sein würde. Im Jahr 1975 fällt

Neckermann in die Hände des Karstadt-Warenhauskonzerns, der später mit Quelle fusioniert. »Managementfehler, Geldmangel und schroffe Umsatzrückgänge im Versandgeschäft hatten den Preisbrecher der Nation aus dem Sattel geholt«, schreibt der »Spiegel« über die Gründe bei Neckermann. Neckermann und Quelle arbeiten eine Zeit lang schwesterlich vereint unter dem Dach der Holding KarstadtQuelle, später Arcandor. 2008 werden 51 Prozent von Neckermann an einen Finanzinvestor verkauft. Und nach dem Ende der Quelle ist es ausgerechnet der einst größte Konkurrenz Otto, der sich – für einen überaus passablen Preis – den früher so wertvollen Markennamen »Quelle« sichert.

Schon für das Jahr 1976 plant Otto im Versandhandel einen Umsatz von 2,8 Milliarden D-Mark und kommt damit Branchenführer Quelle erstmals gefährlich nahe: Quelle visiert 3,3 Milliarden D-Mark Umsatz an. »Erst mal sehen, was Quelle hat«, lautet der Slogan. Der Quelle-Katalog erscheint damals in einer Auflage von rund 20 Millionen Stück.

Welche Bedeutung das Machwerk hat, wird einmal mehr deutlich, als in jenen Tagen in Bonn in einer abendlichen Runde ein Diplomat zum Besten gibt, er halte Herrn Schickedanz aus Fürth für den bedeutendsten Diplomaten der Bundesrepublik. Dessen Quelle-Katalog sei in der Sowjetunion schlechthin der Bestseller aus der westlichen Welt. Die »Botschaft« dieses Diplomaten ist ein schmuckloser Bau in Fürth. Die Schaltzentrale des Unternehmens ist sein Büro – großzügig und licht, nur mit wenigen erlesenen Möbeln aus altem Nürnberger Patrizierbesitz ausgestattet und »mit unergiebigem Blick aufs Nachbarhaus«, wie sein Umfeld beschrieben wird. Trotz der vielen Aufgaben ist sein Schreibtisch immer aufgeräumt, fast leer.

Der private Gustav Schickedanz hingegen sammelt alte Schriften und die Bilder alter holländischer Meister. Wann immer es seine Zeit zulässt, zieht es ihn hinaus in die Natur zum Wandern, Segeln und Skifahren. Aber auch die neueste Technik kann ihn begeistern. In den 60er-Jahren schon fährt er einen Mercedes 600 mit Autotelefon. Die Baureihe W100, bekannt als Mercedes 600, gilt in den 1960er- und 1970er-Jahren als *das* Staats- und Repräsentationsfahrzeug von Daimler-Benz.

EINE »EIGENARTIGE MISCHUNG«

Als eine »ganz eigenartige Mischung von Patriarch und modernem Unternehmer, von Konzernstrategen, der in weiten Zeiträumen denkt, und Betriebsleiter, der sich (in manchmal für die Mitarbeiter höchst unangenehmer Weise) auch um die Kleinigkeiten kümmert«, bezeichneten die »Fürther Nachrichten« Gustav Schickedanz einmal. Einen Satz aus seinem Mund kennen seine Mitarbeiter nur allzu gut: »Das ist ein Problem, über das wir noch einmal nachdenken müssen.« Damit beginnt er sofort und hört nicht auf, bis es von allen Seiten beleuchtet und nach Möglichkeit gelöst ist. In späten Jahren wird er als »eher bedächtiger, fast scheuer alter Herr aus Fürth« beschrieben, der seine Mitarbeiter »gleichwohl in Sitzungen über wichtige Konzernentscheidungen lebhaft und energisch zu Stellungnahme und Widerspruch herausfordert«.

Gustav Schickedanz liebt das gute Gespräch, meist spricht er leise. Seinen fränkischen Dialekt verleugnet er nicht. Zu dem bekannten Modeschöpfer Heinz Oestergaard, den seine Frau für die Quelle engagiert, sagt er einmal: »Wissen Sie, Sie können zuhören. Es kommen dauernd Leute zu mir, die etwas wollen. Sie hören zu, verstehen Fragen. Ich glaube, wir werden immer gut miteinander auskommen.« Diese Eigenschaft wird auch Schickedanz zugeschrieben: »Er kann gut zuhören und mitdenken und antwortet oft weit ausholend. Bei seinen Gesprächen nimmt er immer einen kleinen spitzen Bleistift und ein paar Zettel aus der Tasche und beginnt, geometrische und andere Gebilde zu zeichnen. Er möchte alles konkret und gegliedert vor sich sehen«, schreibt seine enge Mitarbeiterin Ursula Rassaerts-Röh über ihn. Bis ins hohe Alter fährt Gustav Schickedanz jeden Tag ins Büro. Das morgendliche Schwimmen lässt er sich lange nicht nehmen.

»Ich bin ein Sohn der Stadt Fürth«, sagt Gustav Schickedanz über sich. Seiner Heimatstadt ist er ein großer Mäzen, der zahlreiche Stiftungen für gemeinnützige Zwecke ins Leben ruft. Aber auch die Nachbarstadt Nürnberg – auf deren Grund der Versandbetrieb steht – darf sich über seine Wohltaten freuen. Beim Fußball allerdings macht er einen Unterschied. Hier gibt es nur einen Verein, den er unterstützt: die Spielvereinigung Greuther Fürth. Am 19. Oktober, an dem Tag, als Quelle untergeht, gelingt dem Zweitligisten ein 2:1-Sieg über die Hauptstädter, den 1. FC Union.

Anlässlich seines 80. Geburtstags vermacht er der Stadt Fürth seine wertvolle Grafiksammlung des fränkischen Künstlers Rudolf Schiestl. Seine »liebe Vaterstadt Fürth« erhält außerdem eine Spende in Höhe von zwei Millionen D-Mark. In den letzten Jahren seines Lebens »hat er an der Bürde des Alters wohl nicht leicht getragen«, heißt es. Dennoch ist Gustav Schickedanz bis wenige Tage vor seinem Tod – trotz gesundheitlicher Probleme – noch im Unternehmen anzutreffen. Ende März 1977 muss er sich einer Operation unterziehen, die nach Auskunft der Ärzte

»zur Zufriedenheit« verlaufen ist. Doch am 27. März 1977 erliegt er einem Kreislaufversagen. Als Gustav Schickedanz stirbt, beschäftigt der Konzern mehr als 42.000 Menschen, die im In- und Ausland rund als acht Milliarden D-Mark erwirtschaften.

An der Trauerfeier für ihn in der Fürther St.-Paul-Kirche nehmen auch sein einst größter Konkurrent Josef Neckermann und der Fürther Radiopionier Max Grundig teil. Mit Bussen werden die Belegschaften der Konzernbetriebe zu der Kirche gebracht, in der der Sarg von Gustav Schickedanz aufgebahrt ist. Rund 25.000 Menschen nehmen Abschied von einem der bedeutendsten Unternehmer Deutschlands.

DIE MUTTER: GRETE SCHICKEDANZ

»Es ist sehr schwierig, wenn man eine Übermutter hatte wie ich, ein ebenbürtiger Gegenpart zu sein«, sagt Madeleine Schickedanz über ihre Mutter in einem Interview mit der »Bunten«. Und in der Tat: Es bedarf schon einiges, um einer Biografie wie der von Grete Schickedanz etwas entgegenzusetzen. Die Vita von Madeleines Mutter ist – auch ohne den ein oder anderen Mythos, der sich im Laufe der Jahre eingeschlichen haben dürfte – ausgesprochen eindrucksvoll, respekteinflößend. Grete Schickedanz lebte nicht für die Quelle, sie war »Frau Quelle« und erst in zweiter Linie die Mutter von Madeleine Schickedanz.

Als Grete Schickedanz 1994 im Alter von 82 Jahren stirbt, kondolieren Bundeskanzler Gerhard Schröder, Bundespräsident Roman Herzog, Bayerns Ministerpräsident Edmund Stoiber und der österreichische Bundespräsident Thomas Klestil. Grete Schickedanz hat nicht nur eines der größten Unternehmen Deutschlands mit aufgebaut, sie hat auch einige Seiten Wirtschaftsgeschichte geschrieben. Und das bereits in den Nachkriegsjahren – einer Zeit, in der das Frauen- und Mutterbild noch stark vom nationalsozialistischen Gedankengut geprägt war: Die deutsche Frau sollte möglichst viele Kinder gebären und sich zu Hause hingebungsvoll um den Nachwuchs kümmern.

Nicht so Grete Schickedanz. »Bauknecht weiß, was Frauen wünschen« – dieser Werbeslogan eines anderen großen deutschen Unternehmens aus den 1950er-Jahren hätte auch perfekt zu Grete Schickedanz gepasst. Sie weiß, dass Frauen in Deutschland kein Pariser Kostüm mit Pelzkragen brauchen, das zwar todschick, aber ausgesprochen unpraktisch ist. »Deutsche Frauen werden nicht mit dem Auto umhergefahren und müssen sich deshalb dick anziehen«, entscheidet sie seinerzeit bestimmt. Das dekadente Kleidungsstück findet keine Aufnahme in den Quelle-Katalog, »weil der Pelzkragen unter dem Mantel aufträgt«.

Dafür setzt sie gegen den Widerstand ihres Mannes und der (männlichen) Marketingfachleute im Unternehmen durch, dass elektrische Nähmaschinen in den Katalog aufgenommen werden. »Männer verstehen zu wenig von der Hausarbeit«, lautet ihr Argument, dem die Herren, damals jedenfalls, nichts entgegenzusetzen wissen. Die Nähmaschinen verkaufen sich jahrzehntelang nicht einfach nur gut – sie werden ein totaler Renner. »Meine Mutter hat das getroffen, was ankam. Einen Teil hat sie sich erarbeitet«, erklärt Madeleine Schickedanz später das Erfolgsrezept von Grete. »Dann hatte sie einen unglaublichen Spürsinn für Dinge, die praktisch und gut kombinierbar sind und ankommen. Sie ist in ihrer Denkweise einfach geblieben.« Und auch im Umgang bleibt sie es: Selbst als Grete Schickedanz Chefin eines Konzerns mit vielen Tausend Mitarbeitern ist, packt sie im firmeneigenen Flugzeug noch Butterbrote aus, sobald alle in die weißen Ledersitze gesunken sind. Sie verteilt sie an jeden – ob es Manager ihres Unternehmens sind oder die Enkelkinder.

DIE »MENSCHENFÄNGERIN«

Die Menschen, die Grete Schickedanz persönlich kennenlernten, kommen auf ihr nie ermüdendes Engagement für die Quelle zu sprechen und auf ihren Charme und ihre Herzlichkeit. Grete Schickedanz gilt als »Menschenfängerin«, als jemand, der

Menschen für sich einzunehmen weiß. Wenn sie sich in den Kopf setzt, jemanden als Mitarbeiter oder Geschäftspartner zu gewinnen, dann stehen ihr viele Register zur Verfügung – und sie zieht sie alle. Grete Schickedanz scheint Zeit ihres Lebens mit einem unerschütterlichen Urvertrauen durch die Welt zu gehen. Sie ist ausgestattet mit viel Intelligenz und Fleiß, einem untrüglichen Instinkt und einem großen Ehrgeiz. Diese zeigen sich nicht erst, als sie in das Unternehmen von Gustav Schickedanz eintritt.

Grete ist gerade einmal 15 Jahre alt und heißt mit Nachnamen noch Lachner, als sie im Januar 1927 das fünfte Lehrmädchen in der »Gustav Schickedanz Kurzwarenhandlung en gros« wird. In der Vorweihnachtszeit hat die Großmutter, bei der sie weitgehend aufwächst, zu ihr gesagt: »Probier es doch einmal bei der Frau Schickedanz, vielleicht hat sie eine Stelle für dich.« Anna Schickedanz, die damalige Ehefrau des Firmeninhabers, soll bei ihrem Anblick sofort entschieden haben: Die nehmen wir! Grete erweckt bei der Frau des Chefs einen munteren Eindruck. Jahrzehnte später ist aus Grete Lachner nicht nur Grete Schickedanz geworden, sondern auch »Frau Quelle« oder – wie es ein Bundespräsident einmal sagte – »die deutsche Vorzeigeunternehmerin«.

Im Unternehmen selbst ist sie »die gnädige Frau«. Am Ende ihres Lebens hat sie fast sieben Jahrzehnte mit und bei der Quelle verbracht. Dass sie es einmal weit bringen wird, sagt ihr schon früh jemand voraus, der selbst von ganz unten kommt. Zur Fürther Michaelis-Kirchweih betritt ein Hausierer das Geschäft. Er will auf der Kirchweih ein Geschäft machen und deckt sich mit Kurzwaren ein. Als das »Frollein Grete« einmal kurz wegschaut, lässt er ein Päckchen Schnürsenkel in seiner Tasche verschwinden. Als Grete die Rechnung schreibt, lächelt sie ihn an und sagt: »Und die Schnürsenkel in Ihrer Tasche schreim mehr auch mit drauf, gell?« Der Rabbomacher muss lachen und sagt zu Grete: »Hosd mi derwischd, Madla. Du bist a ganz Helle. Aus dir werd nu amol wos.« Er wusste nicht, wie recht er behalten sollte.

»Beim Schickedanz« – dem Großhandelsgeschäft – hat sie sich allerdings nur sehr widerwillig vorgestellt, wie sie später einmal erzählt. Denn ihr Herzenswunsch sei es gewesen, viele Kinder um sich zu haben. »Ich habe Kinder gern, ich wollte ja ursprünglich sogar Kindergärtnerin werden, und ich hatte davon geträumt, selbst einmal ein Dutzend, na ja ein halbes Dutzend wenigstens, zu haben.« Doch selbst ihr Traumberuf Kindergärtnerin ist eine Frage des Geldes. Das hat schon nicht gereicht, um Grete Lachner auf eine höhere Schule zu schicken. An ein Studium ist gar nicht erst zu denken. Ihre Eltern sind arme Leute. »Mein ganzes Leben habe ich immer lernen, lernen und lernen wollen«, sagte sie im Rückblick. »Als Kind waren es daher für mich die bittersten Stunden, zusehen zu müssen, wie die Klassenkameradinnen in höhere Schulen überwechselten, während ich, die Klassenbeste, nicht das Geld zum Studium hatte.« Nicht nur das fehlende Geld für die Ausbildung macht ihr zu schaffen. Sie und ihre vier Geschwister müssen nicht selten sogar im Fürther Umland um Brot betteln. Die Bauern in Fürth-Dambach, wo noch heute die riesige Villa des Schickedanz-Clans mit einem 70.000 Quadratmeter großen Park steht, waren »die schlimmsten und die geizigsten«, erinnerte sich Grete Schickedanz. Statt einem Stück Brot oder einem Becher Milch gibt es oft nur böse Worte.

IMMER ANGST VOR ARMUT

Die Erlebnisse und Entbehrungen in ihrer frühen Jugend sind ohne Zweifel ein Schlüsselerlebnis und prägen Gretes weiteres Leben. Madeleine: »Meine Mutter hatte immer Angst vor Armut. Geld war für sie nie ein Thema. Wenn sie jemand gefragt hätte: ›Sind Sie reich?‹, dann hätte sie geantwortet: ›Ich bin reich, weil ich gesund bin oder schaffen kann.‹«

Als Grete Schickedanz ihre Stelle in der Kurzwarenhandlung antritt, bekommt sie 21 Reichsmark, von denen sie 15 zu Hause abgibt. Noch im gleichen Jahr von Gretes Eintritt, am 26. Oktober 1927 – nur sechs Tage nach Gretes 16. Geburtstag –, gründet ihr Chef ein zweites Unternehmen, welches er »Quelle« nennt. Gustav Schickedanz ist auf dem Weg, seine Vision Wirklichkeit werden zu lassen, einen Versandhandel aufzubauen. Dabei fällt das Lehrmädchen Grete Lachner von Anfang an durch großes Engagement und Selbstbewusstsein auf.

Sie und die anderen vier Auszubildenden arbeiten hart. »Die Arbeit begann um sieben und endete oft erst abends um neun, zehn«, sagte Grete. »Da hat keine Gewerkschaft gefragt, ob das erlaubt sei. Da hieß es: ›Kriegst a Brot und bleibst da!‹ Frau Anna, die erste Frau meines Mannes, war meine Lehrherrin. Wir haben sie verehrt wie eine Idealfigur. Sie hat mir gezeigt, wie man Kisten packt, Pakete aufgibt, den Laden auskehrt, Postschecks ausschreibt, die Buchhaltung führt.« All das macht Grete bald eigenverantwortlich. Schnell ist sie zuständig für die Warenkontrolle, für das Zusammenstellen der Lieferungen, für den Postversand, auch für Einkauf und Buchhaltung. Gustav Schickedanz legt nicht nur die ersten Kataloge auf, sondern verteilt an seine Kunden auch kleine Werbegeschenke. Die Mädchen basteln manchmal bis in die Nacht hinein an Musterheften, die Wollproben enthalten. Die Kundinnen, so der Anspruch des Chefs, sollen nicht nur sehen, sondern auch fühlen können, was sie da kaufen. Das Konzept geht auf. Quelle steigt zu einem bedeutenden Wolleversender auf. Grete Lachner macht sich im Unternehmen zusehends unentbehrlich. Schnell gehört sie zur Familie, kümmert sich mehrmals in der Woche um die Schickedanz-Kinder Louise und Leo.

Der 13. Juli 1929 wird ein Tag, der das Leben vieler Menschen in andere Bahnen lenkt – auch das von Grete Schickedanz. Bei dem Ausflug, bei dem Anna Schickedanz und der fünfjährige Leo tödlich verunglücken, hätte auch Grete mit im Auto sitzen sollen. Doch Anna Schickedanz schenkt der Musikbegeisterten schon Wochen vorher eine Karte für ein Konzert in Fürth. So fährt an ihrer Stelle ein Hausmädchen mit. Nach dem Unfall glaubt Grete Lachner nicht, dass ihr Chef seine Geschäfte jemals wieder mit der alten Energie führen wird. Doch er tut es. Grete bleibt an seiner Seite, wird seine rechte Hand. Über Jahre arbeitet sie eng mit Gustav Schickedanz zusammen, begleitet ihn auch auf Geschäftsreisen. Der Chef nimmt Grete 1936 sogar mit zu den Olympischen Spielen nach Berlin. Zwischen Gustav Schickedanz und Grete Lachner wird aus der Zusammenarbeit Sympathie »und vielleicht noch etwas mehr«, wie Grete Schickedanz später resümiert. »Das Geschäft expandierte ebenso wie die Zuneigung zwischen Gustav und Grete«, formuliert es die »taz«.

Noch in den 1930er-Jahren, als unverheiratete Frau, kauft sie ein Haus in der Parkstraße in Fürth, das zum Treffpunkt ihrer Familie wird. Dort fährt auch Gustav Schickedanz öfter vor – mit einem Mercedes oder einem Adler Cabrio aus dem Hause Trumpf, einem schicken, großen Wagen mit Ledersitzen. Die Autos der Adlerwerke gelten gleichermaßen als fortschrittlich und konservativ. Doch nach dem Zweiten Weltkrieg wird die Produktion nicht wieder aufgenommen. Von den Nachbarn wird das Treiben im Lachner-Haus mit Neugier, aber auch mit Neid beobachtet. Die Welt in Fürth ist klein und Grete Lachner scheint das Ticket zu haben, diese Welt verlassen zu können.

EINE FRAU, DIE MACHT, WAS SIE WILL

»An Heirat habe ich nie gedacht«, sagte Grete Schickedanz. »Ich war noch zu naiv, und außerdem war ja noch die Tochter da.« Diese – Louise Schickedanz – soll dann allerdings auch diejenige gewesen sein, die das Offensichtliche nicht nur an-, sondern auch aussprach: »Warum heiratet ihr eigentlich nicht?«, fragte die 17-Jährige nach Gretes Erinnerungen die beiden eines Tages. Am 8. Juni 1942 wird in der Fürther Kirche St. Paul aus der 31-jährigen Grete Lachner Grete Schickedanz. Zehn Jahre später heiratet in der Kirche auch ihre Stieftochter Louise und 23 Jahre später gibt ihre eigene Tochter Madeleine hier auch ihrem ersten Ehemann Hans-Georg Mangold das Jawort. Die Eheschließung von Grete und Gustav verläuft eher unspektakulär. Im Umfeld von Gustav und Grete löst die Verbindung keine Überraschung aus.

In den Jahren ihrer engen Zusammenarbeit hat Gustav Schickedanz wohl immer wieder versucht, seine junge Mitarbeiterin nach seinen Vorstellungen »zu formen«, wie Böhmer schreibt. Doch Grete ist ein unbeugsamer Charakter, aber immer überaus lernwillig. Im Laufe der Jahre eignet sie sich viel Wissen an. Das ist letztlich auch das, was sie antreibt: Wissen aufnehmen, sich weiterentwickeln.

In späteren Jahren ihrer Ehe sagt Gustav einmal über seine Frau: »Grete hört gar nicht mehr auf mich. Sie macht, was sie will.«

Der Nachwuchs lässt bei dem jungen Paar nicht lange auf sich warten. Als Madeleine geboren wird, tobt der Zweite Weltkrieg. Auch das idyllische Franken bleibt davon nicht verschont. Grete Schickedanz muss ihre Tochter am 20. Oktober im Luftschutzbunker der Nürnberger Frauenklinik zur Welt bringen. Zu diesem Zeitpunkt besitzt das Paar bereits ein Wochenendhaus in der Fränkischen Schweiz. Dort, auf dem Michelsberg, wohnt das Paar schon, bevor das Baby geboren wird. In der 30 Kilometer von Nürnberg entfernten Kleinstadt Hersbruck mit seinen Fachwerkhäusern, eingerahmt von Felsen, die heute ein beliebter Treffpunkt für Kletterer sind, scheint der Krieg mit seinen Wirren weit entfernt zu sein. Doch er holt die Familie ein: Im August 1943 – zwei Monate, bevor Madeleine geboren wird – legt er die Firmengebäude der Quelle in Schutt und Asche. Dass Grete zupacken kann, hat sie immer wieder bewiesen. Nach dem schweren Autounfall ihres Chefs 1929 ging sie tatkräftig und bestimmt zu Werke. Und sie tut es wieder. Denn am Ende des Zweiten Weltkrieges ist ihr Mann nicht nur ein Unternehmer ohne Unternehmen. Er wird von den Alliierten auch mit einem Berufsverbot belegt und zur Hilfsarbeit verpflichtet. Die Familie wohnt in einer kleinen Zwei-Zimmer-Wohnung von Freunden – in der schicken Villa in Fürth-Dambach sowie in dem Wochenendhaus in Hersbruck sind Amerikaner einquartiert. Über Gretes Lippen kommt kein Wort der Klage. Sie, die Hunger und Armut kennt, weiß das Beste aus der Situation zu machen – und aus der Unterkunft.

Vielleicht wäre Grete Schickedanz für immer »die Frau an seiner Seite« geblieben, die Stütze von Gustav Schickedanz – im Geschäft und im Privatleben. Doch als Gustav Schickedanz zur Untätigkeit verdammt ist, in der für ihn dunklen Zeit nach dem Krieg, fängt Gretes Stern an, hell zu strahlen. Bis zu ihrem Tod 1994 wird er nicht mehr erlöschen. Grete Schickedanz hat viel gelernt bei ihrem Chef und Ehemann. Wie viel, das zeigt sich in der Nachkriegszeit. Viele Frauen müssen in jenen Tagen anpacken; ihre Männer sind im Krieg gefallen, in Kriegsgefangenschaft oder versehrt und traumatisiert aus dem Krieg zurückgekommen. Doch daheim sind hungrige Mäuler, die gestopft werden wollen, sie gehören den Kindern und alten, mitunter kranken Eltern. Und so sind es oft die Frauen, die große Bauernhöfe bewirtschaften oder als sogenannte »Trümmerfrauen« in den zerstörten Städten »Steine klopfen«, sie auf Pferdewagen oder Schubkarren fortschaffen. Es ist eine schwere körperliche Arbeit. Aber sie garantiert nicht nur Lohn, sondern auch höhere Lebensmittelrationen. Die Trümmerfrauen werden zum Symbol für den Aufbauwillen in der Nachkriegszeit. Ohne ihre Schwerstarbeit wären die deutschen Städte lange Zeit Schutthalden geblieben. Vor allem aber hätten viele Familien ohne sie nicht überleben können. Emanzipieren können sich die Frauen damit allerdings nicht. Noch bis 1977 brauchen die Frauen in Westdeutschland die Erlaubnis ihrer Ehemänner, wenn sie eine Arbeit annehmen wollen.

GRETE – DIE TRÜMMERFRAU

Auch Grete Schickedanz ist eine Art Trümmerfrau. Sie legt frei, was noch an Kundenbeziehungen übrig geblieben ist, und zementiert damit den Grundstein dafür, dass die Quelle wieder wachsen und gedeihen kann. Sie eröffnet in Hersbruck ein »Lädele«, ein kleines Textilgeschäft. Das hat sie sich ausbedungen bei den deutschen und amerikanischen Behörden – im Gegenzug muss sie für die Hersbrucker Bevölkerung Ware besorgen.

Die Wiederaufbaujahre sind entbehrungsreich, auch für Madeleine, die ihre Mutter schon damals selten zu Gesicht bekommt. »Meine Mutter hat uns über Wasser gehalten«, erinnert sie sich später an diese ersten Jahre. Bevor sie auf die Suche nach Waren geht, sorgt sie für das leibliche Wohl ihrer Lieben. »Wir hatten noch Stoff- und Wollreste, mit denen sie angefangen hat zu handeln. Die hat sie bei Bauern in der Fränkischen Schweiz eingetauscht gegen Lebensmittel. Sie war immer die Bodenständige, während mein Vater wie gelähmt dasaß. Er war deprimiert über den ganzen Zusammenbruch«, erzählt Tochter Madeleine nach dem Tod beider Eltern. Grete Schickedanz, Mitte 30, weiß sich durchzusetzen. Auf ihr Drängen hin genehmigen ihr der Landrat und der Flüchtlingskommissar einen klapprigen Fünftonner, eines der seltenen Exemplare, die den Krieg überstanden haben. Dazu gibt es einen Chauffeur. Mit Lkw und Fahrer ist sie über viele Wochen auf Beschaffungsfahrt. Sie holpert durch zerbombte Städte und Dörfer und sammelt an Ware ein, was sie kriegen kann. Mit ihrer offenen und herzlichen Art kommt sie an, aber auch mit dem Namen Schickedanz, der vielen Lieferanten noch in guter Erinnerung ist. Die Mutter einer kleinen Tochter kommt oft erst weit nach Mitternacht wieder nach Hause. Wenn sie zurückkommt, wird die Ware erst noch abgeladen, bevor sie endlich einen Blick auf Madeleine werfen kann, die schon längst schläft. »Die Not war ja groß. Da musste ich einfach etwas dagegen tun«, sagte sie.

Gustav Schickedanz hatte die junge Grete, damals noch Lachner, oft mit zu Geschäftsterminen genommen, weil er ihre Begabung fürs Handeln entdeckt hatte. Doch jetzt, ganz auf sich gestellt und der wirtschaftlichen Notwendigkeit folgend, bringt sie ihre Talente zur Perfektion: verhandeln und einkaufen. Der Verkauf läuft wie von selbst: Menschenschlangen stehen jeden Morgen vor dem »Lädele«. Hemden, Hosen, Unterwäsche werden Grete von der Bevölkerung förmlich aus der Hand gerissen.

Ihr Tun stößt jedoch nicht überall auf freundliche Begeisterung. Im Herbst 1946 findet sie ihren Laden verschlossen vor. Angeordnet von der Militärregierung. Jemand hat Grete Schickedanz denunziert. Die lokalen Behörden – amerikanische wie deutsche – sind machtlos. Es ist Ludwig Erhard, der sie zu Major Ferguson bringt, dem Chef der zuständigen »Property Control«. Erhard ist nach dem Krieg einige Monate lang Wirtschaftsreferent von Fürth. Im Oktober 1945 beruft ihn die amerikanische Militärregierung zum Staatsminister für Handel und Gewerbe in der bayerischen Regierung. Das Amt hat er ein gutes Jahr inne. Bei Major Ferguson tut Grete, was sie besonders gut kann: überzeugen. Die abwehrende Haltung des Militärs wandelt sich zunehmend in freundliches Interesse, als die Jungunternehmerin ihre Tätigkeit schildert. »I'll see what I can do for you«, mit diesen Worten entlässt er Grete Schickedanz. Und er sieht wirklich, was er für Grete tun kann. Eine Woche später ist das »Lädele« wieder geöffnet.

Im April 1949 darf auch Gustav Schickedanz endlich wieder arbeiten – in seinem Geschäft. Er startet in einem Notbüro in Fürth. Der Versender fängt nahezu wieder bei null an.

Grete Schickedanz übergibt ihr eigenes Geschäft in Hersbruck an Mitarbeiter, um ihrem Ehemann beim Wiederaufbau der Quelle zu helfen. Wie schon vor der Zerstörung kümmert sie sich um die Preislisten, die vorerst weiterhin »Neue Quelle Nachrichten« heißen, und um den Einkauf. Grete sucht nach neuen Artikeln, die in den Wiederaufbau-Haushalt gehören, nach günstigem Chic für die Frau, nach dem Besonderen zum kleinen Preis. Jedes textile Produkt, das sie in die Finger bekommt, wird daraufhin untersucht, ob es knittert, fusselt und woher es kommt. Einmal schenken amerikanische Freunde ihr eine Tischdecke. »Die muss man nicht bügeln, die ist mordspraktisch«, stellt sie schnell fest. Aber auch, dass diese Tischdecke, die ihr die Amerikaner schenken, aus Portugal kommt. Das Etikett hat es verraten. »Was, habe ich meinen Herren gesagt, wir kaufen seit Jahren in Portugal ein, und so eine Tischdecke führen wir nicht? Das muss sich ändern!« Wenn Grete Schickedanz unterwegs ist, dann kennt ihr Enthusiasmus, die besten Angebote aufzutreiben, kaum Grenzen. Befindlichkeiten haben da keinen Platz. Die Einkaufsdirektoren müssen schnell einmal einen Pullover zur Probe tragen, um seinen Tragekomfort ermessen zu können. Gerade, wenn sie in Asien unterwegs ist, prüft sie die Qualität der Ware besonders kritisch. Als sich Ende der 50er-Jahre der Markt gen Europa öffnet, bedeutet das für Europa und für die Quelle: neue Märkte, neue Chancen. Aber auch Deutschland ist ein Markt für andere Länder. So beginnen die Japaner damit, den Deutschen – dank asiatischer Niedrigstlöhne – billige Ware zu bescheren. Die Produkte entsprechen zwar noch nicht den gängigen Qualitätsansprüchen, doch bei Quelle wittert man bereits die drohende Gefahr. Grete Schickedanz fackelt nicht lange. Sie packt ihre Sachen und fliegt 1962 selbst nach Hongkong und in andere Städte Asiens, um dort günstig einzukaufen. Damit hat sie nicht nur als Vertreterin eines Handelsunternehmens die Nase vorn, sondern auch als Frau. Sie kommt als erster Marktinteressent eines deutschen Handelsunternehmens überhaupt – um »Geschäfte zu machen wie ein Mann«, wird ihr nachgesagt. Dank dieser neuen Einkaufspolitik, ihrer Einkaufspolitik, setzt sich Quelle endgültig an die Spitze der europäischen Versandhäuser.

TATKRÄFTIG UND DIPLOMATISCH

»Der Vater war der Denker und der Feingeist. Die Mutter war die Tatkräftige. Ihre große Stärke war der Einkauf. Da war sie entwaffnend, regelrecht genial«, sagt Tochter Madeleine. »Deswegen hat mein Vater sie auch immer vorgeschickt beim Einkauf.« Sie gilt vor allem auch als Problemlöserin, als ein Mensch, der Dinge entkomplizieren kann. Als es mit dem landwirtschaftlichen Betrieb in Chile, der von zwei Personen geleitet wird, nicht so recht vorwärtsgehen will, lässt sich Grete bei einem Besuch vor Ort die Schwierigkeiten erklären. Rainer Schirmer war gebeten worden, für die Familie Schickedanz das Landgut zu verwalten. In seinen Tagebuchaufzeichnungen schildert er die Situation: »Nach meiner Meinung gefragt, antwortete ich klar: ›Entweder versetzen Sie mich nach Deutschland oder Sie übertragen mir die Alleinverantwortung für den Betrieb in Chile.‹ Nach einigen Tagen anlässlich einer gemeinsamen Betriebsbesprechung in Anwesenheit des Herrn Junge ergriff Frau Schickedanz das Wort: ›Lieber Herr Junge, wie wir wissen, waren Sie noch nie in unserem Deutschland und wir möchten Sie zu einem dreimonatigen Urlaub dorthin einladen. In Deutschland stellen wir Ihnen ein Auto mit Fahrer zur Verfügung und so können Sie dann auch den Ort Ihrer Vorfahren kennenlernen.‹ Auf höchst diplomatische Weise komplimentiert Grete Schickedanz den zweiten Mitarbeiter von seiner Wirkungsstätte weg und verschafft Schirmer damit die nötige Handlungsfreiheit.

Auch in Asien, dieser damals noch wesentlich exotischeren Welt, agiert sie mit der für sie typischen Selbstverständlichkeit. Mit Grete Schickedanz in Japan unterwegs zu sein, beschreibt Biograf Böhmer so: »Im Hochgeschwindigkeitszug wird konferiert. Ein paar Minuten Schweigen, um den heiligen Berg Fujiyama zu bewundern. In Nagoya schwärmen die Einkäufer aus, um die wichtigsten Fabriken zu besichtigen. In Osaka werden Textilkollektionen gemustert. Wer Tokio bei solchen Reisen kennenlernen will, muss das von 7.00 bis 9.00 Uhr tun.« Auch Reisen nach Hongkong werden intern bald »Sandwich-Reisen« genannt. Denn zum Mittagessen bleibt selten Zeit, meistens gibt es belegte Brote. Heute würde kaum ein Manager wagen, nicht mit seinen asiatischen Geschäftspartnern zu speisen. Wenn deutsche Manager nach Asien und vor allem nach China aufbrechen, besuchen sie zuvor allerlei interkulturelle Seminare. Sie fürchten, ihr Gegenüber mit einer unbedachten Geste oder einem unbedachten Geschenk zu verärgern und sich dadurch ein gutes Geschäft zu verderben. So lernen die Manager, dass man in China die Visitenkarte mit beiden Händen überreicht, sie auch so entgegennimmt und gebührend bewundert. Sie lernen, dass die »Schläfer« in Verhandlungen mitnichten schlafen, sondern meist die aufmerksamsten Zuhörer sind. Sie wissen auch, dass man einem Chinesen keine Uhren schenkt, um ihm nicht zu verstehen zu geben, seine Stunden seien gezählt. Sie essen niemals auf, denn das würde bedeuten, sie seien nicht satt geworden – ein Affront gegenüber dem Gastgeber. Mit derlei Sperenzchen hält Grete Schickedanz sich gar nicht erst auf. Sie hat eine Universalformel im Umgang mit anderen: »Ich bemühe mich einfach, liebenswürdig zu sein. Besonders im Ausland.« Damit kann sie auch ihre asiatischen Verhandlungspartner überzeugen, was für die eine weibliche Repräsentantin eines großen Unternehmens Anfang der 60er-Jahre noch ausgesprochen befremdlich ist. Vielleicht auch durch diese Asienreisen entsteht ein weiteres Geschäftsgebiet für die Quelle: der Schmuckversand »Euroval«, den Quelle 1963 startet. Auf ihren Einkaufsreisen schließt Grete Schickedanz Kontakte zu Perlenzüchtern. Sie selbst ist ein großer Fan von Perlen in Form von Ketten, Ohrringen oder Armbändern. Selten sieht man sie ohne diese Accessoires, gern kombiniert sie eine weiße mit einer schwarzen Perlenkette. Grete wird im Laufe der Jahre zu einer Perlenexpertin. Mit ihrem Sachverstand lehrt sie die Japaner das Fürchten. Eine Anekdote dazu hat Böhmer zu erzählen: »Als ihr der Produzent Hiroshi Mihara einmal im »Royal-Hotel« von Osaka seine neueste Ernte zeigen will, lehnt sie ab und bestellt den Mann ins Quelle-Büro nach Kobe. Dort ist das Licht besser.« Schon bald setzt Euroval Millionen um. Im Jahr 1967 werden über den Schmuckversand 10.000 Zuchtperlencolliers und 17.000 Trauringe verkauft.

JETTEN – VON FÜRTH NACH NEW YORK

Von da an ist Grete nur noch unterwegs. »Sie jettet von Fürth nach New York, nach Hongkong, Paris und Taipeh, sie fühlt sich zu Hause in den Handelszentren der Welt, Termine bestimmen ihr Leben, jagen sie von Verhandlungen zu Empfängen, ihre Unterschrift wiegt Millionen«, heißt es in einer Firmendokumentation. Man sieht sie mit ihrem Einkaufsstab auf Messen in Frankfurt und Düsseldorf ebenso wie in den Modezentren Paris, Mailand und Rom. Selbst die jüngeren Leute im Einkauf haben oft Mühe, mit ihr Schritt zu halten. Sie braucht nie mehr als einen kleinen Koffer und verblüfft die Menschen damit, was sie alles darin unterbringt. Ruhe braucht Grete Schickedanz in ihrer knapp bemessenen Freizeit nicht: Wenn sie nicht arbeitet, geht sie zum Wandern, Schwimmen oder Segeln im Sommer und im Winter zum Skifahren. Wenn sie die Bayreuther Festspiele besucht, etwa in Begleitung von Madeleine und deren Ehemann Wolfgang Bühler, ist sie auch dort selten Privatperson: »Die Leute sehen mich, aber für sie bin ich nicht die Wagner- oder Karajan-Verehrerin, für sie bin ich die Frau Schickedanz von der Quelle.« Die Repräsentationsverpflichtungen sind für sie auch eine gute Gelegenheit, sich mit anderen Menschen auszutauschen. »Alte Bekannte und Leute, denen ich zum ersten Mal begegne, wollen dies oder das von mir wissen, und wenn ich dann, meist todmüde, nach Hause komme, sage ich mir: Es war sicher auch gut für das Ansehen der Quelle.« Anders als ihre Tochter Madeleine genießt Grete Schickedanz diese öffentlichen Auftritte sehr.

Wie auch schon ihr Mann versucht sie immer, nahe am Kunden zu bleiben. An sie gerichtete Schreiben beantwortet sie nach Möglichkeit persönlich. Wenn es einmal etwas länger dauert, finden die Kunden als Entschuldigung mitunter einen

Quelle-Gutschein in ihrer Post. Ende der Sechzigerjahre gelingt Grete Schickedanz ein unglaublicher Coup. Sie gewinnt 1967 den bekannten Modeschöpfer Heinz Oestergaard als Designer und Berater für die Quelle. In der ganzen Branche erregt dies ebenso Neid wie Anerkennung. Heinz Oestergaard kleidet die schönsten und bekanntesten Frauen Deutschlands ein: Hildegard Knef, Maria Schell, Petra Schürmann und Romy Schneider, für die er sogar das Hochzeitskleid entwirft. Alle wollen ein »Oesti« tragen. Kurz vor seinem Tod 2003 erzählt Oestergaard in einem Interview mit BR Alpha, wie es dazu kam: »Ich saß mit Mutti in der Küche, als das Telefon ging und Frau Schickedanz am Apparat war. Ich freute mich über ihren Anruf und sie fragte mich, ob ich mit ihr arbeiten möchte. Natürlich wollte ich. Ich sagte ihr auch, ich komme gerne und werde alles machen, was im Rahmen des Hauses liegt, was schick, neu und verkäuflich ist. Sie lud mich nach München ein.«

Die Arbeit von Heinz Oestergaard bestimmt noch heute maßgeblich das Bild auf deutschen Straßen. Nachdem er bereits für den ADAC und für die Mercedes-Fernfahrer die Arbeitskleidung designt hat, wird er Anfang der 70er-Jahre auch von der Polizei gefragt. Das erste Modell, das Oestergaard für die Beamten entwirft, ist »stahlblau«. Tagelang ist er zuvor mit Polizisten auf Streife gegangen. »Ich beobachtete ihre Bewegungen, ich guckte zu, wenn sie jemanden verwarnten, und schätzte ab, wie viel sie liefen, wegen der Schuhe. Mir war klar: Die Uniform muss praktisch sein, klar erkennbar, Respekt einflößend und zugleich sexy«, erzählt er später in einem »Spiegel«-Interview. »Die Träger fühlen sich darin nur wohl, wenn sie gut aussehen. Im Klartext hieß das für mich: Po, Schritt und Oberschenkel mussten bei der Hose gut sitzen und durften nicht in einem sackartigen Schlabberzeug verloren gehen. Das ist mir, denke ich, auch gut gelungen.«

DER DESIGNER FÜR POLIZEI-UNIFORM UND QUELLE-MODE

Sein Einfühlungsvermögen ist neben seinem Gespür für Formen und Farben wohl einer der Hauptgründe für Oestergaards großen Erfolg. Kurz vor seinem Tod im Mai 2003 erklärt der 86-Jährige noch einmal sehr anschaulich, worauf es ihm bei den Entwürfen besonders ankam: »Ein entscheidendes Kriterium für mich war, dass die Uniform sofort auffällt, aber nicht martialisch wirkt. Sie sollte den Polizisten als den Freund und Helfer widerspiegeln, der bürgernah ist und liebenswürdig. Über den Schnitt kann man hier wenig machen. Ich habe die Jacken leicht tailliert, die Taschen glatt aufgesetzt und Schulterklappen aufgenäht. Das hat Uniformcharakter. Aber die eigentliche Wirkung läuft über die Farbe.« Ganze 13 Vorschläge präsentiert Oestergaard schließlich im Oktober 1973 auf der Bundeskonferenz der Innenminister. Sein Favorit: eine moosgrüne Jacke, kombiniert mit einer hellbeigen Hose, zu der der Designer durch die Tropenuniform der Engländer inspiriert wurde. Die Politiker lassen sich von der Farbsicherheit Oestergaards leiten und folgen seinem Rat. Eine Entscheidung, die noch heute für jeden sichtbar ist im deutschen Straßenbild.

Vielleicht hat es sich bei der Überzeugungsarbeit der elf Innenminister auch ausgezahlt, dass Oestergaard da schon ein paar Jahre lang mit Grete Schickedanz zusammenarbeitet. Die Quelle-Chefin weiß immer sehr genau, was sie will. Und was nicht. Die Innovationsfreude von Grete Schickedanz kennt durchaus Grenzen, doch sind diese sehr weit gesteckt – oft ein Glücksfall für das Unternehmen. Es entsteht eine über Jahrzehnte andauernde Zusammenarbeit und auch eine Freundschaft zwischen der Unternehmerin und dem Modeschöpfer. In ihren Freundschaften gilt Grete Schickedanz als treu und hilfsbereit, wenn jemand in Not ist. Doch wenn sie sich von jemandem enttäuscht oder hintergangen fühlt, bricht sie den Kontakt ab. Mit zunehmendem Alter werden ihr die Weggefährten aus vergangenen Tagen immer wichtiger. Mit ihren beiden Schwestern Betty und Maria bleibt sie stets in Kontakt. Grete Schickedanz erhält sich bis ins reife Alter eine Eigenschaft, die sehr an den jungen Gustav Schickedanz erinnert: Furchtlosigkeit. Diese zeigt sie nicht nur im Konzern als Managerin. »Ich denke«, sagt sie von sich kurz nach dem Tod ihres Mannes im Jahr 1977, »ich habe im Laufe der Jahre den Beweis erbracht, dass eine Frau an führender Stelle in der Wirtschaft stehen kann.« Aber gleichzeitig ist sie sich ihrer besonderen Situation voll und ganz bewusst. »Eine Frau hat es schwer, sich zu behaupten, besonders in einer Führungsposition, das ist leider eine Tatsache«, sagt sie dem »Spiegel« in einem Interview. Dennoch versucht sie immer, den Kontakt zur Basis zu halten. Allerdings ist dort nicht jeder darüber erbaut. Als ein junger Arbeiter beim Ball des Betriebssportvereins mit Grete Schickedanz tanzt und von jemandem darauf aufmerksam gemacht wird, wer sie ist, lässt er sie mit den Worten los: »Ach nee, mich trifft der Schlag.«

EINE KINDERTAGESSTÄTTE ZUM GEBURTSTAG

Auch die Belange der Frauen vergisst Grete nicht. Gustav Schickedanz schenkt seiner Frau 1953 zum Geburtstag ein Haus, in dem sie die erste Tagesstätte für die Kinder von Quelle-Mitarbeitern einrichten kann. Im Laufe der Jahre kommen drei weitere Kindergärten und ein Hort hinzu. Mehr als 10.000 Kinder besuchen im Laufe der Jahre die Einrichtungen. Die spätere Familienministerin Renate Schmidt, die als Alleinerziehende bei der Quelle als Datenverarbeiterin tätig war, sagt: »Es gibt viele Gründe dafür, dass ich heute bin, was ich bin. Hätte es im Jahr 1964 diesen Kindergarten nicht gegeben, als meine Tochter zweieinhalb Jahre war, dann hätte ich nicht weiter berufstätig sein können.«

Nach dem Tod von Gustav Schickedanz 1977 führt Grete das Unternehmen mit ihren Schwiegersöhnen Hans Dedi und Wolfgang Bühler weiter. Zwei Jahre zuvor trat sie als persönlich haftende Gesellschafterin neben ihrem Mann in die neu gegründete Gustav und Grete Schickedanz Holding KG ein. Bis ins hohe Alter kommt Grete jeden Tag ins Büro. Als neu gebaut wird, besteht sie darauf, nicht mehr in einer so nüchternen Atmosphäre arbeiten zu müssen. »Immer haben wir alles in den Versand gesteckt, jetzt geben wir es an die Verwaltung«, sagt sie. »Für die restlichen Jahre will ich eine persönliche Atmosphäre bei der Arbeit haben.« So stehen auf einem kleinen Damenschreibtisch in der Fürther Verwaltung, einem unauffälligen, schmucklosen Gebäude, Blumen und eingerahmte Familienfotos. Perserteppiche liegen aus, an der Wand hängen Stillleben.

Als Grete Schickedanz 1986 in ihrem Haus in Spanien einen Herzinfarkt erleidet, kommt sie in Tarragona auf die

Intensivstation. Madeleine fliegt sofort zu ihr. Obwohl sie von den Ärzten gewarnt wird, will Grete sofort nach Deutschland zurück. In Fürth wird sie ins Krankenhaus gebracht. Es dauert nicht allzu lange und Grete Schickedanz sitzt schon wieder an ihrem Schreibtisch. Der Arzt empfiehlt ihr, nicht länger als acht Stunden am Tag zu arbeiten. Grete Schickedanz sagt: »Ich weiß schon selber, was gut für mich ist.«

Bei ihrem 70. Geburtstag 1981 sagt sie: »Zum Aufhören habe ich noch lange Zeit.« Während sie sich weiter ins Geschäftsleben stürzt, erwartet sie abends, in der riesigen Dambacher Villa, oft nur Stille. Meistens aber kommt sie »nach ihren Musterungen nach Hause und war todmüde«, erzählt Madeleine. »Ihre Vitalität frustriert und ängstigt mitunter zart besaitete Gemüter in ihrer Umgebung«, schreibt Böhmer. »In ihrer spontanen Art teilt sie mitunter Rüffel zu Unrecht aus, kann aber solche Fehler später wieder mit Charme ausgleichen. Als eine ihrer größten Stärken gilt aber immer wieder: die Dinge zu entkomplizieren.«

Ganz unkompliziert ist die Zusammenarbeit mit Grete Schickedanz jedoch nicht. Die Mitarbeiter wissen aber, mit ihrer Chefin umzugehen. »Wenn sie nervös oder ein bisschen aggressiv war, haben wir ihr schnell eine Kollektion gebracht, wo es ganz viele Ständer mit Blusen, Jacken und Pullovern gab. Sie stürzte sich auf die Ständer und schaute, was da drin war. Dann wurde sie ruhiger und wir konnten mit ihr richtig gut zusammenarbeiten«, erzählt eine Einkäuferin dem Biografen. »Das war wie eine Droge, sie musste in der Ware wühlen.«

Bis nach ihrem 80. Geburtstag arbeitet Grete Schickedanz im Unternehmen. Wie bei ihren Schwestern treten auch bei Grete Alzheimer-Symptome auf. In den letzten Monaten ihres Lebens kann sie sich kaum mehr um das Unternehmen kümmern: Sie leidet auch an Herz- Kreislauf-Schwäche. Am 23. Juli 1994 hört das Herz von Grete Schickedanz auf zu schlagen. Madeleine Schickedanz sitzt bis zum Schluss an ihrem Bett. Nach einem Trauergottesdienst in der Fürther St.-Paul-Kirche wird die »deutsche Vorzeigeunternehmerin« am 28. Juli beigesetzt.

An der Trauerfeier der Stiefmutter kann Louise Dedi, die zu diesem Zeitpunkt schon sehr krank ist, nicht mehr teilnehmen. Die Ehefrau des mittlerweile pensionierten Konzernchefs Hans Dedi stirbt am 15. September. Sie wird 69 Jahre alt.

Grete Schickedanz, die die gleichen Initialen hat wie ihr Ehemann, stirbt im Alter von 82 Jahren. Am Ende seines Lebens ist Gustav Schickedanz ebenfalls 82 Jahre alt. Auch das von ihnen gemeinsam aufgebaute Unternehmen Quelle hört im 82. Jahr seines Bestehens auf zu existieren.

DIE UNTERNEHMERIN WIDER WILLEN

»Ich habe mir das lange überlegt. Aber wenn man in einem Geschäftshaushalt groß wird und Kinder hat und dann das harte Arbeiten der Mutter sieht, oft bis in die Nacht hinein. Dem kann man sich ja als erfolgreiche Geschäftsfrau gar nicht entziehen – das wollte ich nicht«, antwortet Madeleine Schickedanz einmal auf die Frage, ob es sie selbst nicht gereizt hätte, in das Familienunternehmen Quelle einzusteigen: »Ich wollte meine Kinder mitprägen. Ich wollte das selber machen. Ich wollte eine Familie haben«, sagt sie. »Ich wollte nur eine gute Mutter sein.«

Madeleine Schickedanz setzt ihren Plan in die Tat um. Doch so einfach ist es nicht, sich dem Unternehmen ihrer Eltern zu entziehen. Seit Madeleine denken kann, ist die Quelle ein fester Bestandteil des Familienlebens. Sie liebt und verehrt ihre Eltern. Damit nimmt deren Lebenswerk automatisch viel Raum in ihrem Leben ein. Sie weiß, wie wichtig es den Eltern immer war, dass die Quelle niemals versiegt. Als Madeleine Schickedanz 2002 anlässlich des 75-jährigen Jubiläums der Quelle gefragt wird, was sie dem Unternehmen wünsche, antwortet sie: »Dass sie mindestens noch die nächsten 75 Jahre sprudelt. Das war ja die Uridee vom Vater. Vor allem den Mitarbeitern wünsche ich im Andenken an meine Eltern, dass sie weiter möglichst sorgenfrei in einem gut bestellten Haus arbeiten.« Von da an hat das Unternehmen noch sieben Jahre vor sich – die meisten davon sind sorgenvoll.

GROSSE VORBILDER

Gustav und Grete Schickedanz hätten gern gesehen, dass ihre Tochter im Unternehmen mitwirkt. Tochter Louise aus Gustavs erster Ehe arbeitet ab 1948 ein paar Jahre in der Buchhaltung der Quelle und hilft, das vom Krieg zerstörte Unternehmen wiederaufzubauen. Um auch Madeleine die Arbeit im Familienunternehmen schmackhaft zu machen, versucht Gustav Schickedanz, die Interessen seiner zweiten Tochter zu berücksichtigen. »Mein Vater wollte schon, dass ich in die Firma gehe. Ich sollte für Kinderbekleidung zuständig sein«, erzählt Madeleine. Die »Dominanz« der Mutter sei es schließlich gewesen, die Madeleine davon abgehalten habe, ins Unternehmen einzusteigen, wollen Insider wissen.

Es gibt so gut wie keine Entscheidung, die nicht von Grete Schickedanz abgesegnet wird – schon vor dem Tod ihres Mannes 1977. Aber auch nach außen hin ist sie sehr präsent. Sie gilt in der Geschäftswelt als harte Verhandlungspartnerin, bei den meist weiblichen Kunden als die nette Frau Schickedanz. Mit beiden Elternteilen – erfolgreich, aktiv, sozial und hoch angesehen – soll sich Madeleine vor aller Augen messen? Eine Hürde, die viele Töchter in Unternehmerfamilien scheuen. »Von zehn Töchtern stellen acht die Frage, ob sie für die Position der Geschäftsführerin im elterlichen Unternehmen geeignet sind«, stellt das Unternehmermagazin »WIR« in seiner Ausgabe vom März 2008 fest. »Söhne kommen gar nicht auf die Idee, an ihrer Tauglichkeit zu zweifeln.« Als Grete Schickedanz hingegen einmal gefragt wird, ob sie jemals Zweifel gehabt habe, den Problemen eines neuen Aufgabengebietes auch gewachsen zu sein, antwortet sie ohne zu zögern: »Nein, niemals. Da war eine Arbeit, die getan werden musste, und ich habe sie angepackt.«

Ihr Lebensmotto sei gewesen: »Wenn ich nicht für mich bin, wer sollte für mich sein«, beschreibt eine langjährige Mitarbeiterin. Dieses Vertrauen in sich auch im gleichen Umfang anderen entgegenzubringen, fällt ihr allerdings schwer. Besonders kritisch, so heißt es, hinterfragt sie dabei Mitglieder ihrer eigenen Familie: Robert Rieger, der Sohn ihrer Schwester Maria, arbeitet nach seinem Betriebswirtschaftsstudium 1954 bei den Vereinigten Papierwerken. Später macht er Karriere in der Schickedanz-Gruppe. Wann immer es für ihn aufwärts gehen soll, fragt sie: »Kann der denn das?« 1984 wird er Geschäftsführer des Lörracher-Schöpflin-Versandes, den Quelle 1964 mehrheitlich übernommen hat. Er bleibt es, bis er 1993 mit 63 Jahren in Pension geht.

»Meine Mutter übergab mir mal ein Schreiben, das mir jederzeit die Chance gab, in die Firma einzusteigen«, berichtet Madeleine Schickedanz. »Ich habe es nie benutzt. Man kann halt nicht alles!«

ÜBEREHRGEIZ ODER RESIGNATION?

Ist es Selbstbewusstsein oder ist es Resignation, die da durchklingt? Kinder, die sich an Übereltern messen lassen müssen, entwickeln mitunter einen großen Ehrgeiz, wissen Psychologen. Dieser Ehrgeiz könne allerdings auch in einen großen Druck münden, den diese Kinder auf sich selbst ausüben – bis es zum Knall und etwa einem Burn-out kommt. Bei anderen Kindern hingegen kann dies leicht zu Mutlosigkeit führen, die dafür sorgt, dass sie sich gar nicht erst auf den Weg machen.

»Mütter sind automatisch Vorbilder, an denen sich heranwachsende Frauen messen«, weiß die Psychoanalytikerin Wendula Walther-Kirst. Sie vergleichen, wägen ab, ob der Weg der Mutter auch der eigene Weg werden soll. »Gibt es zwischen Müttern und Töchtern einen Konkurrenzkampf?«, fragt die »Bunte« 2003 und Madeleine Schickedanz antwortet. »Das sehe ich schon so: Es ist sehr schwierig, wenn man eine Übermutter hatte wie ich ...« Entscheidend ist auch, so Psychologen, wie das Umfeld mit der Situation umgeht, ob es die Leistungen des Kindes ständig an denen der Eltern misst und auf welche Weise es dies tut.

»In der patriarchischen Gesellschaft ist der Vater alles, seine Qualifikation und seine Kompetenzen waren Grundlage des Unternehmenserfolgs. Seine Fußstapfen sind groß – und wollen gefüllt werden«, so das Unternehmermagazin »WIR«. Belegschaft, Geschäftspartner, Banken – häufig zweifle das gesamte männliche Umfeld an den Qualifikationen der Tochter. Für Madeleine gilt das doppelt. Patriarchat und Matriarchat.

Wie schwierig es ist, in einer Dynastie groß zu werden, weiß Susanne Klatten. Sie gehört zur Quandt-Dynastie, die unter anderem Mehrheitsaktionärin des BMW-Konzerns ist. »Alle erwarten so viel von einem. Dieses immer alles gut machen zu wollen. Weil das, was geleistet worden ist, so großartig war. Diese Legende, die andere um einen rum aufbauen, um die man nie gebeten hat. Und trotzdem ist da dieses Bestreben, sie erfüllen zu wollen. Und das ist die Gefahr. Dass man sich selbst verliert.« Jahrelang entzieht Klatten sich der Öffentlichkeit noch mehr als Madeleine Schickedanz, bis eine verunglückte Liaison sie über Nacht zum unfreiwilligen Medienstar macht. In einem Interview mit der FTD gibt sie zu: »Natürlich ist da auch Angst. Die Angst, bestehen zu können. Die Angst, Fehler zu machen. Und die Angst, sich zu blamieren, weil diese Fehler ja in der Öffentlichkeit kommentiert werden.«

Anders als Madeleine Schickedanz gilt Susanne Klatten als tough und selbstbewusst. Sie heiratet, nimmt den Namen ihres Mannes an. Als sie sich kennenlernen, arbeitet er als Ingenieur bei BMW. Über ein halbes Jahr lang hat er keine Ahnung, in wen er sich verliebt hat. Später gehen sie zusammen in die USA und Susanne Klatten nutzt die Chance, herauszufinden, was sie wirklich will. Sie denkt auch daran, Gartenarchitektur zu studieren. »Ich bin davon zurückgeschreckt, einen ganz eigenen Weg zu gehen.« Heute ist sie Unternehmerin.

Auch Madeleine Schickedanz heiratet, »vielleicht ein bisschen zu früh«, wie sie später einräumt. Sie ist bei der Hochzeit 22 Jahre alt. Menschen aus ihrem Umfeld nennen es eine »ehrenhafte Flucht« aus dem goldenen Käfig.

DIE THRONFOLGE

Die geschäftlichen Belange überlässt sie ihren jeweiligen Ehemännern, dem ersten ebenso wie dem zweiten und dem dritten. Bis auf Grete »schickten die Schickedanz-Frauen ihre Männer vor«, heißt es über sie. Halbschwester Louise wird im Unternehmen durch Ehemann Hans Dedi repräsentiert. Deren Tochter Margarete – wie Mutter Louise eine Schönheit – heiratet Ingo Riedel. Der Jurist soll später dafür gesorgt haben, dass die Quelle, Erbe seiner Frau und deren Tante Madeleine, später mit dem Karstadt-Konzern fusionierte.

Gustav und Grete Schickedanz arbeiten bis 1977 Seite an Seite und führen das Unternehmen. Hans Dedi, Ehemann von Tochter Louise aus erster Ehe, gilt seit Jahren als Nachfolger, als erster Offizier, als Kronprinz. Ihm soll es schließlich so ähnlich ergehen wie Prinz Charles, der seit Jahren darauf wartet, den britischen Thron besteigen zu können. Wie so viele Patriarchen – und auch Matriarchen – hält die Aufgabe Gustav und Grete Schickedanz jung. Fast bis zum Schluss kommt beiden kein Gedanke ans Aufhören. Als Hans Dedi, selbst schon in die Jahre gekommen, einmal danach gefragt wird, ob es eigentlich schon einen Nachfolger für ihn gäbe, sagt er, nur halb im Scherz: »Ich habe doch einen. Herrn Schickedanz.«

Warum das so ist, beantwortet Hermann Simon in dem Buch »Die Psyche des Patriarchen«. Ihm zufolge sind Unternehmer mit ihrem Unternehmen verbunden wie Künstler mit ihrer Arbeit, die für sie oft das Leben ist. »Nicht zuletzt wegen dieser totalen Identifikation haben solche Unternehmenslenker eine hohe Überzeugungskraft und unterscheiden sich drastisch von angestellten Managern, die nur eine Funktion ausüben. Unternehmer leben, was sie sind. Aus dieser Einstellung resultiert, dass Geld nicht die Hauptantriebskraft dieser Menschen ist. Mehr als der ökonomische Erfolg zählt die Befriedigung, die sie aus ihrer Arbeit ziehen.« Es sei so etwas wie Besessenheit von einer Sache, von einem Produkt oder von einer Idee, von der man sich durch nichts abbringen lasse.

Doch schon Anfang der 70er-Jahre – Hans Dedi ist 54 Jahre alt und seit 15 Jahren im Unternehmen – bewerten Beobachter die noch immer nicht vollzogene Nachfolge »als ernste Belastung für das Milliardenunternehmen«, wie der »Zeit«-Journalist Hermann Bößenecker schreibt. Mit seinen 78 Jahren lässt sich Gustav Schickedanz noch jeden Morgen von seinen Managern die Zahlen vorlegen. Macht er tatsächlich einmal Urlaub und verbringt diese Zeit in einem seiner Anwesen in Tarragona oder am Tegernsee, tickern die Zahlen per Telex durch. »Sobald er einen Knick zu entdecken glaubt, der seinen stark ausgeprägten Rentabilitätssinn stört, greift er zum Telefon und lässt sich mit dem zuständigen Herrn zu Hause verbinden.«

Die eng gewundenen Familienbande könnten dem Unternehmen als Stärke ausgelegt werden. Tatsächlich erweisen sie sich als neuralgischer Punkt, der jeweils zutage tritt, als sich Madeleine Schickedanz von ihrem ersten und dann auch zweiten Ehemann scheiden lässt. Beide – jeweils mit Führungsaufgaben versehen – verlassen kurz darauf das Unternehmen.

KONGLOMERAT ODER SAMMELSURIUM?

Bei der Trennung von Hans-Georg Mangold im Jahr 1973 ist das Unternehmen bereits ein riesiges Konglomerat – und es wächst weiter. Als »Sammelsurium« wird es später einmal bezeichnet. Die Quelle ist das Flaggschiff des Unternehmens und wird es immer bleiben. Doch zusätzlich zum Versandgeschäft wird Deutschland bis 1976 mit einem Netz von 130 stationären Verkaufsstellen und 25 Warenhäusern überzogen. Im Ausland werden Quelle-Töchter aufgebaut.

Mit der Übernahme von 75 Prozent am Großversandhaus Schöpflin in Lörrach-Haagen rückt die Quelle 1964 an die Spitze der europäischen Versandhäuser. Außerdem werden neue Bereiche innerhalb des Versandhandels erschlossen, wie die Foto-Quelle im Jahr 1961, der Schmuckversand Euroval 1963 oder die Garten-Quelle 1970. Bereits seit 1962 ist das Unternehmen auch im Tourismus aktiv mit der Tochter Quelle-Reisen, die 1972 in eine Beteiligung an der »Touristikunion International« (TUI) in

Hannover eingebracht wird. 1964 lässt Gustav Schickedanz die Handelsmarke Privileg eintragen, unter der fortan Elektrogeräte verkauft werden.

Auch bei den Aktivitäten außerhalb des Versandhandels gibt es kein Verweilen. Die in den 30er-Jahren erworbene Brauerei Geismann wird 1967 mit der Brauerei Humbser zusammengeschlossen. 1972 geht Geismann-Humbser schließlich in der Patrizier AG auf, in der die Schickedanz Holding ihre Brauerei-Aktivitäten mit denen der Bayerischen Hypovereins- und Wechselbank AG zusammenlegt. Acht Brauereien sind in der Gesellschaft zusammengefasst. 1973 übernimmt Schickedanz die Nürnberger Möbelhauskette Hans Hess GmbH. Auch die Papiersparte um die Vereinigten Papierwerke mit den Markenprodukten Tempo und Camelia – die Schickedanz bereits 1935 erwirbt – wird durch die Übernahme ausländischer Firmen ausgebaut. 1976 erzielt die Schickedanz-Gruppe mit weltweit über 42.000 Mitarbeitern einen Gesamtumsatz von acht Milliarden D-Mark.

Als die Trennung zwischen Madeleine und Hans-Georg Mangold und damit auch zwischen ihm und dem Konzern vollzogen wird, schreibt Bößenecker: »Kritische Quelle-Manager sehen in diesem Vorfall einen neuen Beweis dafür, dass eine Firmengruppe mit über 40.000 Beschäftigten nicht mehr nach vorwiegend patriarchalischen Grundsätzen geführt werden kann. In den letzten Jahren war die Hoffnung auf einen neuen Führungsstil durch die Aussicht auf Umwandlung der Stammfirma Großversandhaus Quelle in eine Aktiengesellschaft genährt worden.«

Diese Umwandlung kündigt Gustav Schickedanz bereits im Jahr 1971 an. Begeisterung habe er dabei vermissen lassen, heißt es. Hans Dedi hingegen sei ein Verfechter dieser Reform gewesen, hielt er doch eine solche AG für flexibler als eine Personengesellschaft. Doch zwei Jahre nach Ankündigung wird dieser Entschluss erst einmal auf Eis gelegt. Aus steuerlichen Gründen, wie verlautet.

EINE EINHEIT OHNE EINIGKEIT

Als Gustav Schickedanz im Jahr des 50-jährigen Quelle-Jubiläums stirbt, rückt Ehefrau Grete an die Spitze des Konzerns – gemeinsam mit ihren Schwiegersöhnen Hans Dedi und Wolfgang Bühler. Als »Führungs-Troika« werden Grete Schickedanz, Dedi und Bühler bezeichnet. Das Wort suggeriert aber letztlich mehr Einigkeit, als tatsächlich zwischen den drei unterschiedlichen Charakteren herrscht.

Mit dem Unternehmen übernimmt Grete Schickedanz auch die Vorbehalte ihres Mannes gegenüber einer Aktiengesellschaft. Statt der einst geplanten AG setzt die Familie nun auf ein kompliziertes Firmenkonstrukt: Neben Grete Schickedanz wird 1979 die Gustav-und-Grete-Schickedanz-Stiftung zur Hauptkomplementärin der Unternehmensgruppe gemacht. Der Stiftungsrat besteht zu diesem Zeitpunkt aus Grete Schickedanz, Dedi, Bühler, vier Managern des Konzerns und einem Wirtschaftsprüfer.

Sinn und Zweck der Neuordnung soll die Trennung von Kapital, Eigentum und Management sein, die bislang komplett in den Händen der Familie lagen. Mit dem neuen Modell solle der Bestand der Firmengruppe »über Generationen hinweg« erhalten werden, lässt Grete Schickedanz wissen. Dedi und Bühler, so der Plan, sollen sich nach einer Übergangszeit nur noch zentralen Aufgaben im Stiftungsvorstand und damit in der übergeordneten Konzernholding widmen. Die Leitung der einzelnen Firmen, darunter der Quelle, soll den jeweiligen Managern überlassen werden.

Insider sehen darin aber noch mehr. Das gute Verhältnis, das Hans Dedi zu seinem ersten Schwager Hans-Georg Mangold pflegte, findet mit Wolfgang Bühler keine Fortsetzung. Immer wieder sollen die beiden aneinandergeraten. Auch das Verhältnis zwischen Bühler und seiner Schwiegermutter soll nicht ungetrübt sein. Dennoch findet sich Grete Schickedanz in der Rolle der Vermittlerin wieder, der sie gerecht zu werden versucht – auch, um das Lebenswerk ihres Mannes zu retten. Immer wieder glättet sie die Wogen zwischen Bühler, der sie mit »Mutter« anspricht, und Dedi, der Grete zwar duzt, aber offiziell meist »Frau Schickedanz« zu ihr sagt. Als problematisch gilt auch Bühlers mitunter schwach ausgeprägtes Feingefühl. Als der 1. FC Nürnberg 1977 einen neuen Vorsitzenden sucht, will sich der 44-jährige Bühler für das Amt zur Verfügung stellen. Schwager Dedi soll entsetzt gewesen sein. »Wolfgang, das kannst du nicht machen«, versucht er ihm die Kandidatur auszureden. Schließlich habe beider Schwiegervater lange den Ehrenvorsitz des Traditionsvereins seiner Heimatstadt, der Spielvereinigung Greuther Fürth, gehabt. Und kurz nach dessen Tod will ein Mitglied der Familie beim Rivalen anheuern? Undenkbar.

NEUE STRUKTUR, ALTE PROBLEME

Die Umstrukturierung des Unternehmens bedeutet, die Position der beiden Schwiegersöhne intern zu »objektivieren«, einander anzugleichen. Dafür ist Dedi auch bereit, auf seine bisherige Führungsrolle zu verzichten. Im Gegenzug wird Bühler nach dem Ausscheiden des mittlerweile 60-jährigen Schwagers nicht die dominierende Rolle spielen, »die dieser sich zunächst vielleicht vorgestellt hat«, schreibt Bößenecker.

So richtig bewähren will sich die neue Führungsspitze nicht. Sieben Jahre später heißt es, Grete Schickedanz, Hans Dedi und Wolfgang Bühler scheinen »sich immer wieder gegenseitig zu blockieren«. Als Problem gilt auch die große Ämter- und Machtfülle der Chefin, die sich nicht an die Trennung von Familie und Holding-Vorstand einerseits und Management des Unternehmens andererseits halten will. Oder kann. »Was soll sie anderes tun als arbeiten«, wird im eigenen Haus über sie gesagt.

Der Erfolg des Konzerns kompensiert die internen Schwierigkeiten. Eine Zeitlang zumindest. Doch Anfang der 80er-Jahre sieht sich das bis dahin erfolgsverwöhnte Unternehmen erstmals mit größeren wirtschaftlichen Schwierigkeiten konfrontiert. Noch 1983 setzt die Schickedanz-Handelsgruppe 10,4 Milliarden D-Mark um und erzielt einen Gewinn von gut 70 Millionen D-Mark. Es ist vorerst das letzte Mal, dass dieser benannt wird.

Statt weiteren Wachstums gibt es schon im darauf folgenden Jahr eine Schrumpfkur. 1985 liegt der Umsatz nur noch bei 8,5 Milliarden D-Mark. Gravierender ist jedoch: Der Konzern schreibt rote Zahlen. Über deren Höhe schweigt sich die Familie aus. Man wolle dies so halten wie andere Familienunternehmen auch, heißt es.

Die neue Schweigsamkeit signalisiert Branchenbeobachtern, wie ernst die Lage tatsächlich ist. Für die Vereinigten Papierwerke und die Firma Möbel-Hess hat die Schickedanz-Gruppe bereits Entlassungen angekündigt. Grete Schickedanz macht eine neue Erfahrung: Sie muss harsche Kritik einstecken – nicht nur seitens der Gewerkschaft, sondern auch von Kommunalpolitikern und sogar den Kirchen. »Wie man da zerrissen wurde, das war nicht schön.« Sie sei als »reiche Frau Schickedanz« attackiert worden, beschwert sie sich. Ebenso wie über die Aufforderung, den Gewinn des Stammhauses »gefälligst zur Sanierung der anderen Unternehmen« zu verwenden.

»Wir beobachten seit geraumer Zeit einen grundlegenden Strukturwandel im Konsumverhalten«, erklärt Hans Dedi Anfang 1986. Der »aufgeklärte und zunehmend kritische Verbraucher« habe seine Wertvorstellungen korrigiert. Konsum werde nicht mehr automatisch mit Lebensqualität gleichgesetzt. Damit wird deutlich: Die Zeit des Wirtschaftswunders ist nun endgültig vorbei. Die Luft für die einzelnen Firmen wird zunehmend enger. Nicht mehr alle Handelsunternehmen werden einen Platz im Markt finden.

HANDEL IST WANDEL

Forciert wird diese Entwicklung auch durch die Warenhauskonzerne – allen voran Kaufhof. Sie sagen ihren Mitbewerbern den Kampf an: mit kleinen Preisen. Damit treffen sie vor allem die Quelle, deren Hauptklientel aufs Geld achten muss. Die halbjährliche Preisgarantie, die im Hauptkatalog gilt und die Quelle einst zu einem vertrauenswürdigen Partner machte, wird zu einem Hemmschuh. Überall purzeln die Preise und Quelle kann nicht darauf reagieren.

Das Problem taucht allerdings nicht unvermittelt vor der Führungs-Troika auf. »Doch verwöhnt von einer jahrzehntelang andauernden Erfolgsserie hatte sie die ersten Krisenzeichen nicht ernst genommen und versäumt, rechtzeitig die Weichen für härtere Zeiten zu stellen«, ist in der »Zeit« zu lesen. Sind Veränderungen nicht im Sinne von Grete Schickedanz, schafft sie es, vor allem Hans Dedi immer wieder von ihrer Meinung zu überzeugen. »Grete« – wie Dedi sie im kleinen vertrauten Kreis nennt – »du hast ja so recht.« Mit diesen Worten soll er sich des Öfteren der Argumentationskraft von Grete Schickedanz gebeugt haben.

In diesem Jahr, 1986, gibt die »gnädige Frau« ihren Rückzug von den Alltagsgeschäften und vom Vorstandsvorsitz bekannt. Der Zeitpunkt hätte – aus ihrer Sicht – nicht schlechter gewählt sein können. Die Quelle befindet sich in der schwierigsten Phase ihrer bisherigen Unternehmensgeschichte. »Und doppelt bitter ist, dass man ihr unverhohlen die Mitschuld an der Krise anlastet. Wenn jetzt vom bevorstehenden Abschied der ›alten Dame‹ geschrieben wird, so verletzt dies die 74-Jährige. Sie ist betrübt, dass Journalisten eben keine Kavaliere sind«, notiert Bößenecker.

Die Schickedanz-Gruppe zeigt sich allerdings modern, als sie externe Hilfe sucht, um erst die Vereinigten Papierwerke und dann das Flaggschiff Quelle wieder seetüchtig zu machen: Man bittet das amerikanische Unternehmen McKinsey ins Haus. Das Beraterteam wird angeführt von Klaus Zumwinkel. Er erstellt ein Konzept. Dessen Kernpunkte sind: das Sortiment straffen, die Warenhäuser stärker auf Spezialangebote mit verbessertem Service trimmen und Angebote durch zusätzliche Artikel bereichern.

Gar nicht so unähnlich ist das Konzept von Nicolas Berggruen für die Karstadt-Kaufhäuser im Jahr 2010. Der deutsch-amerikanische Investor erhält vom Insolvenzverwalter den Zuschlag für die einstige Quelle-Schwester, um sie wieder auf Vordermann zu bringen.

Zum McKinsey-Konzept für die Vereinigten Papierwerke gehören allerdings auch die unvermeidlichen Entlassungen. 1985 trennt sich der Konzern von 800 Mitarbeitern.

FREMDE HERREN IM HAUS

Dennoch ist der Berater, der als zurückhaltend gilt und eher leise spricht, nach dem Geschmack der Familie. Vor allem beeindruckt seine Analyse – so sehr, dass die Familie ihn bei McKinsey abwirbt und 1987 kurzerhand zum Vorstandschef der Quelle macht. Sein Wissen kommt nicht von ungefähr: Zumwinkels Vater führte selbst ein ansehnliches Handelsimperium. Schnell will er bei Quelle die Wende herbeiführen. »Zumwinkel macht sich gewiss keine Illusionen«, schreibt der »Zeit«-Journalist. »Grete Schickedanz wird ihm zumindest noch für einige Jahre nicht nur mit guten Wünschen zur Seite stehen.«

Große Probleme bereiten der Quelle vor allem die eigenen Warenhäuser, die riesige Löcher in die Bilanz reißen. Hier ändert Zumwinkel mehrfach die Strategie. »Manch einer in Fürth beneidet in dieser Zeit den Hamburger Versandunternehmer Otto, der seine Warenhäuser schon früh abgegeben hat«, schreibt Schickedanz-Biograf Böhmer. In Franken hält man an ihnen fest. Vorerst.

Zwei Jahre später, 1989, landet ein Hubschrauber in Fürth, aus dem Postminister Christian Schwarz-Schilling aussteigt. Er ist mit Klaus Zumwinkel verabredet. Der Minister hat einen Tipp bekommen. Beim Quelle-Versand gebe es einen tüchtigen Mann, der nicht abgeneigt sei, eine neue Aufgabe zu übernehmen. Schwarz-Schilling will Zumwinkel als Chef für den maroden Staatsbetrieb Bundespost gewinnen. »Der Kandidat zeigte sich von der Aufgabe begeistert. Und machte kein Hehl daraus, dass er die Einmischung von Grete Schickedanz leid war«, heißt es im »Manager Magazin«.

»Es folgten weitere Treffen mit Schwarz-Schilling. Schließlich fand der Postler in spe, es sei an der Zeit, auch mal über das Gehalt zu reden.« Darüber erzählt Zumwinkel dem Magazin: »›Sie verdienen‹« – Zumwinkel hält sich die Hand schräg vor den Mund und spielt das Raunen des Ministers nach – »›mehr als der Bundeskanzler.‹ Korrekt. Mehr als der Bundeskanzler. Aber 80 Prozent weniger als ein Quelle-Chef.« Zumwinkel, der viel geerbt hat, nimmt dennoch an. 1990 wird er Post-Chef und baut die einst verschlafene Behörde zu einem agilen und profitablen Weltkonzern um.

Dafür wird er mit Lob und Anerkennung überhäuft, als »Supermanager« und »Manager des Jahres« tituliert. Seine Karriere findet kurz vor seiner Pensionierung ein jähes und unrühmliches Ende, als die Staatsanwaltschaft 2008 Zumwinkel »live« aus seiner Kölner Villa abführt wegen des Verdachts auf Steuerhinterziehung in Höhe von knapp einer Million Euro. Es ist ein grauer Donnerstagmorgen im Februar 2008, es ist der Valentinstag. Der Mann mit einem geschätzten Privatvermögen von acht Millionen Euro und einer Burg am Gardasee mit einem Wert von rund fünf Millionen Euro wird ein Jahr später verurteilt: zu einer Bewährungsstrafe von zwei Jahren und der Zahlung einer Strafe in Höhe von einer Million Euro. Seine unternehmerische Leistung? Makulatur.

Gegen eine Millionenzahlung wurden der Bundesrepublik die Daten von über 700 deutschen Kunden einer Bank in Liechtenstein angeboten. Der Fall »Zumwinkel« verfehlt seine Wirkung nicht. Allein die Ankündigung, eine weitere in der Schweiz gestohlene CD mit Daten von Steuerhinterziehern erworben zu haben, zieht: Bis Mai 2010 zeigen sich 18.000 Steuersünder selbst an, um einer Strafverfolgung zu entgehen. Der deutsche Fiskus könne dadurch mit Mehreinnahmen von rund 1,25 Milliarden Euro rechnen, berichtet das »Handelsblatt«.

MANAGER KOMMEN UND GEHEN

Bei der Quelle folgt 1989 auf Klaus Zumwinkel Herbert Bittlinger, ein enger Vertrauter und wichtiger Ratgeber von Grete Schickedanz. Bittlinger gelingt 1990 ein Umsatzplus von gut 23 Prozent. Schon ein Jahr später verabschiedet er sich in den Ruhestand. Ihm folgt Klaus Mangold – der mit Madeleines erstem Ehemann weder verwandt noch verschwägert ist. Er macht einen »Megatrend« aus. Die Verbraucher kaufen nicht mehr nur im Laden oder im Warenhaus, sondern vom Sessel aus per Knopfdruck: Mangold führt bei der Quelle das »Teleshopping« ein.

In diesen Jahren findet ein historisches Großereignis statt: Am 9. November 1989 fällt die Mauer, die Ost und West trennte. Am ersten Wochenende nach der Öffnung der Grenze klingeln auch in den Kassen der Quelle-Kaufhäuser einige 100.000 D-Mark

Umsatz mehr. Im grenznahen Hof macht die Quelle fünf Mal so viel Geschäft wie sonst.

Bei der Quelle erkennt man das Wiedervereinigungspotenzial schnell. Schon wenige Monate nach dem Mauerfall lotet das Management die Möglichkeit für einen neuen Standort im Osten Deutschlands aus. In die engere Auswahl kommen Magdeburg und Leipzig. Grete Schickedanz entscheidet wieder einmal aus dem Bauch heraus – für Leipzig. Magdeburg habe ihr nicht besonders gut gefallen, heißt es. In Leipzig hingegen spielt der Kaufpreis keine Rolle. Ein wichtiges Argument für sie ist die nahe Siedlung: »Die Frauen können zu uns rüberkommen und bei uns arbeiten.«

Schon zu Beginn des Jahres 1991 wird mit der Planung des neuen Quelle-Versandzentrums begonnen. Dafür steht dem Konzern eine Fläche von rund 70 Hektar zu Verfügung. Es ist für Leipzig die zweitgrößte Investition nach dem Messeumbau. Damit entsteht die »modernste Paketfabrik der Welt«, wie Experten meinen. Für ihr Engagement in den neuen Bundesländern erhält Grete Schickedanz 1992 den Medienpreis »Bambi«. Der Auftritt ist für die 80-Jährige anstrengend. Viele Menschen in ihrer Umgebung sind der Meinung, man hätte ihr das Erscheinen ersparen sollen.

Im Herbst des gleichen Jahres kündigt Quelle schließlich an, sich nun doch von der Mehrzahl der Kaufhäuser trennen zu wollen. 14 der nur noch 20 Häuser werden an Hertie verkauft, einige geschlossen. Über ein Jahrzehnt hinweg hätten sich die Verluste der Sparte auf 800 Millionen D-Mark summiert, berichtet die »FAZ«.

Doch schon 1994 verlässt Klaus Mangold das Unternehmen überraschend, vor allem überraschend schnell. »Querelen mit der Familie hat es nicht gegeben«, beeilen sich beide Seiten zu versichern. »Können Sie sich vorstellen, bei diesem Unternehmen in Pension zu gehen«, wird Mangold zwei Jahre zuvor gefragt. Ohne lange zu überlegen, antwortet er mit Ja. Mit Klaus Mangold verlassen zwei weitere Manager das Unternehmen. Grete Schickedanz ist zu diesem Zeitpunkt nicht mehr aktiv im Unternehmen tätig. Noch im gleichen Jahr stirbt sie.

EIN FLAGGSCHIFF OHNE ZIEL

Grete Schickedanz erlebt auch nicht mehr, wie im Mai 1996 das neue Leipziger Versandzentrum eingeweiht wird. 1000 Menschen arbeiten hier. Bei der Einweihungsfeier mit dabei ist auch der »Wiedervereinigungskanzler« Helmut Kohl. »Bühler und seine Frau sitzen bei der Festveranstaltung in einer Reihe, zwischen ihnen ist der Kanzler platziert«, schreibt Biograf Böhmer. Doch trotz der Milliardeninvestition macht das Unternehmen »keine gute Figur«.

Mitte der 90er-Jahre trennt sich die Schickedanz-Gruppe fast komplett von der Industriesparte, darunter die Vereinigten Papierwerke, die Patrizier-Brauerei und die Gold-Zack-Gruppe. Hans Dedi, der nach dem Tod seines Vaters Inhaber von Hüssy & Künzli wurde, hat Gold Zack mehrheitlich übernommen und alles ins Unternehmen seiner Schwiegereltern eingebracht.

Später wird auch die Noris Verbraucherbank abgegeben. Dank dieser Verkaufserlöse schwillt der Konzernumsatz 1994/95 auf rund 15 Milliarden D-Mark an. Über das Ergebnis wird wieder geredet: 610 Millionen D-Mark – vor Steuern. Als auch Bühler

1997 nach der Trennung von Madeleine Schickedanz den Vorsitz der Konzernholding abgibt, glaubt er, »die als bieder und behäbig geltende Firma ›fit für Europa‹ gemacht zu haben«, schreibt das »Manager Magazin«.

Doch die Quelle-Tochter, die unter dem Dach der Holding angesiedelt ist, kommt nicht zur Ruhe. Nach jahrzehntelanger Kontinuität an der Quellespitze ist das Versandhandelsunternehmen raschen Vorstandswechseln ausgesetzt. Das bedeutet: Immer wieder neue Kapitäne kommen auf das Schiff, die nicht den gleichen Kurs fahren. Auf welches Ziel die Quelle zusteuert, ist kaum mehr erkennbar.

»Familienunternehmen suchen für die Topführungspositionen im Unternehmen keine Manager, sondern Adoptivkinder auf Zeit«, stellt das Unternehmermagazin »WIR« fest. »Sie sollen so arbeiten, denken und fühlen, als gehörten sie zum Gesellschafterkreis. Gleichzeitig dürfen sie nie vergessen, dass sie nicht zur Familie gehören.« Häufig sei der Fremdmanager in den Augen der Firmeninhaber nur eine Notlösung, weil sich in der Familie kein geeigneter Nachfolger finden lasse. Der Schickedanz-Konzern ist damit kein Einzelfall.

»Eigentlich kann man nur Familienmitgliedern richtig vertrauen«, meinen etwa 60 Prozent der Familienunternehmen, die die Wirtschaftsprüfungsgesellschaft Pricewaterhouse-Coopers befragte. Diese Halbherzigkeit mache den Beteiligten das Leben und das Lenken schwer. Bei vielen Familien fehle der notwendige Wille, die Macht zu teilen oder ganz abzugeben. Dabei spiele auch die Angst eine Rolle, dass die Kultur des Familienunternehmens auf Dauer verloren gehe. Dass auf diese Weise das ganze Unternehmen verloren gehen kann, bedenken sie dabei nicht. »Familien«, schreibt »WIR«, »denken nicht wie Unternehmen.

Sie funktionieren nach anderen Regeln. Sie sind nicht steuerbar und bisweilen kaum berechenbar. Für einen zahlenorientierten Manager ist es nicht immer ganz einfach, sich in diese Welt hineinzudenken.«

Als sich Klaus Mangold verabschiedet, ist es noch einmal Herbert Bittlinger, der – 69-jährig – bereit ist, das Vakuum an der Spitze zu füllen und den Konzern weiterzuführen. Erst 1996 ist ein neuer Vorstandschef gefunden: der Adidas-Manager Steffen Stremme. 1998 verlässt auch Stremme das Unternehmen wieder. Ihm folgt der Quelle-Textilvorstand Willi Harrer. Auch er bleibt nur zwei Jahre im Amt. Der Posten des Quelle-Chefs gilt inzwischen als Schleudersitz, auf den sich im Jahr 2000 mit Reinhard Koep ein reiner »Karstadt-Mann« wagt. Ein Jahr zuvor ist die Quelle mit Karstadt zur KarstadtQuelle AG zusammengeschlossen worden. Koep bleibt ein knappes Jahr, dann folgt 2001 Christoph Achenbach, der schließlich nicht nur für das Versandhaus Quelle verantwortlich ist, sondern bald darauf für den gesamten KarstadtQuelle-Konzern. Achenbach ist der Sohn des ehemaligen Vorstandschefs des Textilunternehmens Sinn, das später mit Leffers fusioniert. 2001 übernimmt die KarstadtQuelle AG SinnLeffers mehrheitlich. Madeleine Schickedanz bescheinigt Achenbach eine große Menschlichkeit, bezeichnet ihn als »sehr honorigen Mann«.

Damit sehen die Mitarbeiter des Versandhauses Quelle seit 1987 sieben Chefs kommen und gehen. »Nur wenige kamen mit den Befindlichkeiten der Quelle-Eigner, der Familie Schickedanz, zurecht«, so die FTD.

EINE »EHE ZWEIER FUSSKRANKER«

Die erste Generation baut auf, die zweite erhält, die dritte zerstört, besagt ein Sprichwort.

Rückwirkend erscheint heute vielen der Zusammenschluss der beiden Handelsriesen als »Anfang vom Ende«. 1997 erwirbt die Schickedanz-Gruppe zunächst 20 Prozent an der Karstadt AG. Diese Beteiligung gilt Branchenbeobachtern als zweiter Versuch des Unternehmens, im Kaufhausgeschäft Fuß zu fassen. Nur ein Jahr später wird dieser Anteil auf 48 Prozent aufgestockt. Der Einstieg beim Essener Karstadt-Konzern soll »stilgerecht« mit Champagner begossen worden sein, wie ein Insider weiß.

Als einer der Architekten des neuen Handelshauses gilt Ingo Riedel, der Mann von Madeleines Nichte Margarete – der Enkeltochter von Gustav Schickedanz. Margarete arbeitet eine Zeitlang im Einkauf. Ihr Mann wird im Mai 1994 Generalbevollmächtigter der Schickedanz-Holding. Damit ist die dritte Generation im Haus. Er ist zuständig für Beteiligungen, Immobilien und den stationären Bereich. Im Sommer 1997 übernimmt er den Vorstandsvorsitz der Schickedanz-Holding, nachdem Bühler ausgeschieden ist. Kurze Zeit später zieht auch Leo Herl, der dritte Ehemann von Madeleine Schickedanz, in den Vorstand ein. Herl war einst Büroleiter von Wolfgang Bühler und später Chef der Quelle Frankreich.

Der Plan ist, den neuen »Megakonzern« mit einem Jahresumsatz von rund 40 Milliarden D-Mark auf Synergien abzuklopfen. »Wir werden nichts anbrennen lassen«, erklärt Ingo Riedel, den das »Manager Magazin« als »ehrgeizigen Jungmanager« bezeichnet. Er sei bemüht, als kühner Visionär und weitsichtiger Stratege zu gelten und nicht schlicht als Ehemann einer Schickedanz-Enkelin. Die Kosten des Zusammenschlusses bezeichnet Riedel als »vernachlässigbar«, die geplante Rendite hingegen solle »überdurchschnittlich« ausfallen. Doch die Fusion gilt Beobachtern schon 1999 als eine »Ehe zweier Fußkranker«. Vielleicht ist der Zusammenschluss letztlich nur ein Mangel an Fantasie, was die Zukunft des Versenders anbelangt. Zwei Jahre später fliegt das Unternehmen aus dem Deutschen Aktienindex, dem DAX, drei Jahre später lassen die Erfolge des Zusammenschlusses noch immer auf sich warten. Stattdessen geht es mit dem Unternehmen immer weiter abwärts. Die Sonderkonjunktur der Wiedervereinigung ist längst abgeflaut. Eine Sparmaßnahme jagt die nächste. Von Integrationserfolgen ist bei KarstadtQuelle weit und breit nichts zu sehen.

GETRENNTE WEGE

»Die beiden Stämme sollen weiterleben«, war einst der Wunsch von Grete Schickedanz. Die beiden »Stämme« sind die jeweiligen Familien um Madeleine Schickedanz und Louise Dedi. Die Tochter aus Gustavs erster Ehe hält lange die Hälfte des Kommanditvermögens, wie Schickedanz-Biograf Böhmer weiß. Anfang der 90er-Jahre gibt sie größere Anteile an zwei ihrer drei Kinder. »Ihre Tochter, die Betriebswirtin Margarete Riedel, hat zeitweilig im Quelle-Einkauf gearbeitet; sie und auch ihre Kinder halten Anteile an der Schickedanz-Holding.« Zu den Gesellschaftern gehört auch Margaretes Bruder Martin, der im Forstbereich tätig ist. Der ältere Bruder Roland ist vorher offenbar bereits ausgezahlt worden.

»Auch in der Familie von Madeleine Schickedanz werden – wenn auch kleinere Anteile – an die junge Generation weitergegeben.« Alle vier Kinder von Madeleine, Hans-Peter und Daniela aus erster Ehe, Matthias und Caroline aus zweiter Ehe, sind seit 1992 Gesellschafter der Schickedanz-Dachgesellschaft. »Die Kinder können jedoch mit diesen Anteilen nicht machen, was sie wollen. Die beiden Gesellschafter-Gruppen Bühler und Dedi-Riedel haben ihre Beteiligungen jeweils gepoolt.«

Bühler sagt noch Mitte der 90er-Jahre: »Bis über das Jahr 2000 hinaus ist geregelt, dass keiner der Familienstämme das Unternehmen verlassen kann.« Doch im Juli 2004 vereinbaren Leo Herl und der Dedi-Schwiegersohn Ingo Riedel bei einem Notar in Fürth, das Schickedanz-Vermögen aufzuteilen – entgegen den Wünschen der verstorbenen Firmenmatriarchin Grete Schickedanz, wie die Nürnberger »Abendzeitung« zu berichten weiß. Zwischen den beiden Stämmen soll es inzwischen kräftig knirschen. »Madeleine und ihre Kinder bekommen 380 Millionen, die Dedi/Riedel-Sippe gut 480 Millionen Euro.« Der Dedi/Riedel-Stamm – außer Martin Dedi – stößt die meisten seiner Aktien später ab und rettet so seinen Reichtum. Schon kurz nach der Fusion hat Ingo Riedel erkannt, dass der Einstieg bei Karstadt teuer – viel zu teuer – erkauft worden ist.

Madeleine Schickedanz hält indes an dem Vermächtnis ihrer Eltern fest. Auszusteigen würde für sie wohl bedeuten, die Quelle sich selbst zu überlassen, sich vom Erbe ihrer Eltern abzuwenden. »Sie steckt Millionen und Abermillionen ins Unternehmen«, schreibt die »Abendzeitung«. Im Interview mit dem Blatt sagt sie: »Ich empfinde Verantwortung. Soweit ich noch Verantwortung haben kann. Was ich als Aktionärin des Unternehmens im Sinn meiner Eltern machen kann, das mache ich. Den Wandel zur KarstadtQuelle AG habe ich bewusst forciert, damit die Quelle bestehen bleibt. Aber mit den zunehmenden Jahren kommt man vom Unternehmen immer weiter weg. Nicht weil man es will, sondern weil es ein natürlicher Vorgang ist. Wir haben eine andere Zeit jetzt. Ich frage mich oft, was der Vater jetzt machen würde. Er würde sich vielleicht mehr um die Nähe zu den Kunden kümmern.« Als »Chefin«, sagt sie auch, empfinde sie sich nicht.

Schon 2004 gerät das Unternehmen in Schieflage und braucht eine Kapitalerhöhung. Madeleine Schickedanz springt ein – mit 200 bis 300 Millionen Euro. Experten sind sich nicht sicher, ob sie nur für ihren Anteil zeichnet oder auch für den der Riedel-Holding. Die Riedel-Holding hat ihren Anteil von zwölf auf neun Prozent gesenkt, während der Pool um Madeleine Schickedanz diesen von 36,4 auf 41,55 Prozent aufstockt. »Andererseits ist zu hören, dass das Verhältnis zwischen den Familienmitgliedern nicht besonders gut sei.« In der Riedel-Holding habe man sich nach Angaben eines KarstadtQuelle-Sprechers noch nicht entschieden, ob sie die Kapitalmaßnahme mittragen wird.

Ein paar Wochen später reduziert der Riedel-Pool den Anteil auf 2,46 Prozent. »Der schon länger geplante Rückzug ist durch die notwendige Kapitalerhöhung nur beschleunigt worden, heißt es. Riedel hätte – dem Anteil entsprechend – 45 Millionen Euro »frisches Kapital« hinterlegen müssen. Der Aktionärspool nimmt schon längst »keinen Euro mehr ein«, wie Madeleines Ehemann Leo Herl später der »Bild am Sonntag« sagt. »Es gab ja keine Dividenden, wir haben nur zugezahlt.« Und: »Das macht man sicher nicht, wenn einem die Zukunft der Firma egal ist.« Um den Konzern zu retten, wird auch den Mitarbeitern bei Karstadt und Quelle ein »Solidarpakt« abgerungen, das ihnen einiges an finanziellen Zugeständnissen abverlangt. 2004 ist KarstadtQuelle ein Konzern mit über 100.000 Mitarbeitern und einem Umsatz von 15,3 Milliarden Euro. Doch es scheint ganz klar: An einer Sanierung führt kein Weg vorbei.

EIN »POPSTAR« FÜR KARSTADTQUELLE

Auf »persönliche Bitte« von Madeleine Schickedanz übernimmt Thomas Middelhoff im Sommer 2004 den Aufsichtsratsvorsitz des KarstadtQuelle-Konzerns. Wie Grete Schickedanz soll auch Tochter Madeleine sehr stur sein, wenn sie sich etwas in den Kopf gesetzt hat. Mit einiger Vehemenz soll sie daran gearbeitet haben, den ehemaligen Bertelsmann-Manager für das Unternehmen zu gewinnen. Middelhoff galt als Popstar der New Economy: Als Vorstandschef von Bertelsmann gelang es ihm, einen 50-Prozent-Anteil an AOL Europe »sündteuer« zu verkaufen – was ihm einen Bonus von 40 Millionen Euro von seinem damaligen Arbeitgeber eingebracht haben soll.

Als er dem Ruf von Madeleine Schickedanz an die Aufsichtsratsspitze folgt, schreibt die »FAZ« fast prophetisch: »Thomas Middelhoff hat einst Bertelsmann auf Trab gebracht. Jetzt versucht er es als Sanierer bei Karstadt-Quelle. Und riskiert bei dem Konzern, der 4000 Stellen streichen will, seinen Ruf.« Für alle Beteiligten soll es ein Desaster werden.

Ein Jahr später tauscht Middelhoff den Aufsichtsratsvorsitz gegen den Vorstandsvorsitz ein – ein eher ungewöhnlicher Weg. Wenn diese beiden Stühle miteinander vertauscht werden, dann eher vom Vorstands- zum Aufsichtsratssessel hin. Ein umstrittener Akt, soll doch der Aufsichtsrat die Arbeit des Vorstands – auch die vergangener Jahre – kontrollieren.

Middelhoff löst damit Christoph Achenbach ab, der nach Querelen mit dem Aufsichtsratschef zurücktrat. Ein neuer Vorstandschef ist nicht zu finden. Middelhoff will nun selbst mehr Tempo machen – eine Spezialität des als dynamisch geltenden Managers. Sein Führungsstil frustriert allerdings viele Mitarbeiter. »Während die Spartenleiter noch daran werkeln, seine aktuellen Vorgaben zu erfüllen, gibt Middelhoff schon wieder ein Interview und proklamiert das nächste Ziel. ›Wir kommen kaum noch mit‹«, wie eine Führungskraft dem »Manager Magazin« klagt.

Madeleine Schickedanz hat unterdessen ihren Anteil am Konzern weiter ausgebaut. Der Aktionärspool um die Quelle-Erbin hält 2005 bereits 50,9 Prozent und hat damit die Kontrollmehrheit. Der rapide Kursverfall des Papiers sei dazu genutzt worden, weitere Aktien zu kaufen, heißt es. Auch Ehemann Leo Herl kauft sich mit seiner Schweizer Grisfonta AG in das Unternehmen ein. Er selbst sitzt im Aufsichtsrat des KarstadtQuelle-Konzerns – als Vertreter der Madeleine Schickedanz Vermögensverwaltung.

Im Frühjahr 2007 benennt sich die Holding des KarstadtQuelle-Konzerns für viel Geld in Arcandor AG um. Der Kunstname setzt sich aus den Wörtern Arc zusammen, was in vielen Sprachen für Bogen steht (Arc de Triomphe): die Holding, die einen Bogen über die zahlreichen Konzerngesellschaften spannt. Das Wort »candor« ist aus dem Lateinischen abgeleitet und bedeutet glänzend. Die Silbe »or« heißt im Französischen Gold. Beides sollen Synonyme für die Wertsteigerung des Konzerns sein. So weit soll es allerdings nie mehr kommen. Im gleichen Jahr verkauft Arcandor die Mehrheit an Neckermann an einen Finanzinvestor. Karstadt hatte den maroden Versender 1976 erworben. Im Gegensatz zu seinem einst großen Mitbewerber Quelle kann man auch heute noch bei Neckermann bestellen.

SCHNELLES GELD, SCHLECHTER DEAL

Trotz aller Maßnahmen will bei Arcandor die Trendwende nicht gelingen. Mit dem Konzern geht es immer weiter abwärts. Im Jahr 2007 verkauft Thomas Middelhoff zwei Drittel der rund 120 Karstadt-Immobilien für insgesamt 4,5 Milliarden Euro, die meisten davon an den Finanzinvestor Highstreet, und mietet sie zurück. Besonders hoch sind die Mieten für fünf Karstadt-Häuser in Potsdam, Karlsruhe, München, Wiesbaden und Leipzig, die zuvor schon an die Oppenheim-Esch-Fonds verkauft wurden. Die Finanzspritze durch die Verkäufe bringt dem Konzern erst einmal Erleichterung. Doch auf Dauer erweist sich dieser Deal als große Belastung. Die vereinbarten Mieten für die Kaufhäuser liegen zum Teil weit über dem örtlichen Niveau. Allein für die fünf Häuser müssen jährlich 20 Millionen Euro an Miete gezahlt werden. Die Gewinne, die die Kaufhäuser abwerfen, schrumpfen, manche machen sogar Verluste.

Als es darum geht, die Karstadt-Kaufhäuser, für die gemeinsam mit der Quelle Insolvenz angemeldet werden musste, im Jahr 2010 zu retten, sind diese Mieten ein zentraler Streitpunkt. Nicolas Berggruen, der gegen den Finanzinvestor Highstreet das Rennen um Karstadt gewann, fordert einen Nachlass der Mieten. Nur so könne die Warenhauskette wieder profitabel arbeiten.

Das Geschäft gilt aber auch in anderer Hinsicht als umstritten. Thomas Middelhoff und seine Frau Cornelie beteiligten sich an mehreren Fonds des Vermögensverwalters Josef Esch und der Privatbank Sal. Oppenheim – die unter anderem in die fünf großen Karstadt-Warenhäuser investierten, für die der Konzern hohe Mieten zahlt. Dafür soll die Privatbank Oppenheim dem Ehepaar Middelhoff einen Kredit von 107 Millionen Euro zur Verfügung gestellt haben. Esch ist ein »gelernter Polier aus

Troisburg bei Siegburg, der einige Superreiche Deutschlands unter seine Fittiche genommen hat«, wie die »SZ« schreibt. Unter ihnen sei auch Madeleine Schickedanz gewesen.

IMMER WEITER INVESTIEREN

Dass Middelhoff einen großzügigen Umgang mit Geld – auch mit dem anderer Menschen – pflegt, zeigen etwa seine Reisespesen. Allein im Jahr 2006 sollen dem Konzern für seine Flüge mehr als 800.000 Euro in Rechnung gestellt worden sein. Für die gesamte Dauer seiner Amtszeit kursiert eine Zahl von 4,6 Millionen Euro – ausgegeben für Reisen im Privatjet. Die Mitarbeiter des Konzerns müssen unterdessen Abstriche beim Weihnachts- und Urlaubsgeld machen.

Im Herbst 2008 rückt die Privatbank Sal. Oppenheim an die Stelle von Madeleine Schickedanz als größter Aktionär von Arcandor. Gleichzeitig stockt Madeleine ihren Aktienanteil weiter auf. Dafür nimmt sie wohl einen weiteren Kredit bei der Bank auf und verpfändet zahlreiche Immobilien aus ihrem Besitz – darunter zwei Villen in der Schweiz und ihr Elternhaus in Hersbruck. Die Arcandor-Führung lässt wissen, diese Maßnahme von Madeleine Schickedanz sei ein »Vertrauensbeweis der Großaktionärin«.

Dabei soll sie schon 2006 auf eine schnelle Rettung für den Konzern gehofft haben, um ihre Kredite zurückzahlen zu können, wie ein Insider sagt. »Sie hat nicht die betriebswirtschaftlichen und unternehmerischen Kenntnisse für eine so große Aufgabe«, zitiert das »Handelsblatt« einen ehemaligen Quelle-Manager. Menschlich sei sie sehr in Ordnung, aber sie habe nie gelernt, »mal dicke Bretter zu bohren«.

Zwar galt auch Mutter Grete nicht als Zahlenjongleurin. »Sie war nicht so den Zahlen verhaftet, das hat sie ein bisschen zur Seite geschoben«, erzählt ein langjähriger Vertrauter. Trotz der Achtung vor der einstigen Quelle-Chefin wird in Franken noch immer mit einem Schmunzeln die Geschichte erzählt, als Grete Schickedanz einmal auf einer voll besetzten Pressekonferenz – nach dem Cashflow des Unternehmens befragt – in Tränen ausbrach. Der Cashflow beschreibt die Veränderung der liquiden Mittel in einer Abrechnungsperiode. Aus seiner Höhe und Entwicklung lassen sich Rückschlüsse auf die Qualität der Finanzierung eines Unternehmens ziehen.

Doch Grete Schickedanz machte dies durch ihren untrüglichen Instinkt wieder wett: Sie konnte sich ebenso auf ihre Menschenkenntnis verlassen wie auf ihre Erfahrungen im Einkauf und loyale Mitarbeiter. Vielleicht ist es auch das, was Madeleine Schickedanz daraus mitnimmt – dass ein Unternehmen aus »dem Bauch heraus« geleitet werden kann.

Als Madeleine in jungen Jahren dem Vater einmal vorführt, was sie in einer feinen Nürnberger Parfümerie erstanden hat, sagt Gustav Schickedanz im Anschluss zu einem Mitarbeiter, der mit ihm zusammensitzt: »Meine Tochter hat kein richtiges Verhältnis zum Geld. Wenn Sie Madeleine mit zehn D-Mark zum Bäcker schicken, um ein paar Brötchen zu holen, und der sagt: ›Stimmt so‹, glaubt sie ihm das und verlangt kein Wechselgeld zurück.«

NICHT GANZ »BESENREIN«

Thomas Middelhoff verabschiedet sich im Februar 2009 von der Konzernspitze. Der Konzern zählte Ende des Jahres 2008 noch rund 86.000 Beschäftigte und einen Umsatz von knapp 20 Milliarden Euro. Er übergebe Arcandor vielleicht nicht ganz »besenrein«, sagt Middelhoff zufrieden mit der eigenen Leistung bei seinem Abschied. Aber er behauptet: »Wir haben das Unternehmen gerettet.«

Am 9. Juni 2009 muss Karl-Gerhard Eick, der den Vorstandsvorsitz des Konzerns übernimmt, für Arcandor und die Konzerntöchter Quelle, Karstadt und Primondo, unter dessen Dach die Versandhandelsaktivitäten zusammengefasst sind, Insolvenz anmelden.

Die Tage zuvor werden für Madeleine Schickedanz zur Zerreißprobe. »Das Auf und Ab der Nachrichten, das Hoffen und Bangen war für mich ein Horror«, erzählt sie der »Bild am Sonntag«. Einen Tag vor der Insolvenz bricht sie zusammen. Mit Blaulicht wird sie im Krankenwagen in eine Schweizer Klinik gebracht und auf der Intensivstation behandelt. »Schon am nächsten Tag habe ich – gegen den dringenden Rat der Ärzte – meinen Mann gebeten, mich nach Deutschland zu bringen.«

Die Konzernerbin räumt auch ein, weder persönlichen Kontakt zum Insolvenzverwalter zu haben noch den Arcandor-Vorstandsvorsitzenden Karl-Gerhard Eick persönlich zu kennen. »Mein Mann wird auf Aufsichtsratssitzungen über den aktuellen Stand der Insolvenz informiert.«

»Es wurden unzählige Millionen verschleudert, Management-kapazitäten gebunden und Stellen gestrichen, um die falsche

Idee eines Konzerns aus stationärem Handel, Versandhandel und Touristik zu verwirklichen«, kommentiert die »Nürnberger Zeitung« die Insolvenz. »Die Spitze des Unsinns war schließlich, die einst starken Marken in den Hintergrund zu verbannen und sie in ebenfalls kostspieligen Verfahren durch Kunstnamen wie Arcandor oder Primondo zu ersetzen. Doch das waren nur die äußerlichen Zeichen einer grandiosen Wertvernichtung, die sich im Hintergrund abspielte. Meister in dieser Disziplin war der der Realität entrückte Thomas Middelhoff, der nach der Bertelsmann-Familie auch Madeleine Schickedanz blendete.«

DIE VERLORENE KONTROLLE

Kurz darauf beginnt die Staatsanwaltschaft gegen den früheren Arcandor-Chef Thomas Middelhoff wegen des Verdachts der Untreue zu ermitteln. Anfänglich geht es um einen Beratervertrag mit Sal. Oppenheim nach dem Ausscheiden aus der Essener Konzernzentrale. Für zehn Millionen Euro soll Middelhoff dem Bankhaus in Sachen »Warenhauskonzern« beratend zur Seite springen. Auch im Zusammenhang mit Immobiliengeschäften gibt es Ermittlungen, die bald ausgeweitet werden auf die auffallend hohen Reiseabrechnungen und das Sponsoring einer Business School in Oxford.

»Ich kann mir nicht vorstellen, dass Herr Middelhoff etwas Unlauteres getan hat«, sagt Madeleine Schickedanz der »Bild am Sonntag«. »Herr Middelhoff hat vielleicht in der Immobilienkrise seinem Finanzvorstand zu viel Freiheit gelassen. Niemand ist unfehlbar. Aber ich distanziere mich von den unfairen Vorwürfen gegen Herrn Middelhoff, dem man im Nachhinein alles in die

Schuhe schieben will. Ohne ihn wäre KarstadtQuelle schon früher am Ende gewesen«, sagt sie.

»Ich habe viel zu spät gemerkt, dass ich die Kontrolle verloren hatte. Und ich hätte schon viel früher Themen wie Internet im Versandhandel und die Zukunft und Veränderung der Kaufhäuser angehen müssen, mache ich mir zum Vorwurf«, erklärt sie im Interview. »Doch die Fehler im operativen Geschäft verantworte ich nicht, dafür gab und gibt es ein Management.«

Doch sie gibt nicht nur sich die Schuld an der Krise. »Mir auch«, erzählt Leo Herl. »Ich saß ja im Aufsichtsrat.« Man habe die Probleme zwar gesehen, aber an eine Strategie geglaubt, wie Arcandor aus der Krise geführt werden könne. »Natürlich waren wir nicht über alle Details informiert«, sagt er der Boulevard-Zeitung.

Auf die Frage, wie ihre vier Kinder auf die Situation reagieren, sagt Madeleine Schickedanz: »Begeistert sind sie nicht. Aber sie haben auch Verständnis für meine persönliche Situation. Vorwürfe bleiben dennoch nicht aus.« Die Kinder glauben, sie habe sich zu wenig um den Konzern gekümmert.

Herl sagt über seine Frau auch: »Sie steht zu dieser Verantwortung. Und das geht ihr sehr nahe. Sie sitzt nicht in der Schweizer Villa und trinkt teuren Champagner oder isst teure Pralinen, wie man gelegentlich hören kann. Im Gegenteil: Die Krise und die Insolvenz haben sie gesundheitlich sehr angeschlagen.«

In dieser Zeit schirmt Leo Herl seine Ehefrau weitgehend ab. »Sobald sie gesundheitlich in der Lage ist, wird sie zu ihren Mitarbeitern sprechen. Das ist ihr eine Herzensangelegenheit.« Wenig später drückt sie ihr Bedauern in einer schriftlichen

Mitteilung aus, doch auf die versprochene Ansprache warten die Mitarbeiter vergeblich. »Das hätte sie nicht geschafft«, sagt einer, der sie in diesen Tagen erlebt. »Oh Gott, die armen Mitarbeiter – das tut mir so leid. Ich sollte etwas zu ihnen sagen«, so soll sie sich Vertrauten gegenüber geäußert haben. »Das hätte sie umgebracht«, meinen diese. »Sie war ja schon immer sehr schlank, aber in dieser Zeit hatte sie ›Size Zero‹.« Für die Mitarbeiter – vor allem von Quelle – bedeutet diese Sprachlosigkeit allerdings die nächste herbe Enttäuschung.

In diesen harten Wochen und Monaten reift allerdings auch eine Selbsterkenntnis bei Madeleine Schickedanz heran: »Ich lebe mit dem Namen, dem Lebenswerk und dem Erbe der Familie Schickedanz. Ich kann mit diesem Lebenswerk nicht umgehen wie mit einem Museum. Doch ich muss jetzt lernen, mit meinem eigenen, neuen Leben zurechtzukommen. Das bin ich meinem Mann, meinen Kindern und mir selber schuldig.«

Vielleicht ein guter Zeitpunkt, um sich noch Träume zu erfüllen. Nach diesen von der »Bunten« 2003 befragt, antwortete Madeleine Schickedanz: »Etwas mehr Ruhe. Vor allem innere Ruhe, aber daran muss ich noch arbeiten. Und dann ein bisschen mehr gemeinsame Zeit mit meinem Mann – auch mal ohne Anhang. Eine gemeinsame Reise, vielleicht zu den norwegischen Fjorden, das wäre schön. Und natürlich Gesundheit ...«

DER QUELLE-KATALOG

»Auf Seite 862 beginnt die Gardinen-Hölle«, schreibt die »Süddeutsche Zeitung« im Juli 2009 über den Quelle-Katalog. »Da findet man in beeindruckend reicher Auswahl die ›Blumenfenster-Stores‹ aus ›echter Plauener Macramé-Spitze‹, also jene halbhohen, halb durchsichtigen Fenster-Verkleidungen über den Pflanzentöpfen der Fensterbänke, welche die deutsche Provinz so furchtbar verhangen machen.« Für andere aber ist der Katalog der Tischdeckenhimmel. Immer wieder gern erzählen Quelle-Insider folgende Geschichte: Mutter Grete und Tochter Madeleine – selbst bereits Ehefrau und Mutter – sind bei einem gemeinsamen Einkaufsbummel. Ein eher seltenes Ereignis. Da entdeckt Madeleine Schickedanz etwas, das bei ihr Begehrlichkeiten weckt. Keine Designermode, schicken Schuhe oder die von ihr sonst so geliebten Handtaschen: Nein, ihr hat es lediglich eine – wenn auch teure – Tischdecke angetan. Doch Mutter Grete soll verfügt haben: »Nichts da. Tischdecken kannst du dir im Quelle-Katalog aussuchen.«

Diese Begebenheit sagt viel über Grete Schickedanz und Madeleine aus, auch über ihr Verhältnis zueinander. Vor allem aber zeigt sie den Stellenwert des Katalogs – auch innerhalb der Familie. Der Katalog ist es schließlich auch, der offenbart, wie schlecht es um die Quelle tatsächlich bestellt ist. Wird er noch einmal gedruckt oder nicht, ist die bange Frage, die sich im Herbst 2009 Mitarbeiter, Lieferanten und Eigentümer des Unternehmens stellen.

Wenige Wochen, bevor der Text über die »Gardinen-Hölle« in der »Süddeutschen« erscheint, muss die Quelle bereits

Insolvenzantrag stellen. Als noch junger Literat rezensiert Hans Magnus Enzensberger 1960 den Neckermann-Katalog. Die Idee wird seitdem immer wieder gern aufgegriffen. Im Sommer 2009 hofft die Nation, die Quelle könne trotz der Insolvenz überleben und saniert werden. Doch alles ist ungewiss. Auch, wie viele Quelle-Kataloge es noch geben wird, die man – ähnlich einem Roman – literaturkritisch besprechen kann. Es wird der vorletzte sein.

Wie kein anderer der im Laufe der Jahre reichlich auf den Markt geschwemmten Kataloge steht der Quelle-Katalog für die Wirtschaftswunderära. Für Aufbau, Wachstum und Wohlstand. Im Westen. Im Osten hingegen wird er – solange die DDR existiert – zum Synonym für das »Da-gibt-es-alles-Land«. Er steht für ein Konsumangebot, das die DDR-Bürger nur teilweise aus der Werbung im Westfernsehen kennen, das ab den 70er-Jahren auch im Osten fast überall empfangen werden kann. Fast: ARD wird im Osten übersetzt mit »Außer Raum Dresden«.

Einen besseren Eindruck können sich die DDR-Bürger in Intershops verschaffen. Hier können sie – sofern sie über Devisen verfügen – für teures Westgeld Westwaren erstehen. Oder solche DDR-Produkte, die nur für den Export in den Westen produziert werden. Viele dieser Produkte könnten die DDR-Bürger auch im Quelle-Katalog entdecken, wenn sie einen besäßen. Er gilt als heiß begehrte Schmuggelware.

In der Bundesrepublik gibt es hingegen kaum einen Haushalt, in dem der Quelle-Katalog nicht zu finden ist. Oft genug werden auch mehrere Exemplare der großen und schweren Machwerke aufbewahrt, damit die Hausfrau wieder und wieder in ihnen blättern kann.

Modische Ware in guter Qualität zu kleinen Preisen – das ist der Anspruch, den Quelle während der gesamten Dauer ihrer Existenz hat.

Als Gustav Schickedanz 1927 die Quelle gründet, sind bereits etliche deutsche Spezialversender auf dem Markt. Die meisten bedienen die zahlungskräftige Mittelschicht. Quelle dagegen wendet sich an die weniger Betuchten, die Geringverdiener. Zum Beispiel mit Gummibändern, Bürsten, Patenthosenknöpfen, Hosenträgern oder Sockenhaltern. »An der Quelle einkaufen« ist die Idee, die hinter dem Firmennamen steckt.

ZWIRNE, SCHÜRZENBÄNDER, WURZELBÜRSTEN

Am Anfang verschickt er an seine Kunden schlichte Preislisten. Bald entsteht daraus ein Katalog, der sich »Fundgrube für die Familie! Ein Führer durch die Sorgen des täglichen Lebens« nennt. Auf immerhin 92 Seiten werden bereits mehr als 2500 Artikel aufgelistet. »Jeder Artikel, der nicht entspricht, wird anstandslos zurückgenommen«, lockt und verspricht die Quelle. Durch alle Jahrzehnte hindurch spiegelt das Angebot die jeweiligen Lebensumstände wider. Eine ganze Seite etwa umfasst das Angebot von Hanfzwirnen, die sich besonders zum Reparieren von Säcken und Pantoffeln eignen.

Neben Zwirnen, Schürzenbändern und Kopftüchern finden sich auch flotte Bubispangen für den neuen Kurzhaarschnitt. Dem zuerst kritisch beäugten Bubikopf fallen damals nach und nach viele Zöpfe zum Opfer. Das noch junge Unternehmen offeriert auch eine große Auswahl an Uhren. Einen hohen Stellenwert im Katalog nahmen von Anfang an auch die »Toilettenartikel« ein. Wurzelbürsten, »spitze Form, fünfreihig, gut eingezogene Qualität«, sind für 23 Pfennig zu haben. Das Angebot von Feinseifen wird im Katalog besonders gepriesen. Hier will Quelle ein zuverlässiger Partner sein. Oft genug machen die Menschen zu jener Zeit mit der Qualität der Seifen schlechte Erfahrungen. Anderswo natürlich.

Die Gewinnspannen bei den Quelle-Angeboten sind äußerst gering. Gustav Schickedanz kalkuliert knapp, bezahlt seine Lieferanten bar, um so viel Preisnachlass herauszuschinden wie nur möglich. Diesen gibt er an seine preisbewusste Klientel weiter. »Die Mark steckt im Pfennig«, hat er von seiner Mutter gelernt. Er interpretiert diesen Ausspruch später für sich neu: »Die Milliarde steckt im Pfennig.«

Schickedanz lockt die Kunden mit Werbegeschenken zur Quelle. In kleinen Zeitungen inseriert er: »Ich verschenke 20.000 Stück Seife und 10.000 Hosenträger. Bitte schreiben Sie mir, was Sie als Zugabe geschenkt haben wollen.« Dass der Kunde dafür zuerst etwas aus dem Quelle-Katalog bestellen soll, geht aus der Anzeige nicht hervor. Als großen Erfolg kann Schickedanz die Werbeaktion dann auch nicht verbuchen. Eine der Schwierigkeiten des Katalogs besteht darin, dass die Produkte nur gezeichnet werden können, was wenig Rückschluss auf deren Qualität zulässt. Das ist selbst heute, da die angebotenen Produkte auf aufwendigen Fotos präsentiert werden, ein schwieriges Unterfangen.

Um die Kunden von der Qualität der Ware zu überzeugen, lässt Gustav seine fünf Mitarbeiterinnen Musterheftchen mit Wollproben anfertigen – oft bis spät in die Nacht. Die Kundinnen sollen die Ware sehen und fühlen können, um überzeugt zu werden. Die Musterkarten mit den Wollproben werden nur auf Anfrage verschickt und um ihre Rücksendung wird auch stets gebeten, denn die Ansichtsmuster werden oft nachgefragt. Zehn verschiedene Qualitäten von Handarbeitswolle werden im ersten Katalog 1928 angeboten. Die Zusendung der Muster führt in der Regel auch zu Bestellungen. Deshalb wird das Geschäft mit Wolle und Produkten rund ums Stricken schnell ausgebaut. Gustav Schickedanz erkennt auch hier die Zeichen der Zeit. Er übernimmt die Rechte an der »Dukatenwolle«. Es wird die erste quelleeigene Handelsmarke – also eine Marke, die es nur bei Quelle gibt.

Von dieser Entscheidung verspricht sich der Quelle-Chef einiges. Das Ergebnis übertrifft seine Erwartungen aber bei Weitem: Dank der Dukatenwolle wird die Quelle innerhalb weniger Jahre zum Großversandhaus, vor allem aber zu »Deutschlands größtem Woll-Versandhaus«. Dazu trägt auch maßgeblich die Wirtschaftskrise bei. Sie führt Quelle viele Kunden zu, Menschen, die gern Qualität kaufen möchten, aber jeden Pfennig mehrfach umdrehen müssen.

Ab 1932 erscheinen in regelmäßiger Folge die »Neuesten Quelle-Nachrichten«, ergänzt durch ein Jahrbuch mit praktischen Tipps für den Alltag und durch Stoff- und Wollmusterbücher. 1933 prangt auf den »Neuesten Quelle-Nachrichten« die Aufforderung: »Kauft deutsche Ware in dieser deutschen Quelle.« Abgedruckt ist auch die notarielle Beglaubigung, dass die Quelle ein rein christliches Unternehmen ist und nur deutsche Ware verkauft. Zu Weihnachten 1938 gehen rekordverdächtige zwei Millionen »Neueste Quelle-Nachrichten« an die Adressaten. Jetzt macht Quelle auch den Kauf auf Raten möglich.

DER GÜNSTIGE VOLKSKANZLER

In den 30er-Jahren baut die Quelle als »arisches Großversandhaus« ihr Angebot noch einmal aus. Da findet sich das Struwwelpeterbuch für 25 Pfennig. Es kostet nur fünf Pfennig mehr als die quelleeigene Zahnpasta »Quellodont«. Kölnischwasser ist für 48 Pfennig zu haben. Während die Quelle im 82. Jahr ihres Bestehens ihr Ende verkünden muss, gibt es Kölnisch Wasser im gleichen Jahr nach über 200 Jahren noch immer. 100 Milliliter »4711« in der Variante »Eau de Cologne«, als »Unisex«-Parfüm sowohl für Frauen wie Männer geeignet, sind im Jahr 2010 für etwa 15 Euro zu haben. Gekauft wird oft von japanischen und koreanischen Touristen, die bei ihrer Suche nach »etwas typisch Deutschem« auf die Duftmischung aus Bergamotte und Vetyver stoßen.

An den Themen der damaligen Zeit kommt die Quelle in den 30er-Jahren nicht vorbei. So ist im Katalog des Jahres 1938 zwischen einem Einkaufsnetz für 50 Pfennig und der »Massiven Küchenwaage« für 1,85 RM Folgendes zu finden: »Das Bildnis unseres Volkskanzlers – nach einem anerkannt hervorragenden Ölgemälde, mehrfarbiger Kunstdruck, feiner schwarzer Rahmen, innen Goldleiste, 30 x 41 Zentimeter, ein Schmuck für jedes Zimmer.« Adolf Hitler ist zu haben für eine Reichsmark.

Die Nähe zu Einkaufsnetz und Küchenwaage stört niemanden. Das ebenfalls daneben stehende Angebot »4 Stück Sauger aus durchsichtigem Gummi« für 20 Pfennig allerdings schon. Babyschnuller und der Führer? Ein paar Monate später ist der preiswerte, aber ungünstige Volkskanzler aus dem Katalog verschwunden.

Auch der nahende Krieg ist in dem Druckerzeugnis ein Thema. »Marschkolonne« heißt das Angebot Nummer 7696, bestehend aus kleinen Figuren. Es umfasst »1 Offizier, 1 Fahnenträger und 10 marschierende Soldaten« – für 95 Pfennig.

Während des Krieges läuft der Versandhandel mehr und mehr auf Sparflamme. Für etliche Textilien aus dem Katalog muss der Käufer eine sogenannte Reichskleiderkarte vorlegen, die ein bestimmtes Punkteguthaben enthält. Die Quelle strengt sich an, auch »bezugscheinfreie Textil-Waren und sonstige frei verkäufliche Artikel« zu liefern.

FRIEDENSWARE UND NYLONS

Dann ist der Krieg vorbei. Die Währungsreform am 20. Juni 1948 bringt die D-Mark, die Deutsche Mark. Der Marshallplan – das wirtschaftliche Wiederaufbauprogramm für Europa – sowie der neue Gedanke einer sozialen Marktwirtschaft sorgen nach und nach für bessere Verhältnisse. Quelle knüpft mit dem ersten Prospekt unter dem eingeführten Titel »Neueste Quelle-Nachrichten« an frühere Erfolge an. Der Katalog mit lediglich vier Seiten hat eine bescheidene Auflage von 10.000 Stück. Die Texte zu den 64 Angeboten sind handgeschrieben, die Abbildungen wieder gezeichnet. Ein Wecker wird mit dem Qualitätszusatz »Friedensausführung« beworben. Doch hauptsächlich sind es Textilien, die dank des Netzwerks bestellt und geliefert werden können. Nach dem Krieg, als Gustav mit Berufsverbot belegt wurde, ist es Grete Schickedanz, die das Geschäft zum Laufen bringt und wieder Bande zu ehemaligen Lieferanten knüpft.

Es geht schnell aufwärts in diesen Jahren nach dem Krieg. Die Menschen sind ausgehungert – nach allem. Viele von ihnen besaßen in den Kriegsjahren buchstäblich nichts mehr. Sie waren ausgebombt worden oder mussten bei der Flucht alles zurücklassen: Kleidung, Porzellan, Schmuck, Tischwäsche. Zahlreiche Anfragen früherer Kunden treffen ein, vor allem aus der englischen, der französischen sowie der amerikanischen Besatzungszone, in der auch Fürth liegt.

Der Volksmund verballhornt die »Trizone« bald zu Trizonesien. Der von Karl Berbuer geschriebene Schlager »Wir sind die Eingeborenen von Trizonesien, Hei-di-tschimmela, tschimmelabumm« wird ein Hit. Er unterstreicht, dass die alten Zeiten vorbei und die Deutschen wieder selbstbewusster sind. Im Text heißt es dazu: »Ein Trizonesier hat Humor, er hat Kultur, er hat auch Geist. Selbst Goethe stammt aus Trizonesien.«

Bald wirbt die Quelle mit gefragter Importware. Als »garantiert beste amerikanische Qualität« werden die Nylons zu 6,95 D-Mark das Paar angepriesen. Für die hauchzarte Beinbekleidung, die bis dahin vor allem Schwarzmarktware ist, muss der Arbeitslohn von vier bis fünf Stunden hingeblättert werden. Für viele unerschwinglich. Doch dank des schon in den Kriegsjahren oft zum Einsatz gekommenen Improvisationstalents wird Abhilfe geschaffen: Mit Augenbrauenstift malt sich die moderne Frau eine künstliche Naht auf die nackte Wade. Mit dieser Vortäuschung modischer Extravaganz ist man auch vor den gefürchteten Laufmaschen in den teuren Nylons gefeit.

Zu Weihnachten 1952 locken die »Quelle-Nachrichten« bereits mit 800 Artikeln. Die Drucksache wird bunter und umfangreicher, Fotos ersetzen die bisher gezeichneten Illustrationen. Man ist wieder wer. Der Katalog wird zum Spiegel des »Wirtschaftswunders«, als dessen Vater der ebenfalls in Fürth geborene Politiker Ludwig Erhard gilt. Erhard – meist mit dicker Zigarre abgebildet – ist von 1949 bis 1963 Wirtschaftsminister und von 1963 bis 1966 Bundeskanzler der Bundesrepublik Deutschland. Der Begriff »Wirtschaftswunder« ist Erhard selbst allerdings viel zu »seicht«.

In der Tat beginnt die »Aufrüstung« in den Haushalten gerade erst: Nur knapp zehn von 100 Haushalten verfügen 1953 über einen Elektroherd, jeder fünfte über einen Kühlschrank und nicht einmal jeder vierte über eine Waschmaschine. Zwei Jahre zuvor kommt die erste vollautomatische Waschmaschine auf den Markt. Waschpulver hingegen gibt es schon seit 1907 – Persil heißt das erste Waschmittel der Welt. Sein Name leitet sich von zwei Wirkstoffen ab, die neben Seife und Soda enthalten sind: Perborat und Silikat.

BITTE AUFBEWAHREN

Auch für die Quelle beginnt eine neue Zeit. 1954 erscheint zum ersten Mal der »Hauptkatalog«. Auf 72 Seiten bietet er über 1200 Artikel, für die eine halbjährige Preisgarantie gilt. Die bisherigen Angebotslisten galten meistens nur für vier bis sechs Wochen. Von da an wird der Katalog jedes Jahr zwei Mal herausgegeben – und immer schon sehnsüchtig erwartet. »Bitte aufbewahren«, wird auf dem Titel gemahnt. Dahinter steckt eine große logistische und finanztechnische Leistung. Die Fürther nennen sich jetzt offiziell und ohne falsche Bescheidenheit »Großversandhaus Quelle«, denn das sind sie: das größte Versandhaus in Deutschland. Der Umsatz übertrifft das Vorkriegsniveau deutlich.

Der Katalog von 1954 zeigt vor allem Textilien und Utensilien für den Hausgebrauch, daneben Unterwäsche und Mode für die Dame und den Herrn sowie etliches Drunter und Drüber für Mädchen und Knaben. Madeleine Schickedanz ist damals elf Jahre alt. So sie denn Kleidung aus dem Katalog trägt – was eher unwahrscheinlich ist –, käme wohl nur ein einziges Kleid infrage: das kornblaue Modell Gisela mit sechs Perlmuttknöpfen. Es kostet immerhin 16,50 D-Mark – das teuerste, was der Katalog an Kleidern für Kinder zu bieten hat. Den Mädchen-Badeanzug »in ausgezeichneter Wollqualität« gibt es für 6,95 D-Mark.

Die Zeiten bessern sich rasant – das spüren vor allem die Menschen mit bislang wenig Einkommen. Zwischen 1950 und 1960 verdoppelt sich der durchschnittliche Lohn eines Arbeiters auf 432 D-Mark. Davon profitieren auch Neckermann, Otto und Quelle.

Die Themen Freizeit und Sport halten Einzug in den Katalog. Für die Urlaubsform Camping – wie das frühere Zelten jetzt heißt – gibt es regelrecht eine eigene Kleideretikette. Die Dame ist mit den Nino-Flex-Popeline-Shorts korrekt gekleidet, der Herr mit Gabardine-Shorts, kombiniert mit Karobluse oder -hemd. Das Zweimann-Hauszelt aus nilgrünem Segeltuch ist für 69,50 D-Mark zu haben, das Wander-Kochgeschirr und das elfteilige Tischgedeck für zwei Personen für zusammen 10,90 D-Mark. Komplettiert wird das vom »Touristenbesteck« mit Löffel, Gabel und »rostfreiem« Messer für jeweils 1,48 D-Mark. Rostfrei ist schon lange ein Verkaufsargument. Von Anfang an haben die Fürther damit geworben, grundsätzlich keine »angerostete Ware« zu verschicken. Urlaubsfotos im Format 6 x 9 werden mit der Quelle-Box für 8,90 D-Mark geschossen, während eine eher anspruchsvolle »Klapp-Kamera« schon für 49,50 D-Mark zu haben ist.

Aber als »das Schickste« überhaupt gelten »Kofferradios«. Natürlich nimmt Quelle auch diese in den Katalog auf. Dadurch kann der Versender viele neue und vor allem junge Kunden gewinnen. Die Mode spiegelt auch die erwachende Reiselust der Deutschen. Während die damals beliebten Kleiderschürzen lediglich Bestellnummern aufweisen, tragen die Damenkleider Städtenamen wie Barcelona, Bregenz, Locarno, Napoli oder Venedig. Letzteres ist ein Kleid in »Original-Nylon« und damit schnell waschbar. Im Reisegepäck beansprucht es wenig Platz.

Doch der Erfolg der Quelle inspiriert auch wenig freundliche Zeitgenossen. Auf Seite 22 des Katalogs heißt es: »Achtung, Betrüger am Werk!« Kunden hatten sich beschwert, dass angebliche Quelle-Vertreter bei ihnen eine Anzahlung für Bestellungen kassieren wollten. »Alles Schwindel«, schreibt die Quelle. »Vorkommendenfalls« solle man solche Anzahlungsschwindler gleich der Polizei übergeben.

Ein untadeliges Renommee ist für die Fürther – auch mit Blick auf die Konkurrenz, allen voran die Versandhäuser Otto und Neckermann – überlebensnotwendig.

DIE »FRESSWELLE« SCHWAPPT IN DEN KATALOG

Bei Quelle spürt man in den Fünfzigerjahren den schnell schlagenden Puls der Zeit. »Wohlstand für alle« wird zum geflügelten Wort. Quelle will jetzt nicht mehr nur Wünsche befriedigen, sondern auch wecken. Als zeitgeschichtliches Dokument illustriert der Katalog den wachsenden Wohlstand. Konsumwelle auf

Konsumwelle schwappt in das immer umfangreicher werdende Druckwerk. Der Nachholbedarf bei gutem Essen sorgt für weitere Umsatzschübe – im stationären Handel, also in den Läden und Kaufhäusern, aber ebenso im Versandhandel. »Fresswelle« wird diese Zeit auch genannt. Das ständige Rationieren von Lebensmitteln und das ewige Hungergefühl bestimmten in der Zwischenkriegszeit das Leben der Deutschen. Ein Stückchen »gute Butter«, eine Tasse echten Bohnenkaffee gab es – wenn überhaupt – nur am heiligen Sonntag. Diese Not hat sich in das Bewusstsein der Kriegs- und Nachkriegsgeneration tief eingeprägt und auch das Leben der nachfolgenden Generationen beeinflusst. Noch vor nicht allzu langer Zeit war die Esskultur der Deutschen vor allem eine Esskultur des Üppigen und des unbeugsamen Willens, den Teller komplett leeren zu müssen.

Doch die Deutschen entdecken in den 50er-Jahren nicht nur die Freude am Essen, sondern auch die Freude an schönerer Kleidung und an mehr Mobilität. Die Qualität der Anzüge und Kostüme steigt, das Sportrad für viele im Alltag unentbehrlich. Großgeräte wie Kühlschrank und Kühltruhe sind Statussymbole in der Küche, zu Prestige im Wohnzimmer verhelfen ein Anbauschrank und die Couchgarnitur samt Nieren- oder Cocktailtisch. Bei knappem Budget kann man Anbau- und Sitzmöbel auch Stück für Stück erstehen. Unter der Handelsmarke »Quellux« werden unter anderem eigene Schallplatten vertrieben – etwa eine Operettenparade mit Liedern wie »Ach, ich habe sie ja nur auf die Schulter geküsst« aus der Operette »Der Bettelstudent« oder »Tanzen möchte ich« aus »Csardasfürstin«.

Die Quelle wächst und gedeiht. Das Unternehmen gilt jetzt als Universalversender – ein Versandhaus, bei dem es alles gibt. Stolz wird 1955 in den Werbemitteln das »größte Versandgebäude in ganz Europa!« abgebildet. Es steht in Nürnberg nahe der

Stadtgrenze zu Fürth, wo die Quelle inzwischen etliche Gebäude nutzt. Synonym für die Marke Quelle wird ein großes Q mit einer Hand darin. »Wir reichen dem Kunden die Hand«, ist die Werbebotschaft, die dahintersteckt. Das Logo hält sich über viele Jahrzehnte. Erst zur Jahrtausendwende wird es modernisiert: Die Hand verschwindet, der Schriftzug sieht klarer, moderner aus. Hinter dem Wort Quelle sitzt als eine Art Punktersatz ein kleines rotes Rechteck. Rückblickend erscheint es vielen so, als ob das Verschwinden der Hand aus dem Quelle-Logo als Symbol für eine schützende Hand stünde, die dem Unternehmen entzogen wurde.

Eine einschneidende Veränderung bringt die Europäische Wirtschaftsgemeinschaft (EWG) 1958 mit sich. Sie ist der Vorläufer der Europäischen Wirtschaftsunion, der im Jahr 2010 27 europäische Länder angehören. Zu den Gründungsländern der EWG gehören neben Deutschland die Beneluxstaaten Niederlande, Belgien, Luxemburg sowie Italien und Frankreich. Der gemeinsame Markt und die dadurch gesunkenen Handelsschranken beleben die Nachfrage in Westdeutschland spürbar. Es herrscht massiver Arbeitskräftemangel und so wirbt Deutschland die ersten Gastarbeiter an. Dennoch erhöht sich die Zahl der offenen Stellen bis zum Jahr 1964 auf 640.000. Eine Zahl, von der heute Politiker wie Arbeitsmarktstatistiker gleichermaßen träumen.

DAS MARKENBEWUSSTSEIN ERWACHT

Mit dem Wohlstand wächst auch das Bewusstsein für Marken bei den Konsumenten. Bei der Quelle weiß man längst um deren Zugkraft. Nach dem Erwerb der Markenrechte an

»Dukatenwolle« bringt das Versandhaus mehr und mehr neue Eigenmarken hervor. Auf den weißen Haushaltsgroßgeräten prangt das Schild »Privileg«. Die Marke wird 1964 eingetragen – und ein großer Erfolg für Quelle. Haushaltsgeräte wie Kühlschränke, Spülmaschinen, Waschmaschinen, Herde, Heizkörper, Nähmaschinen werden unter »Privileg« vertrieben. Namhafte Hausgerätehersteller fertigen für Quelle Privileg-Geräte – allen voran die AEG-Mutter Electrolux. Apollo beschirmt das Optikangebot, Universum liefert als Marke für die Unterhaltungselektronik Bild und Ton. »Fernsehen jetzt für alle!«, jubelt bald die Quelle und präsentiert ein Universum-Gerät mit »modernster 43-cm-Bildschirmröhre«. Der »letzte Schrei« für moderne Konsumenten ist die Musik-Vitrine mit Hausbar und automatischem 10-Platten-Wechsler für 228 DM. Ratenzahlung macht's möglich.

Auch wer selbst Musik machen will, wird im Katalog fündig. Wolfgang Niedecken beispielsweise, Jahrgang 1951, Frontmann der Kölner Gruppe BAP. Seine frühe Jugend ist geprägt von den Beatles. In Deutschland werden die Pilzköpfe durch Auftritte in Hamburg zu gefeierten Stars. Ein Bass, wie ihn die Liverpooler haben, hat es Niedecken besonders angetan. Ein unerfüllbarer Wunsch für den Schüler. Doch dann sieht und hört Niedecken den mit knallrotem Kunstleder überzogenen Bass eines Mitschülers. Im Quelle-Katalog ist dieser »Triumphator Electric« als »ein Traum für DM 198 D-Mark« zu haben. Niedecken spart eifrig, um sich den Traum mithilfe der Quelle zu erfüllen. Kein Vergleich zu seinem bisherigen Instrument Marke Eigenbau – aus einer alten Geige.

»Hang on Sloopy« oder »Wild Thing« sind die Songs, die Niedecken mit seinem neuen Bass in Schülerbands intoniert. Irgendwann hat der Quelle-Bass ausgedient. Nicht, weil er den

Geist aufgibt, sondern weil Niedecken Bass und Gesang nicht mehr unter einen Hut bekommt. Seine Songs in Kölsch, seinem heimatlichen Dialekt, werden Hits – weit über Köln hinaus. Im tiefsten Bayern, Sachsen, an der Nordseeküste – überall kennt man den Hit »Verdamp lang her«. Als BAP im Sommer 2009 in Hamburg spielt, bietet Niedecken das Schicksal Revanche. Er kann einen Original-Beatles-Bass erstehen.

Doch bei Quelle sollen nicht nur die Musikfreunde auf ihre Kosten kommen, sondern die ganze Klientel. Der neue Hunger bleibt nicht ohne Folgen. 1958 läuft der Film »Wir Wunderkinder« in den Kinos an. Darin heißt es in einem Lied ganz ungeniert: »Jetzt schmeckt das Eisbein wieder in Aspik.« Ist vorher die Fresswelle geschwappt, schwabbelt es jetzt. Es zwickt hier und da. Die nächste Stufe der Evolution wird gezündet: »Gesundheitsbewusstsein«.

Im Quelle-Katalog tauchen Gesundheitspräparate der Marke St.-Paul auf, die Abhilfe und Wohlergehen versprechen. Zu St. Paul pflegt die Familie Schickedanz eine enge Verbindung. In der Fürther St.-Pauls-Kirche wurden Grete und Gustav 1943 getraut, hier heiratet Tochter Madeleine zum ersten Mal, hier werden die Trauergottesdienste für Gustav Schickedanz und später für Grete Schickedanz abgehalten.

Die 60er-Jahre bringen vollere Lohntüten mit sich. Bedeutender ist aber die Verkürzung der Arbeitszeit: So sinkt im Maschinenbau die tarifliche Wochenarbeitszeit von 48 Stunden einschließlich samstags bis zum Jahr 1967 nach und nach auf 40 Wochenstunden. Der Samstag wird arbeitsfrei. Dafür haben die Gewerkschaften schon Mitte der 50er-Jahre gekämpft: »Samstags gehört Vati mir«, ist der Slogan, unter dem die Gewerkschaften agieren.

Die Deutschen haben jetzt mehr Zeit für Hobbys und Urlaub. Viele Bundesbürger finden Spaß am Fotografieren. Quelle erkennt diesen Trend beizeiten und steigt ein – mit der Eigenmarke »Revue«, unter der alle Fotoartikel vertrieben werden.

Ihre Fotomotive suchen die Deutschen nicht mehr länger nur in der Heimat. In den 60er-Jahren entdecken sie das Ausland für sich. Nach Italien zählt bald auch Spanien, besonders Mallorca, zu den Lieblingszielen der sonnenhungrigen Deutschen. Quelle nimmt auch Reisen in das Katalogprogramm auf. 1962 im Angebot: 14 Tage Mallorca, Vollpension, für 350 D-Mark – heute 179 Euro. Die Reise wird ein Renner, die Kunden buchen sie etwa 10.000 Mal.

Doch auch auf die stolzen Autobesitzer stellt sich die Quelle ein, auf jene, die mit ihrem Käfer, ihrem Opel »Kapitän«, ihrem VW Bus T1 »Bulli«, der zum Synonym der Hippie-Ära wird, oder mit ihrem Ford Taunus 17 M, genannt »Badewanne«, auf Reisen gehen.

»Gustav Schickedanz dagegen hat noch ausgesprochenes Vergnügen an seinen drei Kutschen von Daimler-Benz. Da er selbst nicht mehr fährt, setzt er sich rechts neben den Chauffeur, pfeift auf die Sicherheitsgurte, die sein Quelle-Katalog günstig offeriert, und genießt das Reisetempo 180«, schreibt der »Spiegel«-Journalist Peter Brügge über den Quelle-Chef in den 60er-Jahren.

Die Quelle hat rund um das Thema »Unterwegs« alles zu bieten: ein Großwand-Steilraumzelt für 898 D-Mark, einen Heckgepäckträger für den VW 1200 für 27 D-Mark, Stoßstangen für den Opel Kadett zu 59 D-Mark. An die Verpflegung ist ebenfalls gedacht. Seitenweise finden sich im Quelle-Katalog Schnaps und Kaffee. Sogar ein eigener Mocca ist hier zu finden – die Quelle-Gold-Edelmischung zu 7,90 D-Mark das Pfund. Damit liegt die Quelle deutlich unter dem, was der Kaffee in den Geschäften kostet.

Auch die Heimwerker kommen auf ihre Kosten: Ein Betonmischer von der Quelle wird – völlig unerwartet – ein Bestseller. Quelle nimmt Swimmingpools ins Sortiment auf. Treffer! Dadurch ermutigt, wagt es Quelle drei Nummern größer. Weltweit erstmals, so heißt es, bietet ein Versandhaus auch Fertighäuser an. Über diese »Sensation« berichteten 500 Zeitungen, weiß die Katalogchronik. Die logische Ergänzung dafür gibt es natürlich auch bei der Quelle: Fertiggaragen. Bei so viel Freude an der Verschönerung des Eigenheims wäre es wohl grob fahrlässig gewesen, hätte Quelle nicht auch folgenden Artikel ins Programm genommen: »Gartenzwerge – unzerbrechlich, handbemalt, in herrlichen bunten Farben«, lautet das Angebot. Es gibt sie auch »mit verstellbarem Kopf«, »groß 13,95 D-Mark«, »liegend 4,75 D-Mark«.

Knapp 20 Jahre nach der Einführung der Fertighäuser, ab dem Winterkatalog 1980/81, tritt Quelle gemeinsam mit dem Fertighaushersteller Zenker als Zenker + Quelle Häuservertriebs GmbH auf. Die Nachfrage hält sich sehr in Grenzen.

Im Jahr 2009 erregt erneut ein ähnliches Geschäftsmodell Aufsehen. Das Möbelhaus Ikea liefert zusammen mit einem Bauunternehmen Ein- und Mehrfamilienhäuser im schwedischen Stil. Neben der schlichten Bauweise macht dieses Modell allerdings auch noch durch eine andere Eigenschaft von sich reden: seine Hellhörigkeit.

STRUKTUREN WERDEN GESCHAFFEN

Vom penibel und sensibel komponierten Katalog hängt das Wohl der Quelle ab. Alle Marktströmungen müssen berücksichtigt werden. Und das zu Preisen, die sechs Monate lang gültig sind. Die logistischen Herausforderungen rund um Tausende von Katalogpositionen steigen. Jetzt überlegt man bei der Quelle, auch noch so viel Geschäft wie möglich rund um den Katalog abzuschöpfen. Dazu müssen neue Strukturen her.

Schon seit 1957 arbeitet das erste Auslandsbüro in New York. Die Quelle, selbst in der amerikanischen Besatzungszone groß geworden, will so die heimkehrenden US-Streitkräfte und ihre Angehörigen bei der Stange halten. Weitere Auslandsbüros folgen. Da viele Katalogprodukte aus Asien stammen, gründen die Fürther in Hongkong, damals noch eine britische Kronkolonie, eine eigene Einkaufsorganisation und nutzen sie als Tor zu ganz Asien.

Eine Geld-zurück-Garantie und Ratenkauf gibt es bei Quelle schon lange, daraus folgt ein eigenes Kreditbüro im Fürther Quelle-Kaufhaus – als »Kaufhilfe« für Waren des Versandhauses. 1965 wird schließlich die Noris Bank gegründet. »Noris« ist ein allegorischer Name für die Stadt Nürnberg. Die Bank namens Noris soll den Quelle-Kunden bei der Finanzierung ihrer Konsumwünsche unter die Arme greifen.

Jahrelang grüßt Grete Schickedanz mit Foto aus dem Katalog und klärt vor allem die Kundinnen darüber auf, was die kommende Saison bringt. Sie selbst trägt keine Katalogmode. Im Gegenteil: Einmal lässt sie sich im Leopardenfellmantel vor dem firmeneigenen Privatjet ablichten.

Einen großen Wachstumsschub bringt der Quelle der 1979 eingeführte Telefonnachttarif. Dieser »Mondscheintarif« macht es bedeutend billiger, sich per Telefon beraten zu lassen und zu bestellen. Quelle führt daraufhin die Telefonberatung rund um die Uhr in allen 45 Telefonbüros ein, wie die Callcenter damals noch hießen.

HAUTE COUTURE IM QUELLE-KATALOG

Prominenz belebt das Geschäft, denken sich die Quelle-Macher. Heute werden die Promis, die sich als Werbefiguren verdingen, »Testimonials« genannt. Mithilfe von deren Bekanntheit soll die Glaubwürdigkeit eines Produkts erhöht werden. Im Laufe der Jahre schmückten auch viele bekannte Gesichter die verschiedenen Quelle-Kataloge. Hans J. Stuck, damals Deutschlands bester Rennfahrer, peppt das Sport- und Freizeitangebot auf. Weitere Katalog-Promis sind die damals noch jungen Ski-Asse Rosi Mittermaier und Ehemann Christian Neureuther, die auch heute immer wieder in der Werbung auftauchen. Schachweltmeister Anatol Karpow empfiehlt später den Quelle-Schach-Computer und der Physiker und Professor Heinz Haber, der in den 60er- und 70er-Jahren etliche populärwissenschaftliche Fernsehreihen moderiert, lässt im gleichen Katalog wissen, »dass es viel größeren Spaß macht, Geräte der modernen Elektronik selbst zusammenzubasteln«.

Zu dieser Zeit ist an PC, MP3 oder iPod noch längst nicht zu denken. Später sind es Models wie Claudia Schiffer und Eva Padberg, die das Katalog-Cover zieren. Letztere schmückt, gerade einmal 23-jährig, 2003 den 100. Hauptkatalog von Quelle.

Ende der 60er-Jahre gewinnt Grete Schickedanz den in Deutschland überaus bekannten Designer Heinz Oestergaard als Berater für die Quelle. Auch eine eigene Modelinie soll er für die Versandhauskundinnen entwerfen. Wie die Zusammenarbeit zwischen den beiden mitunter abläuft, beschreibt Christian Böhmer in seiner Schickedanz-Biografie. Als für die kommende Ausgabe des Katalogs eine halbe Seite für die Overallmode, die 2008 ein Comeback erlebt, reserviert ist, fragt Grete Heinz Oestergaard in ihrer direkten Art: »Um Gottes willen, was haben Sie da gemacht?« Darauf Oestergaard: »Der Overall muss rein, das kann man jetzt tragen! Das ist die neue Mode. Diese Seite zeigt, dass wir aktuell sind.« Grete Schickedanz erwidert: »Können Sie das nicht kleiner machen? Und wie oft ist das bestellt?« Oestergaard: »17.000 bis 18.000 Mal.« Grete: »Um Gottes willen!« Oestergaard: »Der muss drinbleiben.« Tatsächlich kann sich der Modedesigner durchsetzen und der Overall verkauft sich schließlich rund 70.000 Mal.

Doch auch andersherum funktioniert die Beeinflussung: Wie fast alle Designer entwirft auch Oestergaard für Frauen mit Idealmaßen. Grete bringt ihn auf den Boden der Realität zurück: »Schauen Sie mich an, Herr Oestergaard, einssiebzig werde ich mein ganzes Leben nicht mehr.« Mit diesen Worten weist sie ihn darauf hin, bei seinen Kreationen auch an Frauen ihres Typs zu denken.

Eine weitere Anekdote zeigt, wie gut sich diese beiden Menschen, die als überaus charmant und als sehr instinktsicher gelten, beruflich ergänzen. Oestergaard, Jahrgang 1916, hat eine Vorliebe für helle Anzüge und liegt modisch mit der ebenfalls immer tiptop gekleideten und fünf Jahre älteren Quelle-Chefin auf einer Linie. Meistens jedenfalls. Als Oestergaard einmal in einem »eidottergelben Wildlederblouson« zur »Guten-Morgen-Audienz«

erscheint, ist Grete Schickedanz geradezu schockiert. »Was haben Sie denn an?«, fragt sie den Künstler. »Das erschreckt einen ja am Morgen. Was hat das denn gekostet?«, will sie wissen. Oestergaard klärt die Quelle-Chefin auf: »Das ist die neue Farbe von Claude Montana. Eine wichtige Kombination für die nächste Saison.« Als der Designer kurze Zeit später in die Herrenabteilung kommt, empfängt ihn der Direktor der Abteilung mit den Worten: »Die Chefin hat eben angerufen, ich soll mit Ihnen über das neue Gelb diskutieren.«

Die Kollektionen, die Oestergaard speziell für das Versandhaus entwirft, sorgen für Furore – das zeigen auch die Quelle-Modeschauen, die in vielen Städten Deutschlands stattfinden. Anders als viele Modeschöpfer will Oestergaard »aus dem Elfenbeinturm der Haute Couture«, wie er es selbst einmal formuliert, heraustreten und »Mode für Millionen« machen. So, wie die Quelle von der Kooperation profitiert, profitiert auch er – von den Erfahrungen der Quelle-Einkäufer, von den gemeinschaftlichen Reisen, der Inspiration, die daraus entsteht. »Alleine wäre ich da nur ein einsamer Steuermann auf einem großen Schiff gewesen«, erzählt er später Schickedanz-Biograf Christian Böhmer.

Sogar eine Kosmetiklinie von Heinz Oestergaard ist im Quelle-Katalog zu finden: Ein Deodorant-Schaumbad, ein Intimspray, ein Pre Shave und After Shave für den Herren gibt es im Quelle-Katalog von 1970, außerdem Haar Cleaner, Haarspray und ein Ei-Glanz-Shampoo. Die 500-ml-Flasche kostet 3,95 D-Mark. Auch die Firma Olana setzt auf Ei im Shampoo – und das gleich im 2,5-Kilo-Kanister für 4,95 D-Mark.

Der Trend in dieser Zeit geht auch zur »Zweitfrisur«, die damals als ein beliebtes Modeaccessoire gilt. Wohl kaum eine

Frau, die nicht zu Hause ein Haarteil hat, um eine voluminöse Hochsteckfrisur hinzubekommen. Für Herrenfriseure ist dies damals ebenfalls ein lukrativer Geschäftszweig. Noch bis in die 90er-Jahre hinein versuchen viele Männer, ihr lichter werdendes Haupthaar mit Toupets zu kaschieren. Doch seit auch männliche Prominente auf eine höher werdende Stirn mit einer Kurzhaarrasur reagieren oder sich bewusst für eine Glatze entscheiden, ist dem Friseurhandwerk ein lukrativer Geschäftszweig verloren gegangen.

»Es ist fantastisch, wie eine Zweitfrisur Sie verzaubern kann! Sie wechseln in Sekunden die Frisur – schon sind Sie eine neue Frau!«, wirbt Designer Oestergaard im Katalog Herbst/Winter 70/71 noch für die Perücken. Die Echthaar-Zweitfrisur »Florida« etwa ist für 69 D-Mark zu haben, das Modell »Luxus« für 225 D-Mark. Die »damenhafte Echthaar-Frisur ‚Florenz'« zu 129 D-Mark ist für jene geeignet, die sich an dem Stil von Grete Schickedanz orientieren. »Exklusiv bei Quelle« gibt es auch den »modischen Partner-Look« – die Zweitfrisur »Er und Sie« aus Kanekalon – »einer seidenweichen Wunderfaser, die dem menschlichen Haar nicht nur aufs Haar gleicht, sondern in vielen Eigenschaften sogar übertrifft: Ihre Zweitfrisur aus Kanekalon können Sie waschen – sogar in der Waschmaschine!«, wird die Neuheit im Katalog angepriesen.

Beide, Grete Schickedanz und Heinz Oestergaard, haben aber vor allem eine Mission: die deutsche Durchschnittsfrau schicker und eleganter auftreten zu lassen – und das zu einem bezahlbaren Preis. Denn nachlässige Kleidung ist ihnen ein Dorn im Auge. Oestergaard bringt es so auf den Punkt: »Bei der Freizeitkleidung wirkt nichts stilloser als die Verwechslung von selbstbewusster Lässigkeit und schlampiger Nachlässigkeit.« Oestergaard weiß sich mit dieser Aussage von der Quelle-Chefin gut verstanden.

Die Zusammenarbeit mit der Quelle – vor allem mit Grete Schickedanz, mit der den Designer Zeit ihres Lebens ein herzliches und freundschaftliches Verhältnis verbindet – dauert fast zwei Jahrzehnte.

Die Neunzigerjahre bringen ein Déjà-vu-Erlebnis, jetzt mit dem Modeschöpfer Karl Lagerfeld. Im Herbst/Winter-Katalog 1996/97 ist eine 30-teilige Kollektion »KL by Karl Lagerfeld« zu bewundern. Denn zum Durchschnittskunden, wie ihn die Quelle als Universalversender hinsichtlich Konfektionsmaßen, Geschmack und Trend anspricht, will zu dieser Zeit kaum noch jemand zählen.

AUF DEN HUND GEKOMMEN

Im Bemühen, immer wieder mit neuen Ideen für Aufmerksamkeit zu sorgen, kommt die Quelle in den 70er-Jahren auf den Hund. Als »Riesenüberraschung« angekündigt, verkauft das Versandhaus auch »Rassehunde – so richtig zum Liebhaben«. Langhaardackel, Kleinpudel und Cocker Spaniel mit Lebensversicherung, Ahnentafel und internationalem Impfzeugnis sollen per Katalog Frauchen oder Herrchen finden. Umtausch ausgeschlossen. Ein Bestseller werden die Vierbeiner nicht. Zwar finden selbst Tierschützer am Verkaufsablauf damals nichts zu kritisieren, doch zeigt sich bald, dass der logistische Aufwand für diese Art von Katalogware zu hoch ist. Die Kosten sind für die Quelle nicht zu stemmen. Leichter zu handhaben, wenn auch im Einkauf schwieriger, sind da schon die Pferde – echte Karussellpferde aus Holz, die schon etliche Kindergenerationen erfreut haben. Allerdings gibt es die bunt bemalten Pferdchen nur in begrenzter Auflage, für stolze 2950 D-Mark (1508 Euro) das Stück.

Ein echter Renner wird hingegen das Angebot rund um mehr Mobilität. Erst finden Fahrräder Aufnahme in den Katalog, dann Mofas, Mopeds, schließlich auch Elektroroller und Leichtmotorräder – gern mit hohem Lenker nach dem Vorbild der Motorräder in dem Kultfilm »Easy Rider«. Dieses Marktsegment dreht mächtig auf. Zwischen 1970 und 1975 verdoppelte sich die Zahl der in Deutschland registrierten deutschen Krafträder auf 454.811. Heute sind 3,7 Millionen motorisierte Zweiräder unterwegs.

Im Oktober 1973 wird Europa durch das Ölembargo eiskalt erwischt – »Ölschock« genannt. Die OPEC-Länder reduzierten die Ölförderung drastisch, um ihre Kunden im israelisch-arabischen Nahost-Krieg, bekannt als Yom-Kippur-Krieg, unter Druck zu setzen. Die Ölpreise klettern in bis dahin ungekannte Höhen. Normalbenzin kostet etwa 70 Pfennig – zehn Pfennig mehr als im Jahr zuvor. Superbenzin kostet 77 Pfennig und Dieselkraftstoff 71,5 Pfennig.

Deutschland reagiert im gleichen Jahr auf die Ölkrise mit Tempolimits und insgesamt vier autofreien Sonntagen im November und Dezember. Dem begegnen die Deutschen vielerorts mit Humor, auf dem Land etwa spannen sie Pferde vor die Autos. Ungeachtet dessen legt das Fürther Versandhaus ein eigenes Wohnwagenprogramm auf und arbeitet dabei bundesweit mit 30 Fachhändlern zusammen. Unter dem Markennamen »Kurier« sind einfache Wohnwagenvarianten ebenso wie komfortable Spitzenmodelle bald auf den Straßen zu sehen.

»MADELEINE« ALS KATALOG

Als Gustav Schickedanz 1977, im Jahr des 50. Firmenjubiläums, stirbt, entsteht kein Vakuum in der Spitze des Großversandhauses. Die 16 Jahre jüngere Grete Schickedanz führt das mit ihrem Mann gemeinsam aufgebaute Unternehmen zusammen mit den Schwiegersöhnen nahtlos weiter. Der Katalog, der Zellkern des Unternehmens, ist und bleibt ihre Domäne. In ihrem Vorzimmer sitzt neben der Sekretärin auch eine junge Mitarbeiterin, deren alleinige Aufgabe es ist, jeden Katalogdruck akribisch auf etwaige Fehler zu prüfen. Ihre Anrufe bei den Mitarbeitern der Firma sind gefürchtet.

Zum 50. Firmenjubiläum des Versandhauses ist der Hauptkatalog Frühjahr/Sommer 1977 samt Sonderbeilagen fast 1000 Seiten stark – das heißt, allein seit 1970 ist er um rund 300 Seiten gewachsen. Etwa 80.000 Artikelpositionen von etwa 12.000 Lieferanten sind gelistet. Rund 7,6 Millionen Exemplare des dicken Wälzers werden gedruckt. Der Katalog ist kaum noch zu handhaben, er ist zu dick und zu schwer.

Die Fürther erkennen, dass das Universalsortiment nicht jeden gleichermaßen begeistert. Die verschiedenen Zielgruppen wollen unterschiedlich angesprochen werden. »Gut und günstig« allein zieht längst nicht mehr. Deshalb werden mehr und mehr Spezialkataloge entwickelt und auf den Markt gebracht.

Darunter ist auch »Madeleine« – benannt nach der inzwischen in zweiter Ehe verheirateten Madeleine Bühler, geborene Schickedanz. Im Juli 1977 wird der Katalog »Madeleine« aus der Taufe gehoben, ein modisch anspruchsvoller Katalog für die elegante Dame und den arrivierten Herrn. Ein Team von drei Mitarbeitern stellt die erste Kollektion zusammen. Quelle reagiert damit auf die Vorlage des größten Konkurrenten Otto, der die Zeichen der Zeit erkannt hat und für die gehobene Klientel bereits »Apart« anbieten kann.

Der Name »Madeleine« wirkt, als ob er eigens für diesen Zweck zurückgehalten worden wäre, verspricht er doch französischen Chic. Schon ein Jahr später zeigt sich, wie richtig das Unternehmen mit diesem auch nach internationalen Gesichtspunkten ausgewählten Namen liegt. Die Modeschöpfungen begeistern – auch eine neue Klientel.

Außer als Namensgeberin hat Madeleine Schickedanz allerdings keine entscheidende Funktion. Später wird daraus die Quelle-Tochtergesellschaft Madeleine, die von der Insolvenz der Quelle verschont bleibt. Madeleine ist eine 100-prozentige Tochter der TriStyle Mode GmbH, an der die Quelle-Obergesellschaft Primondo 51 Prozent und die Wirth-Gruppe 49 Prozent halten.

Nicht so gut wie »Madeleine« kommt ein Spezialkatalog an, der den Titel »Mode für die besten Jahre« trägt und sich an die Generation 50plus richtet. Der demografische Wandel ist schon ein Thema. Heute versucht man, diese kaufkräftige und immer größer werdende Klientel charmant mit Ausdrücken wie »Best Ager« oder »Silver Surfer« zu umgarnen. Doch die Menschen »in den besten Jahren« wollen sich von Quelle nicht in eine modische Schublade stecken lassen. Dort verschwindet stattdessen der Katalog. Für immer.

Dafür erscheinen andere, immer neue Spezialkataloge – und das nicht nur bei Quelle. Die Fürther nennen sie unter anderem Quelle-Büchermarkt, Foto-, Garten- oder Küchen-Quelle oder Reise-Quelle und All inclusive (Urlaub). Weiter geht's mit Schmuck und Uhren, Alles für Euch (für Kinder), Wäsche, Mein

Baby und ich, Perücken, Spiel mit (Spielwaren), Heimwerken, Freizeit, Beruf & Hobby, Frischblumen, Möbel Discounter, Winterzauber, Badefreuden, Computer-Quelle und, und, und. Kein Feld, kein Konsumbereich bleibt unbeackert. Anfang des neuen Jahrtausends hat die Quelle 23 Spezialversender unter ihrem Dach. Der margenschwache Universalversand verliert an Bedeutung. Der Spezialversand ist es, der das Geld in die Kasse bringt.

EUROPAS GRÖSSTES VERSANDHAUS

Zum 60. Firmenjubiläum 1987 ist Quelle Europas größtes Versandhaus. Dann überrascht alle die Wiedervereinigung und die Öffnung Osteuropas, ein Wachstumsprogramm par excellence – auch für alle Versandhäuser. Wie seinerzeit Gustav Schickedanz setzt nun die Führungstroika – bestehend aus Grete Schickedanz und ihren beiden Schwiegersöhnen Hans Dedi und Wolfgang Bühler – auf Werbung. Alle 3,4 Millionen ostdeutschen Haushalte erhalten 1990 Post von der Quelle, die Sonnenblumensaat enthält, versehen mit dem Slogan: »Quelle bringt Farbe ins Land.« Denn war es nicht genau das, was auch der »Wiedervereinigungskanzler« Helmut Kohl versprochen hatte – »blühenden Landschaften«?

Die Saat geht auf. Ein unglaublich hoher Anteil von 43 Prozent der angesprochenen Haushalte reagiert – und bestellt in Fürth. Diese Flut ist nur mit neuen Arbeitskräften zu bändigen – und zwar in so großer Zahl, dass in Nürnberg und Fürth nicht genügend Bewerber zu finden sind. Da Thüringen relativ nah ist, pendeln bald viele Mitarbeiter täglich per Quelle-Bus aus dem neuen Bundesland nach Franken.

POLITIKUM QUELLE-KATALOG

Für die Ostdeutschen bedeutet die neue Freiheit, den Quelle-Katalog nicht mehr in der Schrankwand verstecken zu müssen. Jeder, der will, kann einen Quelle-Katalog bekommen. Das heißt aber auch, dass für einige Menschen lukrative Einnahmequellen wegfallen. In der Deutschen Demokratischen Republik ließ sich mit einem Quelle-Katalog auf dem Schwarzmarkt ein ansehnliches Sümmchen erzielen. In der DDR wie auch in anderen Ostblockländern stand der Quelle-Katalog auf der langen Liste verbotener Druckerzeugnisse, die als zersetzend für die sozialistische Moral betrachtet wurden. Das hinderte staats- und volkseigene Betriebe jedoch nicht daran, für die Quelle zu produzieren. Die Fürther nahmen gern die Produkte aus der DDR, diese wiederum nur allzu gern die Devisen dafür.

Der in den Ostländern so heiß begehrte Katalog fördert vor dem Fall des Eisernen Vorhangs eine russische Form der Ich-AG. Ein cleverer Leningrader soll sich das Blättern im Quelle-Katalog honoriert haben lassen. Fünf Minuten blättern – ein Rubel. Auch der Zoll soll den Katalog mehr oder weniger offiziell genutzt haben, um den Wert bestimmter Waren, die eingeführt werden, ermitteln zu können.

2004 darf es den Quelle-Katalog in Russland endlich offiziell geben. Das löst einen unglaublichen Ansturm aus. Auch ein eigenes Geschäft eröffnet das Fürther Versandhaus in Moskau. Um nicht binnen Sekunden leer geräumt zu sein, gibt es den Katalog mit eingelegten russischen Übersetzungen gegen Gebühr. Trotzdem wird er den Quelle-Mitarbeitern regelrecht aus der Hand gerissen. Über 200 Shops eröffnet die Quelle in Russland im Laufe weniger Jahre. Besonders gut entwickelt sich die russische Quelle-Tochter Intermoda. Rund 200 Mitarbeiter sind hier im Jahr 2009 beschäftigt. Intermoda gilt als die Nummer eins im Textilversandhandel Russlands mit rund 200 Mitarbeiterinnen und Mitarbeitern. Schnell greift der frühere Hauptkonkurrent Otto nach der Insolvenz von Quelle zu. Im Paket mit den Markenrechten an Quelle und Privileg verkauft der Insolvenzverwalter Intermoda an die Hamburger.

Als Madeleine Schickedanz im Juli 2009 – wenige Wochen nach dem Insolvenzantrag – der »Bild am Sonntag« ein Interview gewährt, liegt der vorletzte Quelle-Katalog vor ihr auf dem Tisch. Ob sie selbst auch daraus bestelle, wird sie gefragt. Sie sagt: »Sehr oft, für meine Enkelkinder. Ich selbst bestelle mir sportliche Jeans, Pantoffeln und Küchentechnik.«

Der Katalog Herbst/Winter 2009/10 kommt nur noch unter dramatischen Umständen zustande. Noch glaubt niemand oder will niemand glauben, dass es der letzte sein wird. Politiker schalten sich ein und versprechen Hilfe. »Eine Wahnsinnsshow«, sagt ein Insider. Zur Finanzierung der Druckkosten des Katalogs bürgen schließlich Bund, der Freistaat Bayern und der Freistaat Sachsen für 50 Millionen Euro als Massedarlehen. Der Kredit wird vor allem auf Druck von Bayerns Ministerpräsident Horst Seehofer vergeben. Die Bundestagswahl steht vor der Tür. Inoffiziell wird der Katalog auch »Seehofer-Gedächtniskatalog« genannt.

Der Katalog gilt bis Ende Januar 2010 oder sollte so lange gelten. Denn am späten Abend des 19. Oktober 2009 kommt das endgültige Aus. Der Insolvenzverwalter Klaus Hubert Görg hat keinen Käufer für die Quelle als ganzes, sondern lediglich für wenige Teile des Unternehmens gefunden. Viele Menschen sind frustriert, glauben, es hätte eine Lösung für die Quelle geben können. Görg gerät massiv in die Kritik dafür, dass er das Traditionsunternehmen so schnell aufgegeben hat. Er kündigt schließlich an, auf einen Teil seines Insolvenzberaterhonorars verzichten zu wollen. Der »Fall Quelle« wirft Fragen zum deutschen Insolvenzrecht auf. Rechtsanwälte, die als Insolvenzverwalter fungieren, bekommen ihr Geld so oder so: ob sie das Unternehmen in eine neue Zukunft führen und Arbeitsplätze retten oder ob sie es beerdigen.

Der 1,7 Kilogramm schwere Katalog mit seinen 1347 Seiten ist Makulatur. Bei Quelle beginnt der Ausverkauf. »Heiße Trends für Mode, Wohnen und Technik«, so der Slogan auf dem letzten Katalogtitel, alles wird verramscht. Insgesamt 18 Millionen Artikel will der Insolvenzverwalter noch zu Geld machen – stationär in den Quelle-Kaufhäusern und per Internet. Quelle kündigt »Deutschlands größten Ausverkauf« an, gerade so, als ob dies ein weiterer Superlativ in der Firmengeschichte wäre.

ENDSPURT! ALLES WIRD VERRAMSCHT

»Bis zu 70 Prozent reduziert! Endspurt der Preise! Nur noch fünf Tage«, wird den Schnäppchenjägern auf der Internetseite der Quelle eingeheizt. »Noch drei Tage 1.000.000 Teile unter zehn Euro«, heißt es. Am 1. Dezember 2009 steht auf der Homepage: »Heute 24 Uhr Ende.«

Danach geht alles rasend schnell. Immer weniger Mitarbeiter werden für die Abwicklung gebraucht. Sie sind entlassen. Insgesamt betrifft die Quelle-Pleite rund 7000 Menschen, davon allein rund 5000 in Franken. Die Mitarbeiter, die in Nürnberg wohnen, müssen nicht zum Arbeitsamt – das Arbeitsamt kommt zu ihnen. Die Behörde richtet im Versandzentrum in Nürnberg eine Außenstelle ein. Jeder tut für einen neuen Job, was er kann. Die wohl am meisten beachtete Aktion stammt von fünf Mitarbeiterinnen. Sie lassen sich gemeinsam ablichten und geben per Plakat bekannt: »Sekretärinnen suchen neuen Chef.« Sie haben Erfolg.

Die Hallen und Büros leeren sich zusehends. Nicht nur die Mitarbeiter bleiben weg. Im Hinterhof der Quelle-Hauptverwaltung in Fürth stehen große Container, in die Mobiliar und Aktenordner gleich durch die Fenster entsorgt werden. Es herrscht Anarchie. Buchstäblich im letzten Moment bewahren aufmerksame Mitarbeiter wertvolle Zeitdokumente vor diesem Schicksal: Kataloge aus nahezu allen Jahren, Fotos, Schriftstücke, alte Kameras und alte Nähmaschinen, deren Einführung Grete Schickedanz einst durchsetzte. Wahre Schätze also, die dem Nürnberger Museum für Industriekultur übergeben werden.

Am 9. Juni 2009 wird für Arcandor und damit auch für die Quelle der Insolvenzantrag gestellt. Ein Jahr später sind nur noch 170 Menschen damit beschäftigt, die Reste von Quelle abzuwickeln. Im Dezember 2012 sollen es noch fünf sein. Einst zählte allein der Versandriese 30.000 Mitarbeiter.

Der Name Quelle wird nur in wenigen Unternehmensteilen weiterleben, wie in der Küchenquelle. Unmittelbar nach dem Aus der Quelle übernimmt eine Gruppe von Investoren die Nummer eins des deutschen Küchenfachmarkts. Unter ihnen befindet sich der Hersbrucker Alexander Fackelmann, Chef des gleichnamigen Unternehmens. Mit im Boot ist auch Christian Bühler. Er ist der Sohn von Wolfgang Bühler aus erster Ehe, der Stiefsohn von Madeleine Schickedanz. Schon im Sommer 2010 kann der einst größte Konkurrent des Fürther Versandhauses, die Hamburger Otto Group, Zuwächse vermelden, nicht zuletzt dank eines

»positiven Quelle-Effektes«. Ein Effekt – das ist die Rolle, die dem Namen Quelle noch zuerkannt wird. Einst kannten ihn 98 von 100 Deutschen.

Den Namen Schickedanz werden wohl im Laufe der Jahre immer weniger Menschen kennen bzw. sie werden ihn nicht mit der Dynastie um das einstige Quelle-Imperium in Verbindung bringen. Madeleine ist die Letzte ihrer Familie, die ihn getragen hat.

LITERATUR- UND QUELLENVERZEICHNIS

ZEITUNGEN/MAGAZINE

Berliner Morgenpost:
»Rauschende Gala im KaDeWe« vom 10.06.2008

Bilanz (Schweiz):
»Wegweiser ins Paradies« vom 12/2008

BILD am Sonntag:
»Hat Ihre Frau das Schickedanz-Erbe verzockt?« vom 14.06.2009
»Wir leben von 600 Euro im Monat…« vom 19.06.2010

Blick (Schweiz):
»St. Moritzer Villen für Millionen verkauft« vom 07.01.2010

Bunte:
»Kampf im Duett« vom 13.11.2003
»Für einige kam's richtig dick« von 29.10.2009

dpa:
»Hohn, Spott und ein Hauch Verständnis« vom 22.7.2009
»Am 66. Geburtstag brach ihre Welt zusammen« vom 22.10.2009

Financial Times Deutschland:
»Susanne Klatten – Die Unbekannte spricht« vom 24.11.2008

FOCUS:
»Päckchen packen« vom 26.04.1999

Frankfurter Allgemeine Zeitung:
»Die wichtigste Kauffrau Europas« vom 25.07.1994
»Madeleine Schickedanz muss mit der Last des Quelle-Erbes fertig werden« vom 04.06.2009
»Seine Nachfolger hatten nie eine Chance« vom 20.10.2009

Für Sie:
»Im Schatten der Eltern« vom 23/2009

Fürther Nachrichten:
»Eine Hochzeit, wie sie viele sich erträumten« vom 06.09.1965
»Patriarch, Mäzen und Unternehmer« vom 31.12.1974
»Tausende nahmen Abschied am Sarg« vom 31.03.1977
»Letzte Ruhe in der geliebten Heimaterde« vom 01.04.1977
»Ein Geschenk für berufstätige Frauen« vom 14.11.2003

Hamburger Abendblatt:
»Wie wird man Honorarkonsul?« vom 15.01.2003

Handelsblatt:
»Hinten in der Villa« vom 08.05.2006

Manager Magazin:
»Zu früh gejubelt« vom 22.03.2002
»Zweiter Frühling« vom 22.03.2002
»Der temperierte Manager« vom 01.12.2003
»Die Versandhaus-Diva« vom 27.02.2004
»Familie Riedel verkauft Aktienpaket« vom 10.08.2004
»Viertelmilliarde von der Gründer-Erbin« vom 05.10.2004

»Der Hang zum Geld« vom 10.03.2005
»Verdachtsmomente« vom 21.04.2005
»Schickedanz kauft zu« vom 08.05.2005
»Der Talentierte Mr. Middelhoff« vom 24.08.2007
»Die 300 reichsten Deutschen« vom 06.10.2009

Nürnberger Abendzeitung:
»Das Erbe der Quelle-Chefin: Rentner verwaltet Milliarden« vom 26.07.1994
»Luxus-Villa wird zu einem Privat-Museum« von 01.02.1995
»Gustav Schickedanz' letzter Wille: Eine Familien-Quelle« vom 11.10.1996
»Madeleine Schickedanz hat heimlich geheiratet« vom 24.07.1997
»Ich bin niemand für die Öffentlichkeit« vom 28./29.09.2002
»Als die Quelle plötzlich Karstadt kontrollierte« vom 06.10.2009
»Madeleine Schickedanz: Ihr erster Auftritt nach dem Quelle-Drama« vom 15.12.2009

Nürnberger Nachrichten:
»Ein erfolgreiches Leben« vom 01.01.1965
»Namen im Gespräch« vom 05.06.1973
»In jüngere Hände« vom 20.02.1986
»Wird KarstadtQuelle ein Milliardengrab?« vom 01.10.2004
»Riedel zieht sich weiter zurück« vom 27.10.2004
»Paukenschlag für die Region« vom 08.06.2010

Nürnberger Zeitung:
»Der ‚Millionenverdiener' aus Fürth: Gustav Schickedanz« vom 25.09.1972
»Er war eine Gründergestalt« vom 29. März 1977
»Feierliche Einweihung« vom 05.01.2001
»Ein Fest wie aus dem Katalog« vom 28.10.2002

»Ein kostbarer Rubinring hält die Justiz in Atem« vom 13.12.2002
»Madeleine Schickedanz. Die Unternehmerin, die keine sein möchte« vom 25.05.2005
»Honorarkonsulin aus Familientradition« vom 20.07.2006
»Die Marke Tempo bleibt untrennbar mit Nürnberg verbunden - Rettung für alle Verschnupften« vom 12.11.2009
»Der Fürther OB Jung über Madeleine Schickedanz: Ich kenne ihre Kontoauszüge nicht« vom 11.06.2009
»Quelle-Katalog wird gedruckt« vom 20.06.2009
»Staatshilfe für Quelle beruhigt Mitarbeiter und Kunden« vom 01.07.2009
»Der Quelle-Katalog wird zur Zerreißprobe« vom 04.07.2009
»Alles zurück auf Start« vom 02.09.2009
»Otto kauft die Marke ‚Quelle'« vom 06.11.2009
»Erinnerungen an den Quelle-Katalog: ›Vorher war ich noch Winnetou‹« vom 09.11.2009
»Happy End für die Küchen-Quelle« vom 21.11.2009
»Letzter Tag für die Quelle« vom 19.12.2009
»Ein Hauch von Quelle fürs Museum« vom 31.12.2009
»KarstadtQuelle heißt ab sofort Ergo Direkt« vom 16.02.2010
»Aus für das griechische Honorarkonsulat« vom 30.03.2010

DER SPIEGEL:
»Kataloge gegen Kartelle« von 26.10.1955
Serie: »Die Reichen in Deutschland« vom 05.09.1966, 12.09.1966, 19.09.1966, 26.09.1966, 03.10.1966, 10.10.1966
»Das hohe CC« vom 27.02.1967
»Wie beim Juwelier« vom 20.10.1969
»Krach im großen Haus« vom 20.01.1975
»Die Familie wünscht es« vom 12.04.1976
»Schloß in der Wüste« vom 08.04.1991
»Ein christliches Unternehmen« vom 08.07.2001

»Zum Tod von Heinz Oestergaard: ‚Oft zittere ich, ob meine Vorschläge ankommen'« vom 11.05.2003
»Superreiche der Welt verlieren ein Viertel ihres Vermögens« und »US-Milliardäre erobern Spitzenplätze in Reichenliste zurück« vom 12.03.2009

Spielzeug Markt:
»GAMA – Seit 100 Jahren auf der richtigen Wellenlänge« von 05/1982

Stern:
»Schlussverkauf bei Schickedanz« von 04/2010

Süddeutsche Zeitung:
»Versandhandel kommt in die Jahre« vom 13.08.1997
»Eine bescheidene Erbin« vom 18. Juni 2002
»Mitleid mit Madeleine« vom 21.07.2007
»Die Gardinen-Hölle« vom 01.07.2009
»Wir sind wieder da« vom 23.07.2009
»Das Phantom aus Fürth« vom 21.10.2009
»Was uns zusteht« vom 30./31.01.2010
»Wo das Geld kalbt« vom 29.03.2010
»Fünf Männer, eine Frau und ein Warenhaus« vom 28.05.2010

taz:
»Günstling der Nazis oder Wohltäter« vom 12.01.1995

Textilwirtschaft:
»Quelle wird ab 1997/98 zu einer AG« vom 07.08.1997
»Wir lassen nichts anbrennen« vom 19.03.1998
»Herl neu im AR und Vorstand« vom 11.02.1999

Die Welt:
»Der sagenhafte Reichtum des Thomas Middelhoff« vom 29.03.2010

Unternehmermagazin »WIR«:
»Not am Mann« vom 03/2008
»Kein Selbstläufer« vom 09/2008

Wirtschaftswoche:
»Wie Missmanagement KarstadtQuelle ruinierte« vom 08.06.2009
»Das Geburtstags-Drama der Quelle-Erbin« vom 20.10.2009

Die Zeit:
»Der alte Mann und die Quelle« vom 13.04.1973
»Bühler als Namensmeldung« vom 14.02.1975
»Querelen im Quelle-Clan« vom 30.12.1977
»Zukunft ohne Familie« vom 20.07.1979
»Opfer des Familien-Clans« vom 10.06.1983
»Clan in der Krise« vom 20.04.1984
»Die Chefin geht« vom 28.02.1986
»Fräulein Gretel von der Quelle« vom 05.06.2003
»Die Dame bleibt im Spiel« vom 07.10.2004
»Das Problem beginnt bei fünf Milliarden« vom 08.09.2008

BÜCHER

- Argyle, Michael: *The Psychology of Happiness*, Oxford, UK, 2001.

- Binswanger, Mathias: *Die Tretmühlen des Glücks. Wir haben immer mehr und werden nicht glücklicher. Was können wir tun?*, Freiburg im Breisgau 2006.

- Böhmer, Christian: *Grete Schickedanz. Vom Lehrmädchen zur Versandhauskönigin*, Berlin u. Frankfurt/Main 1996.

- Dingemann, Rüdiger, Renate Lüdde: *Die Quelle Story. Ein deutsches Unternehmen im Spiegel der Zeit – von 1927 bis heute*, München 2007.

- *Dokumentation der Trauerfeierlichkeiten: Grete Schickedanz*, Fürth 1994.

- Dunsch, Jürgen (Hg.): *An den Schalthebeln der Wirtschaft. 33 Unternehmerfamilien im Portrait*, München 1996.

- Frank, Robert: Richistan. *Eine Reise durch die Welt der Megareichen*, Frankfurt/Main 2009.

- Henke, Klaus-Dietmar: *Die Dresdner Bank im Dritten Reich*, Bd. 2: Dieter Ziegler: *Die Dresdner Bank und die deutschen Juden*, München 2006.

- Kreck, Johannes, Ursula Rassaerts-Röh: *50 Jahre Quelle. 1927 – 1977*, Firmendokumentation, Fürth 1977.

- Kruse, Ekkehard: *Chronik 1943. Tag für Tag in Wort und Bild*, Dortmund 1989 (2. überarbeitete Auflage 1991).

- Oswald, Heinrich: *Management mit einem Lächeln. Heiteres Brevier für den Geschäftsalltag*, Bern 2001.

- Quelle AG: *Das Quelle-Jubiläumsjahr im Bild. Mitarbeiter vor und hinter den Kulissen*, Nürnberg 2002.

- Radlmeier, Steffen: *Die Joel Story: Billy Joel und seine deutsch-jüdische Familiengeschichte*, München 2009.

- Reubel-Ciani, Theo: *Grete Schickedanz. Ein Leben für die Quelle*, Firmendokumentation, Fürth 1986.

- Reubel-Ciani, Theo: *Der Katalog. Konsumkultur, Zeitgeist und Zeitgeschichte im Spiegel der Quelle-Kataloge 1927 – 1991*, Firmendokumentation, Fürth 1991.

- Reubel-Ciani, Theo: *Gustav Schickedanz und sein Jahrhundert. Leben und Lebenswerk des Quelle-Gründers*, Firmendokumentation, Fürth 1995.

- Strick, Sabine (Hg): *Die Psyche des Patriarchen*, Frankfurt/Main 2008.

ONLINE-AUSGABEN VON ZEITSCHRIFTEN

«*Thomas Middelhoff. Wenn das Lächeln gefriert*" -
http://www.faz.net/s/RubD16E1F55D21144C4AE3F9DDF5
2B6E1D9/Doc~E8A6769859E0E40A7B686AD122912DA
D5~ATpl~Ecommon~Scontent.html

»*Absturz eines Managers*« -
http://www.spiegel.de/wirtschaft/0,1518,630130,00.html

»*Middelhoff - das Gespenst der Pleite*« -
http://www.sueddeutsche.de/wirtschaft/sal-oppenheim-und-
arcandor-middelhoff-das-gespenst-der-pleite-1.3300

wallstreet-online.de -
http://www.wallstreet-online.de/diskussion/979648-1-500/
es-ist-soweit-schickedanz-hat-mehrheit-bei-karstadtquelle

»*Bitte, was ist ein Honorarkonsul?*« -
http://www.welt.de/lifestyle/article1589054/Bitte_was_ist_
ein_Honorarkonsul.html

WEITERE INTERNETQUELLEN

http://www.beliebte-vornamen.de/3768-1940er-jahre.htm

http://www.br-online.de/wissen/geld-glueck-psychologie-ID1200559567738.xml« http://www.br-online.de/wissen/geld-glueck-psychologie-ID1200559567738.xml

http://www.charitywatch.de/?fct=srch

http://www.chroniknet.de/tmln_de.0.html?&no_cache=1-

http://www.ecolot.de/2009/07/08/und-wuchs-und-wuchs-und-wuchs/

http://www.engadin.stmoritz.ch/winter/de/

http://www.finanzen.net/kurse/kurse_historisch.asp

http://fotoswiss.photoshelter.com/search?I_DSC=schickedanz&I_DSC_AND=t&_ACT=search

http://geschichtsthemen.de/attentate_chronik.htm

http://heinz-oestergaard.de/index.php?option=com_content&task=view&id=17&Itemid=37

http://www.hersbruck.de/stadtinfo/aussichtspunkte.php

http://www.historicum.net/themen/bombenkrieg/themen-beitraege/staedte-regionen/art/Der_Luftkrieg_i-1/html/pointer/1/ca/47e3d9a39b/?tx_mediadb_pi1%5BmaxItems%5D=6«

http://www.jadria-yachtcharter.de/groessten-yachten/die-groessten-segelyachten-der-welt.html

http://www.judentum-projekt.de/geschichte/neuzeit/versch/kauf.html

http://kinderkrebsstiftung-schickedanz.de/files/schickedanz_brief_an_spender.pdf

http://www.medizinfo.de/krebs/leukaemie/all/akute_lymphatische_leukaemie.shtml

http://www.krajak.com/training-therapie/ueber-uns/referenzen

http://www.mdr.de/cafe-trend/6776295.html

http://www.nuernberg.de/internet/eu_buero/kontakt_konsulate.html

http://www.picaflor.de/chile-aktuell/archives/989-Reiner-Schirmer-Leben-zwischen-zwei-Kulturen-56.html

http://potsdamer-konferenz.de/geschichte/teheran_konferenz.php

http://www.report.at/index.php/report-plus/67-wirtschaft-politik/33665-arme-reiche

http://www.spiegel.de/wikipedia/Liste_der_reichsten_Deutschen.html

http://www.stmoritz.ch/winter/village/portrait/st-moritz.html

http://www.verdi-bub.de/standpunkte/archiv/armut_und_reichtum_in_deutschland/

http://de.wikipedia.org/wiki/Arcandor

http://de.wikipedia.org/wiki/Chile

http://de.wikipedia.org/wiki/Deutsche_in_Chile

http://de.wikipedia.org/wiki/Mercedes-Benz_W100

http://de.wikipedia.org/wiki/SinnLeffers

http://de.wikipedia.org/wiki/Tanklastzugungl%C3%BCck_von_Los_Alfaques

http://de.wikipedia.org/wiki/Wirtschaftswunder

SONSTIGE QUELLEN

ARD:
»Tagesthemen« vom 19.10.2009

ZDF:
»St. Moritz - Luxus hat Tradition« vom 10.02.2008
»Heute Journal« vom 19.10.2010
»Reich und schön in St. Moritz« vom 12.02.2010

Beratungsgesellschaft Capgemini und der US-Investmentbank Merrill Lynch:
»World Wealth Report«

Fürther Geschichtsblätter:
»Die Quelle des Wohlstandes. Gustav Schickedanz und Fürth« von 2., 3., 4/2007

interpress archiv:
»Schickedanz, Gustav« vom 03.01.1970

Quelle Informationsdienst:
»Grete Schickedanz – 75 Jahre« von 1986

Munzinger:
»Hans Dedi«, Internationales Biographisches Archiv 45/1998 vom 26. Oktober 1998

Quelle-Kataloge:
Herbst/Winter 1970/1971
Herbst/Winter 2009/2010

Geschäftsberichte:
   KarstadtQuelle AG 2001
   Arcandor AG 2007/2008

Handelsregisterauszüge:
   Quelle Bauspar AG, Fürth
   Mangold GmbH & Co., Fürth
   Schuco GmbH & Co. KG, Fürth
   Garenta GmbH & Co. KG, Fürth
   Allegra Capital GmbH, Zürich

DANKSAGUNG

Wenn man ein Buch schreibt, gibt es eine Reihe von Menschen, ohne deren Hilfe es nicht geht. Und denen man dafür unbedingt danken möchte.

In meinem Fall ist das vor allem Marion Nobbe, die sich nicht nur als personifiziertes »Google« erwiesen hat, sondern als großartige Unterstützerin in jeder Beziehung.

Für den »24-Stunden-Support« auch ein dickes Dankeschön nach New York an Katja Guttmann und an Christine Kummerow nach Leipzig. Ein weiteres geht an Marlis Naundorf.

Auf meiner Liste stehen außerdem Steffen Radlmaier, Werner vom Busch, Klaus Schamberger und Astrid Mirbeth ebenso wie meine Redaktionskollegen Gabi Wald-Hauf, Josef Hofmann und Sebastian Linstädt.

Wenn Sie **Interesse** an **unseren Büchern** haben,

z. B. als Geschenk für Ihre Kundenbindungsprojekte, fordern Sie unsere attraktiven Sonderkonditionen an.

Weitere Informationen erhalten Sie bei Nikolaus Kuplent unter +49 89 651285-276

oder schreiben Sie uns per E-Mail an:

nkuplent@mvg-verlag.de